김시민의 전투일지로 임진왜란을 다시 쓰다

김시민의 전투일지로 임진왜란을 다시 쓰다

박희봉 지음

김시민의 전투일지로 임진왜란을 다시 쓰다

초판 1쇄 인쇄 2016년 4월 20일
초판 1쇄 발행 2016년 4월 30일

지은이 박희봉
펴낸곳 논형
펴낸이 소재두
등록번호 제2003-000019호
등록일자 2003년 3월 5일
주소 서울시 관악구 성현동 7-77 한림토이프라자 6층
전화 02-887-3561
팩스 02-887-6690
ISBN 978-89-6357-170-6 03910
값 15,000원

이 도서의 국립중앙도서관 출판예정도서목록(CIP)은 서지정보유통지원시스템 홈페이지
(http://seoji.nl.go.kr)와 국가자료공동목록시스템(http://www.nl.go.kr/kolisnet)에서 이용
하실 수 있습니다.(CIP제어번호: CIP2016009463)

영원히 감춰질 뻔 했던 장군의 이야기를 썼습니다.
준비된 리더십으로 불패의 업적을 이루신 김시민 장군께
이 책을 바칩니다.

진주성의 위성사진과 시대별 진주성 모습

북문(구
북장대
서문
서장대

진주성
6년
이수일

신북문

동문

내성

남문

남문

북문

촉석루   촉석문

임진왜란 당시 진주성

축성시기: 1591년
축성주도: 관찰사 김수

조선 초기의 진주성

축성시기: 1380년경
축성주도: 목사 김중관

현재의 진주성

임진왜란 당시 조선군과 일본군 전투지도

제1기(1592. 4~1592. 6)

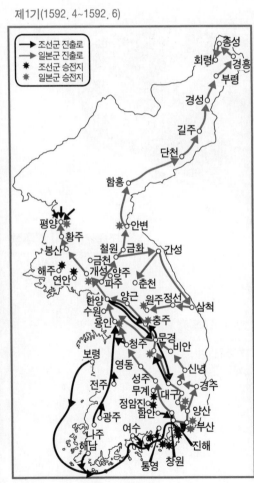

제2기(1592. 6~1592. 10)

제3기(1592. 10~1593. 6)

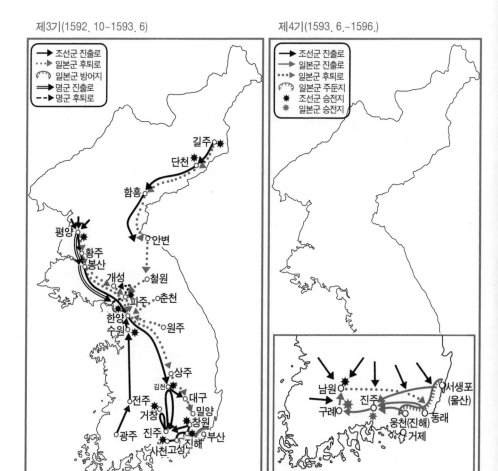

제4기(1593. 6.~1596.)

출처: 교과서가 말하지 않은 임진왜란 이야기(논형, 2014)

책을 펴내며

    임진왜란이 발발한지 6개월이 지난 1592년 10월, 3만 명의 일본군이 진주성으로 몰려들었다. 대병력을 집결시켜 진주성을 단숨에 함락하기 위해서이다. 당시 낙동강을 사이에 두고 조선군과 소규모 전투를 벌이던 일본군은 일거에 조선군의 요충지를 점령하여 그간의 대치전을 끝내버릴 계획이었다.

    그 때까지 소규모 전투에서는 공방전이 이어졌지만, 대규모 전투에서 조선군이 일본군을 물리쳐 본 적이 없었다. 그러나 김시민 목사가 이끄는 3,800명의 진주 관군은 3만 명의 일본군을 맞아 4박 5일 간의 밤낮을 가리지 않은 10회의 전투를 모두 이겨냈다.

    이 전투로 말미암아 임진왜란은 국면이 바뀐다. 일본군은 낙동강 서쪽으로 진출할 계획을 포기해야만 했다. 더 나아가 조선군은 수세에서 공세로 바뀌고, 일본군 수뇌부는 퇴각을 고민해야 했다.

    전쟁터에서의 승리는 이겨야 한다는 정신력만으로는 이룰 수 없다. 정신력뿐만 아니라 병사의 수와 병사의 훈련 상태, 무기, 그리고 전략이 모두 구비되어야 한다. 더욱이 3만 명 대 3천 800명, 8대 1의 열세를 딛고 승리를 거두기 위해서는 더욱 그렇다.

　나는 임진왜란에 대해 알아갈수록 김시민 진주목사의 승리가 주는 의미가 어떤 것인지 알게 되었다. 피가 끓어올랐고, 김목사에 대한 존경심이 더해졌다. 도요토미 히데요시가 왜 김목사를 두려워했는지 알게 되었다. 일본군이 1차 진주성전투에서 완패한 후, 왜 도요토미 히데요시가 2차 진주성전투에 9만 3천명이라는 대군을 진주성에 파견했는지 알게 되었다.

　독자들도 이 책을 통해 김시민 목사가 국난을 맞아 어떻게 대처했는지, 그리고 우리 조상들이 지켜온 우리 역사가 얼마나 잘못 기록되어 있는지 함께 느끼길 바란다.

2016년 정월 초
박희봉

차례

8:1 전설적 승리

01

진주성은 남쪽으로 바위 절벽 아래 진주 남강이 흐르고 남강 건너에는 드넓은 평원에 잘 정돈된 논이 이어져 있다. 서쪽으로는 깎아 지르는 절벽 아래 좁은 평지를 넘어 높은 산이 솟아있다. 북쪽으로는 넓은 습지가 펼쳐지고, 동쪽으로는 높지 않은 야산이 전개되어 있다. 진주성 동문 누각 위에 한 장수가 성 밖을 응시하고 있다.

성 안에는 창과 칼, 활을 든 병사들이 성벽을 방패로 길게 도열하여 장수의 행동과 성 밖에서 벌어지고 있는 모습을 번갈아 보고 있다. 장수 뒤에는 붉은 깃발, 황색 깃발을 높이 든 병사들이 장수의 명령을 기다리고 있다.

성 밖에서는 말을 탄 일본 장수가 높이 든 칼을 앞으로 휘두르며 진격 명령을 내렸다. 3열 횡대로 도열한 선두 부대가 서서히 성으로 다가간다. 그들은 모두 손에 총을 들고 있다.

선두 부대 뒤로 또 다른 3열 횡대의 조총부대가 따르고, 그 뒤에 칼과 창을 든 병사들이 뒤가 보이지 않을 정도로 열을 지어 성벽을 향해 진격한다.

성벽·밖에 있는 해자* 가까이까지 선두부대가 도달했고, 그 뒤를 두 번째, 세 번째 부대가 3열 횡대로 공격 진영을 갖추었다. 부대와 부대 간격

---

* 적군이 성벽에 쉽게 접근하지 못하도록 성벽 주위를 파고 물을 채워 놓은 인공 연못.

은 3보. 동문 밖 성벽 가까이에 일본 조총수들이 성을 에워싸고 있다. 조총수만 3천 명이 넘는다. 조총수 뒤의 창병의 수는 조총수의 10배가 넘는다.

말을 타고 있는 일본 장수가 명령을 내리자 조총수 선두에 있던 소규모 부대 단위의 지휘관들이 장수의 명령을 반복하였고, 조총수들은 일제히 총을 들어 성 안으로 사격 자세를 취했다.

이를 지켜보던 성 안의 조선 장수 역시 명령을 내렸다. 장수 뒤에 있던 기수들이 높이 들고 있던 붉은 깃발을 좌우로 흔들자 성벽 50보 뒤에 도열하고 있던 기수들이 장수 뒤의 기수들의 행동을 따라 했다. 그러자 성 안의 병사들이 성벽 뒤로 모두 몸을 숨겼다.

성 밖의 일본 장수가 또 다른 명령을 내리자 조총수들 제1열이 일제히 성벽 위로 사격을 가했다. 이어 제2열이 사격을 가했고, 곧 바로 제3열도 총을 쐈다. 총소리가 천지를 진동했고, 화약연기가 안개처럼 피어올랐다.

총소리가 그치자 성 안의 조선 장수가 다른 명령을 내렸다. 장수 뒤의 기수는 앞뒤로 붉은 깃발을 흔들었고 간격을 두고 뒤에 있던 다른 기수들도 장수의 명령을 반복하며 붉은 깃발을 앞뒤로 흔들었다. 그러자 성벽 뒤에 몸을 숨기고 있던 병사들이 성벽 사이로 몸을 드러내고 함성을 질러댔다. 북과 징, 꽹과리를 동원하여 잠시 전에 있었던 총소리보다 더 큰 소리를 질러댔다. 함성소리는 건너편 산줄기에 부딪쳐 메아리 소리로 돌아와 성 안 병사들의 함성소리와 합쳐져 천지를 진동하였다.

일본 조총수 선두부대는 뒤로 물러났고, 그 자리를 두 번째 조총부대가 차지했다. 곧이어 성 안을 향해 총을 겨눴고, 성 안에 있던 조선 병사는 신호에 맞추어 또다시 성벽 뒤로 몸을 숨겼다. 총소리가 연이어 천지에 진동했고, 총소리가 그치자 성 위의 조선 병사들은 몸을 드러내고 총소리에 맞받아 함성을 지르며 일본군을 조롱했다.

　두 번째 조총부대가 뒤로 물러났고, 세 번째 조총부대 역시 성 위로 총을 쏘아댔다. 이어 조선 병사들의 야유소리는 함성과 함께 더 크게 울려 퍼졌다.

　장면이 바뀌었다.

　진주성 동문 밖 드넓은 들판에 일본군들이 꽉 들어차 북소리에 맞추어 성으로 진격하고 있다. 일본군은 총과 칼을 뒤로 메고 손에는 돌과 나뭇가지도 들고 있다. 조선인의 대문 또는 문짝, 심지어는 소달구지를 끌고 오는 일본 병사들도 보인다. 이들은 손에 들고 있던 물건들을 성벽을 따라 파 놓은 10미터 가량의 물웅덩이에 집어넣었다. 해자를 메우려는 것이다.

　성 안의 조선 장수는 기수들에게 또 다른 명령을 내렸다. 기수들이 황색 깃발을 흔들자 조선 병사들이 분주히 움직였다. 조선 병사들 뒤에는 군데군데 모닥불이 피어있다. 병사들은 화약을 베로 만든 작은 주머니에 넣고서 볏짚으로 싸 한쪽 편에 모아 두었다.

　일본군들에 의해 성 밖의 해자가 드디어 메워졌다. 그러자 군영 뒤에 숨어있던 일본군이 함성을 지르며 성벽으로 한꺼번에 몰려왔다. 그들은 성벽을 오를 사다리를 들고 왔다. 성벽에 수백 개의 사다리가 걸쳐졌다. 성 아래 있던 일본군이 함성을 지르며 사다리를 오르기 시작했다. 한편에서는 조총으로 이들을 엄호할 준비를 갖추었다.

　성 위에서 황색 깃발이 일제히 휘날렸다. 그러자 조선관군이 함성을 지르며 나타났다. 성 위의 조선 병사들은 일본군을 향하여 끈적끈적한 기름을 들이부었다. 일본군은 기름을 덮어썼다. 조선관군이 화약과 쇳조각을 기름에 젖은 볏짚 뭉치에 싸고 불을 붙여 성 밖의 일본군을 향해 던졌다. 폭발음이 천지를 가르고 성 밖의 해자를 메웠던 잡동사니들에 불이 붙어 순식간에 사방으로 퍼져나갔다. 일본군은 아비규환에 빠졌다. 화약폭발로 인해 쇳조각에 맞아 죽고 기름에 젖은 옷에 불이 붙자 사다리에 오르던 일본군이 땅으로 떨어졌고, 사다리를 받치고 있던 일본군은 불바다에서 허둥거렸다. 이와 동시에 성 위에서는 조선군의 화살이 비 오듯 쏟아져 내렸다. 일본군들은 후퇴하고자 했지만 해자를 가득 메운 나무 더미에 불이 붙어 허둥대다가 화살에 맞아 쓰러져갔다.

장면이 또 바뀌었다.

일본군이 수레에 흙을 담아와 성벽 밖의 해자를 메우기 시작했다. 성 안의 조선군은 전혀 동요하지 않았다. 오히려 해자가 메워진 후 전투가 시작되기를 기다리는 듯 보였다. 날이 밝자마자 시작된 작업은 해가 지기 전에야 끝났다.

성 밖이 정리되자 일본군의 비장의 무기가 등장했다. 일본군은 나무로 성보다 높은 가건물을 만들었다. 가건물 위에 널빤지를 깔아 조총수들이 올라가 아래를 보며 사격할 수 있고, 그 밑에 도르래를 장착하여 이동할 수 있도록 하였다. 수십 대의 가건물이 성벽을 향해 다가왔다. 가건물 옆에는 사다리를 든 일본군이 전진하였다. 성벽에 다가갈수록 일본군의 사기는 더욱 높아졌다. 그들은 이미 성을 점령하기나 한 것처럼 환호하며 다가왔다.

성 위의 장수가 또 다른 수신호를 기수에게 보냈다. 또다시 황색 깃발이 나부꼈다. 조선 병사들은 또다시 일사분란하게 움직였다. 성벽 사이에 금속 물체가 모습을 드러냈다. 그것은 바로 대포였다. 170문의 대포는 한꺼번에 발사됐다. 동시에 성 위에서 비 오듯 화살이 쏟아져 내렸다. 대포탄을 맞은 가건물은 그 자리에 무너져 내렸다. 대포탄과 화살세

례에 전진하던 일본군의 대열이 무너졌고, 우왕좌왕 하면서 쓰러져갔다. 성벽에 사다리를 놓고 오르던 일본군들은 허둥대다 떨어졌다. 일본 장수는 후퇴명령을 내렸다. 일본군은 대오를 잃고 허둥대며 도망가기 바빴다.

이때, 그 동안 굳게 닫혀 있던 동문이 열렸다. 열린 동문을 통해 조선 기마병이 쏟아져 나왔다. 조선 기마병은 후퇴하는 일본군의 중앙을 뚫고 전진하다가 좌우 양편으로 갈라져 일본군의 배후를 쳤다. 조선 기병은 뒤로 돌아 후퇴하는 일본군을 가르며 동문으로 돌아왔다. 일본군도 조총을 쏘며 저항하였지만 일본군들은 조선 기병의 칼에 대열을 잃고 흩어졌다. 이미 전투의 향배는 정해졌다. 성 위에서 이를 바라보던 조선 병사들은 모두 환희에 젖어 만세를 부르며 이들을 맞았다.

장면이 또 바뀌었다.

해가 지고 있다. 동문 밖 일본군 병사들이 짐을 꾸리고 있다. 4일차 9회의 공격에 모두 실패하자 이제 후퇴하는 것처럼 보였다.

성문 위의 조선 병사들이 술렁거린다. 일부 병사는 환호하고 일본군을 향해 야유를 퍼붓는다. 잠시 후 동문 누각에 모여서 김시민 목사의 말을 듣던 부하 장수들이 성 위의 병사들을 모았다. 그러자 병사들은 자신이 지금까지 전투하던 위치로 돌아갔다.

칠흑 같이 어두운 새벽. 일본군들이 소리를 죽이며 성벽 아래에 나타났다. 성벽에 사다리를 세웠고, 사다리 아래에는 일본군이 빼곡히 성을 오를 준비를 하고 있다. 그 뒤에 조총병이 사격 준비를 하고 있다. 기습이다. 전날 저녁, 일본군의 후퇴는 진주 관군을 속이려는 것이었다. 일본군 장수가 수신호를 하자 일본군이 수백 개의 사다리 위로 오르기 시작했다.

선두에서 사다리를 오르던 일본군들이 거의 다 오를 때, 성 위에서 징소리와 꽹과리가 다급하게 울렸다. 동시에 성벽 위에 불이 환하게 지펴졌다. 북소리와 징소리, 꽹과리가 성 위에서 울려 퍼졌고, 조선군의 함성이 뒤따랐다. 성 위에서 기름이 쏟아져 내려왔다. 그리고 바로 기름에 절인 볏짚 뭉치가 불에 붙은 채 성 위에서 쏟아져 내려왔다. 성 아래가 순식간에 불바다가 되었다. 폭발소리는 천지를 진동했다. 화약 연기가 앞을 가렸다. 여기저기서 일본군의 비명소리가 들려왔다. 곧바로 성 위에서 화살과 돌덩어리들이 비 오듯 쏟아졌다. 사다리를 오르던 일본군은 당황하여 우물쭈물 하다가 사다리 위에서 떨어졌고, 대부분의 사다리도 기울어지며 불에 타기 시작했다.

전투가 지속된 지 두 시간이 지났다. 일본군의 공세가 점차 꺾였고, 조선군의 기세는 올라갔다. 일본군 본대에서 피리소리가 들려왔다. 피리소리에 맞추어 성 아래 있던 일본군이 부상병과 시체를 등에 업고 후퇴하기 시작했다.

먼동이 트기 시작했다. 성 위에서 또 다른 징소리가 울려 퍼졌다. 동문이 열렸고, 문밖으로 기마병들이 후퇴하는 일본군을 추격했다. 일본군은 저항도 못하고 기마병의 칼에 쓰러져갔다. 성벽 위에 있는 조선군은 함성으로 기마병의 분투에 힘을 더했다. 잠시 후 기마병들이 성으로 돌아왔다.

장수들이 모여들었다. 가운데 한 장수가 누워있다. 이마에 피를 흘리고 있다. 기병을 지휘하던 장수가 총에 맞은 것이다. 장수 옆에는 장수 깃발과 목사 깃발이 함께 있다. 진주목사가 총을 맞았기 때문에 기마병들이 적의 본영을 쳐들어가기를 중단하고 돌아온 것이다. 성 안 전체가 침묵에 휩싸여 있다.

장면이 또 바뀌었다.

해가 바뀌었다. 치열했던 가을 전투는 끝났고, 다시 여름이다. 진주 관군을 지휘하던 목사가 바뀌었고, 진주성을 공격하던 일본군 장수와 부대도 바뀌었다. 진주성 주변을 일본군들이 가득 메웠다. 지난 해 침공한 일본군보다 세 배도 넘는 일본군이 진주성을 공격하고 있었다. 더 많은 일본군들이 더욱 치열하게 공격했지만 진주성은 난공불락이었다.

진주성 공격 9일차. 장맛비가 계속 쏟아지고 있다. 빗 속에서도 일본군의 공격은 더욱 거셌고, 조선군도 사력을 다해 일본군의 공격에 대응하고 있다. 일본군은 진주성 자체를 무너뜨리고자 성벽의 돌을 파내고 있다. 비가 워낙 많이 쏟아져 조선군은 화포를 사용할 수 없었고, 따라서 치열한 백병전이 이어졌다. 쌍방 간에 희생자가 속출했다. 수적 열세인 조선군이 점점 불리해지고 있다. 급기야 일본군의 성벽 허물기 작업과 장맛비에 의해 성벽 한 쪽이 무너졌다. 무너진 성벽 사이로 엄청난 일본군들이 성 안으로 물밀듯이 들어왔다. 온 성 안에 일본군들이 넘쳐났다.

조선 장수가 일본군에 포위되어 있다. 서예원 진주목사였다. 한두 명의 일본군이 장수에게 달려들었지만 장수가 휘두르는 칼에 두 명의 일본군의 목이 날아갔다. 일본 장수가 조선 장수에게 항복을 종용했다. 조선 장수는 일본 장수에게 달려들었다. 조선 장수와 일본 장수의 칼이 부딪쳤다. 수십 차례 칼싸움이 이어졌다. 싸움이 지속되면서 점점 일본 장수가 밀렸다. 그러자 뒤에 있던 일본군이 조선 장수 등 뒤에 창을 던졌다. 조선 장수는 등에 창을 맞고 자세가 흔들렸다. 이 틈에 일본 장수의 칼이 조선 장수에게 날아들었다. 조선 장수는 이 칼을 막지 못했고, 결국 조선 장수의 목이 땅에 떨어졌다.

장면이 또 바뀌었다.

일본 오사카에 있는 군영이다. 도요토미 히데요시(豊臣秀吉) 앞에 서예원 진주목사의 목이 놓여 있다. 그는 서예원의 목이 진주목사의 것인지를 물었다. 부하는 그렇다고 했다. 이 목이 그를 그렇게 괴롭히던 진주목사 김시민의 것이냐고 재차 물었고, 부하는 그렇다고 했다. 그러자 그는 흥에 겨워하며 부하 장수들의

도요토미 히데요시

노고를 치하했다. 그는 이제 그가 바라던 조선의 한강 이남이 자신의 영지가 된 듯 펄쩍펄쩍 뛰며 기뻐했다.

02

내 신원을 밝혀라

박교수는 어제 진주에 다녀왔다. 특강을 마치고, 상경하기 전 진주성에 들렀다. 진주성 한가운데 우뚝 서있는 김시민 목사의 동상과 눈이 마주쳤다. 목사의 손이 박교수를 향했다. 박교수는 순간 목사가 자신에게 무언가 말을 하고 있는 것처럼 느꼈다. 박교수도 목사의 눈을 보았다. 목사의 눈이 슬퍼보였다.

바로 전 날 진주성에서의 느낌이 반복적으로 머리에 떠올랐다. 자리에서 일어나 거실에 있는 평상에 앉아 참선 자세를 취했다. 박교수는 가끔 스치듯 지나가는 느낌을 곰곰이 생각하는 버릇이 있다. 한 가지 일에 몰두하다 어떠한 문제에 직면할 때가 있고, 그 문제를 해결하려고 생각을 거듭하다 보면 스치듯 무엇인가가 떠오르고, 떠오른 아이디어를 중심으로 문제에 다시 접근하면 꼬였던 문제가 해결되는 경우가 자주 있었기 때문이다.

한참을 명상에 잠겼다. 한참 지났음에도 김시민 목사의 눈빛이 머리에서 떠나지 않았다. 그러자 휴대폰에서 기상시간을 알리는 알람이 울렸다. 박교수는 학교에 도착했다. 평소와 같이 아침운동으로 첫 일과를 시작하였다. 런닝 머신 위에서 달리기를 하는데도 꿈 속에서 본 김시민 목사의 눈빛과 손짓이 머리를 떠나지 않았다. 평소보다 더 오래 달렸고, 땀을 많이 흘렸음에도 불구하고 집착이 더 강해졌다.

샤워를 마치고 연구실로 돌아와 차를 한 잔 마셨다. 꿈속의 장면이 더 생생하게 그려졌다. 박교수는 김시민과 서예원 목사에 대한 자료를 찾기 시작했다.

김시민. 1554년 출생. 1578년 25세에 무과 급제. 1581년 28세에 부평부사에 임명되었으나 심각한 가뭄에서 백성들을 효과적으로 구하지 못했다는 이유로 파직. 1583년 30세에 니탕개의 난[*]진압에 참여하여 공을 세운 후, 훈련원 판관으로 임명. 판관으로 재임하다 군대 개혁 및 강화에 대한 건의를 병조에 제출하였으나 평화로운 시기에

김시민

군기를 강화할 필요가 없다며 받아들여지지 않고 오히려 질타를 당하자 사직, 1591년 임진왜란 발발 1년 전 38세에 진주 판관으로 임명. 1592년 임진왜란 발발 후 사천전투, 고성전투, 진해전투에서 승리한 공으로 진주목사에 제수. 이후 거창 사랑암전투, 진해전투에서 승리. 그 공으로 경상우병사에 제수. 1592년 10월 6일부터 10월 10일까지 4박 5일간 진행된 진주성전투에서 3,800명의 진주

관군을 이끌고 3만 명의 일본군을 맞아 싸워 10회의 전투에서 모두 승리. 전투가 끝난 후 전장을 순시하다 일본군의 총탄을 머리에 맞고 39세에 전사.

---

* 니탕개의 난(尼湯介 — 亂)은 1583년(선조 16)에 조선 6진인 두만강 방면의 여진족 추장인 니탕개가 3만 여명 규모의 여진족을 이끌고 함경도 북부를 침입한 사건이다. 이 난은 조선 건국 이해 여진족에 의한 최대의 외침이었으며, 온성부사였던 신립과 경원부사였던 이일 등의 활약에 의해 토벌되었다.

서예원. 한성 출생. 출생연도 미상. 1573년 무과에 급제하여 선전관 임명. 1577년 나주판관, 1579년 도총부도사(都總府都事) 겸 비변랑(備邊郞)*, 1581년 보성군수, 1583년 함경도 회령도호부의 보을하진(甫乙下鎭)첨절제사(僉節制使).** 이때 정탐의 임무를 띠고 두만강을 건너 여진 땅에 깊이 들어갔다가 발각되어 군사를 잃은 일로 종성(鐘城)에 유배. 이후 1583년 니탕개(尼湯介)의 난 때 백의종군하여 공을 세움으로써 1586년 곽산군수로 임명. 1591년 김해부사로 부임하였고, 이듬해 김해전투에서 패배하여 삭탈관직 당함. 이후 학자이며 의병장인 김면과 협력하여 왜적과 싸워 공을 세웠고, 김시민 목사 사망 후 1593년 진주목사에 임명. 제2차 진주성전투를 지휘하다 전사.

박교수는 국회로 차를 몰았다. 국회에서 장박사를 만났다. 장박사는 20년 전 박교수가 박사 학위를 받고 대학에서 처음 강의를 했을 때, 박교수의 강의를 들었던 학생으로 지금까지 박교수와 대화를 나누고 있다.

"교수님 반갑습니다. 이른 시각에 교수님을 뵈니 참 좋습니다."

"미리 연락도 없이 불쑥 찾아왔네. 조금 뜬금없네만, 자네 운명을 믿나?"

"운명이요? 예전에는 그렇지 않았는데 요즘은 거역할 수는 없다는 생각을 하고 있습니다."

"그런가? 그런데 지금 내가 거역할 수 없는 운명에 직면한 것 같네."

"예? 갑자기 거역할 수 없는 운명이라니요?"

"내가 하는 말을 비웃지 말고 잘 들어보게. 지난 밤 꿈 속에서 김시민 목사의 활약을 보았네. 김시민 목사께서 자신의 전생을 내게 보여준 것 같아."

"김시민 목사라면 임진왜란 때 진주대첩을 이끄신 분 아닙니까?"

* 조선 시대에 비변사에 속하여 나라 안팎의 군사 기밀을 맡아보던 종6품 벼슬.
** 조선 시대에 각 진영에 딸린 종3품 무관 벼슬.

"그렇지. 그 분이 내게 자신에 대한 진실을 파헤쳐달라는 임무를 주신 느낌이야."

"좀 더 자세히 말씀해 주시지요."

"어제 내가 진주에 다녀왔네. 특강을 마치고 시간이 조금 남아 진주성을 갔다네. 10년 전 쯤에 진주성을 다녀온 적이 있지만 또 가고 싶었지. 그런데 이번엔 느낌이 지난번보다 더 강하더군. 진주성 중앙에 자리하고 있는 김시민 목사의 동상을 보는 순간 이 분이 내게 말을 건네고 있다는 느낌을 받았어. 순간 가슴이 뭉클 하더군. 깊은 감동이 온몸을 휘감고 뼛속 깊은 곳에서 응어리가 치밀고 올라오더니 나도 모르게 코끝이 찡해지면서 눈물이 나오는 것이야."

"평소에 교수님께서 진주성에 대해 어떤 애착이 있으셨나 봅니다."

"그런데 지난 밤 꿈을 꾸었네. 진주대첩에서 벌어진 다양한 전투 장면을 생생하게 보았다네. 그렇게 완벽하게 이길 수는 없었을 것이야. 모든 준비를 완벽하게 갖춘 채, 적을 맞아 계획한 대로 전투를 이어갔지. 마지막 장면에서 김시민 목사는 전사를 했네. 그리고 제2차 진주성전투도 보았어. 서예원 목사가 용감하게 싸우더군. 그런데 결국 성이 무너져 내려 함락되었고, 서예원 목사의 목이 도요토미 히데요시에게 바쳐지더군. 도요토미 히데요시는 서예원 목사의 목을 김시민 목사의 것으로 알고 매우 기뻐하고 있었다네. 아니라고 소리를 지르며 항거하다가 꿈을 깼지."

"밝혀야 할 진실이 있나 봅니다. 오늘의 일본인들도 진주대첩을 이끈 조선의 맹장, 진주 목사의 목이 도요토미 히데요시에 의해서 잘렸다고 생각한다고 합니다. 진주대첩을 승리로 이끈 김시민 목사와 2차 진주성 전투를 지휘한 서예원 목사를 같은 사람으로 보는 것이지요."

"그럴 수도 있겠지. 그런데 김시민 목사와 서예원 목사를 구분하지 못하는 것이 아니라 의도적으로 같은 사람으로 보는 것은 아닐까? 임진왜란은 조선과 일본이 처음으로 긴 시간 동안 대면한 역사 아닌가. 따라서 일본은 임진왜란을 자신에게 유리하게 마음껏 왜곡했을 가능성이 높다고 생각하네."

"그러시다면 교수님께서는 이제부터 임진왜란에 대해 연구를 시작하려고 하시는군요."

"그럴 생각이네. 그리고 자네와 함께 하자고 이렇게 찾아온 거라네."

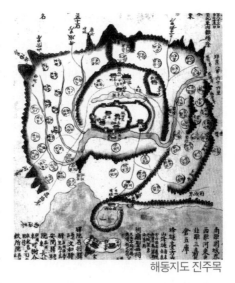

해동지도 진주목

"저야 교수님께서 하자고 하시면 무엇이든 같이 할 겁니다. 역사를 되찾는 문제는 누구라도 관심을 가져야 하니까요. 그런데 이번의 연구 주제는 평소 우리가 하던 것과 많이 다릅니다."

"그래. 행정학을 하던 사람이 역사를 연구한다는 일이 무리일 수 있다는 것을 나도 여기 오면서 많이 생각했다네. 그렇지만 확실하게 눈에 보이는 주제가 내게 주어진 이상 나는 할 걸세."

"교수님께서는 어떤 점에서 이 연구를 꼭 해야 한다고 생각하게 되셨습니까?"

"진주성 전투만으로도 새로 연구해야 할 충분한 가치가 있어. 지금으로도 확신이 드는 것이 있다네. 우리는 김시민 목사의 활약에 대해 진주대첩만을 기억하고 있지만, 그는 진주대첩을 이끌기 전에 수많은 전투에서 모두 이겼지. 그리고 3만 명의 일본군이 진주로 몰려왔을 때 3,800명의 관군을 이끌고 4박 5일 동안 10회의 전투에서 모두 이겨냈어. 김시민 목사가 승전하고 있던 시기는 명군이 도착하기 이전일세. 그리고 우리 역사에서는 지리멸렬했다고 평가하고 있는 관군을 이끌고 그는 승전한 것이지. 그는 전투를 완벽하게 승리로 장식한 후 장렬하게 전사했어. 바다에서 이순신 장군이 모든 전투에서 승리하였듯이 육지에서는 김시민 목사가 모든 전투에서 승리한 것이지. 우리는 김시민 목사가 한 번의 전투만을 승리한 것으로 알고 있었지 않은가? 그리고 2차 진주성전투 또한 엄청난 역사적 의미가 있더군. 경상도, 전라도, 충청도에서 모인 5,800명의 조선군이 지키던 진주성에 9만 3,000명이 넘는 일본군이 8박 9일 동안 25차례의 격전을 벌였다네. 24차례의 전투를 승리로 이끌었으나 25번 째 전투에서 폭우로 인해 성이 무너진 까닭에 함락되어 모두 전사한 것이지. 이것만으로도 우리 역사가 얼마나 잘못 되었는지를 충분히 알 수 있지 않은가?"

"교수님께서 관심을 갖는 주제는 항상 의미가 있다는 걸 잘 알고 있습니다. 하지만 주제가 주제인지라 시간이 많이 소요될 것 같습니다."

"그렇지. 어쩌면 내 모든 시간을 이 주제에 쏟아야 할지도 몰라. 하지만 나는 할 것이네. 자네는 시간이 되는 대로 관심을 갖고, 나의 대화 상대가 되어 주게나."

"알겠습니다. 시간이 되는대로 교수님을 응원하고 돕겠습니다."

"고맙네. 한 마디 더 하겠네. 일제강점기에 일본학자가 주도하여 편찬한 조선사가 우리의 역사로 그대로 받아들여지고 있어. 임진왜란을 연구하다보면 일본인들이 어떻게 우리 역사를 왜곡했는지를 알 수 있을 것이라는 생각도 하네."

"알겠습니다. 저도 최선을 다해 보겠습니다."

전투를 준비하라

진주성. 동으로는 높지 않은 야산이 펼쳐져 있고, 서쪽으로는 바위로 된 절벽 위에 성이 쌓여 있다. 남쪽에는 낙동강의 지류인 진주 남강이 흐르고, 남강 바로 옆에는 돌산이 있고, 성벽이 그 위에 쌓여 있다. 북쪽은 낮은 평지로 늪지와 연못으로 이루어져 있고, 성이 높이 쌓여 있다. 전체적으로 진주성은 지형적으로 잘 갖추어진 곳에 성벽을 높게 쌓아 방어하기에 매우 좋은 천혜의 요새이다.

진주 관내 동헌에 진주목사 이경*이 새로 부임한 진주판관 김시민을 맞이하고 있다. 김판관은 이목사에게 큰 절을 한 후 무릎을 꿇고 앉았다.

"어서 오시오. 김판관. 반갑소. 이리 가까이 와서 편히 앉으시오."

"감사합니다. 영감마님."

"곧 전란이 일어날지 모르니 전투준비를 잘 하라는 전하의 어명을 받았네. 그래서 이조에 자네를 보내달라고 당부했네. 자네라면 이곳 진주 관군을 믿고 맡길 수 있을 것이니."

"과찬에 몸 둘 바를 모르겠습니다. 명을 내리시면 철저히 준비하여 누구도 침범하지 못하도록 철저히 준비하겠습니다."

---

* 이경(李璥, ?~1592)은 진주목사를 지냈다. 1592년(선조 25) 임진왜란이 발생한 후 노환으로 사망했다.

"허. 하시는 말씀마다 이렇게 시원할 수가. 역시 김제갑* 핏줄이야. 자네의 숙부가 김제갑이 맞는가?"

"예. 그렇습니다. 제 숙부님이십니다."

"자네 숙부와 나는 절친한 친구일세. 나이는 내가 더 많지만."

"아, 그러시군요. 제 숙부님께서는 환갑을 넘기신지 한참 되셨습니다. 영감마님께서는 아직 근력이 좋아 보이십니다."

"듣기 좋으라고 하는 말인 줄 알지만 기분은 나쁘지 않군. 하지만 내 병이 깊네. 나는 오래 살지 못할 것이야. 다가오는 전란을 내가 이끌기는 어려워. 그래서 자네 같이 젊은 사람이 필요한 것이지."

"영감마님께 인사를 드리기 전에 성을 둘러보았습니다. 전투준비가 잘 되어 있더군요. 저는 영감마님께서 준비해 놓으신 것을 실행해 올리겠습니다."

"겸양은 그만 떨게. 전하께서 자네 숙부에게 원주를 맡기고, 내게는 진주를 맡기신 이유는 다가오는 전란을 막기 위함일세. 그렇다고 우리에게 직접 군사를 지휘하라는 어명을 내리신 것은 아닐 것일세. 우리와 같은 경험이 있는 노인이 할 일이 있고, 자네와 같은 패기 있는 무장이 할 일이 따로 있지 않겠나? 나는 자네가 10년 전 병조에서 언쟁을 벌인 일을 잘 알고 있네. 당시 참 당돌한 젊은이가 다 있다 싶었지."

"당시는 혈기가 과했습니다. "

"아닐세. 지금 생각해보면 자네의 건의가 맞지 않았나? 나는 자네의 혜안과 열정이 모두 필요해. 자, 이제 인사는 그만하고, 현장을 보여주겠네. 나와 함께 우리 군의 상태를 점검해보세."

* 김제갑(金悌甲, 1525~1592)은 원주목사(原州牧使)를 지냈다. 1592년(선조 25)에 임진왜란이 일어나 왜장 모리 요시나리(森吉成)의 군사가 쳐들어오자 관군을 이끌고 영원산성(鴒原山城)에서 항전하였다. 성이 함락되자 그의 아들 시백(時伯)과 부인 이씨와 함께 순절하였다.

영원산성

　이목사는 진주군의 훈련을 담당하고 있는 부장을 불렀다. 부장의 이름
은 이광악*이었다. 이부장은 지난 1년 동안 판관을 대신하여 군사를 훈
련시키고 있었다. 그는 현재 곤양군수로 발령이 나 있고, 곧 임지인 곤양
으로 떠난다고 하였다. 이경 목사, 김시민 판관, 그리고 이광악 부장 셋
은 동헌에서 군사훈련 중인 군영으로 갔다.

　"자, 이제 인사가 끝났으니 군비를 함께 점검하기로 하지. 안내는 이부
장이 맡게."

　"예. 영감마님. 우리 진주 관군의 총병력은 현재 2,500명입니다. 기병
이 300, 궁수 500, 그 외는 보병입니다."

　이부장의 말이 끝나자 바로 김판관의 질문이 이어졌다.

---

　* 이광악(李光岳, 1557~1608)은 1584년(선조 17) 무과에 급제하여 선전관
　을 거쳐 1592년 곤양군수(昆陽郡守)가 되었다. 임진왜란이 발발하자 진주
　목사 김시민과 함께 진주성을 방어태세를 준비하였고, 병사를 지휘하여
　진주대첩을 이끌었다. 진주대첩이 끝난 후 김시민 목사가 적탄에 맞아 쓰
　러지자 그를 대신하여 관군을 지휘하였다. 1598년 전라도병마절도사로서
　명나라 군대와 합세하여 금산·함양 등지에서 왜군을 무찌른 바 있다. 그
　뒤 훈련원도정을 거쳐 1604년 경기방어사가 되어 선무공신(宣武功臣) 3등
　으로 광평군(廣平君)에 봉해졌다.

"그렇군요. 군사훈련이 기본적으로 잘 되어 있는 것 같구려. 그런데 화포와 포병은 보이지 않는구려."

"예. 그렇습니다. 영감마님께서 나리를 모신 이유가 거기에 있을 겁니다. 전투준비부터 나리께 많은 것을 배우고자 합니다."

"진주성은 아주 잘 지어진 요새입니다. 성벽도 높고, 주변 지역에서의 농사도 잘 되어 식량도 충분합니다. 그러나 적이 성벽보다 높은 가건물을 지어 공격한다면 아무리 높은 성벽이라도 어렵지 않게 적이 넘어올 수 있습니다. 이를 막기 위해서는 화포가 필요할 것입니다."

"그렇군. 내가 자네를 잘 보았어. 전투준비를 위한 것이라면 내가 적극적으로 지원할 것이니 자네는 전투를 위한 준비만을 잘 해주게."

"알겠습니다. 이부장, 그럼 기병의 훈련 상태를 봅시다."

"예. 안내하겠습니다."

"말이 300이라고 했소?"

"예, 그렇습니다."

"기병을 더 양성해야 할 것 같구려."

"300기라면 충분하지 않습니까?"

"이 성을 수비만 한다면 300기도 많을 것이오. 그러나 결국 전투가 벌어지면 멀리 있는 적과 싸울 수도 있는 것이오. 그러기 위해서는 최소한 500기는 있어야 할 것인데…"

"예, 영감마님께서 나리의 요구사항은 모두 들어주시겠다고 했으니 어려울 것이 없겠습니다."

"성벽 수리도 해야 할 것 같구려."

"예. 좋은 지적이십니다. 실제로 저희는 전투를 해본 경험이 없어서 어느 곳을 수리해야 할지 잘 모릅니다. 나리께서는 전투경험이 있으시니 많은 조언을 부탁드립니다."

"자네가 이곳에서 계속 부장을 할 것 같이 말을 하는구려."

"예, 나리. 곤양은 바로 진주 코앞입니다. 진주에서 문제가 생기면 곤양도 무사하지 못할 것입니다. 그리고 작은 고을인 곤양에 문제가 먼저 생기면 진주군의 도움이 필요하지 않겠습니까? 제가 진주군의 전투준비에 관심이 많은 것은 당연하지요."

"그렇구려. 자네가 진주 관군 후원자이군. 든든하네."

"나리의 말씀을 들으니 저도 곤양에 부임하는 즉시 기병을 기르도록 하겠습니다. 곤양은 성이 작아 성 안에서 왜군을 맞아 싸운다는 것은 자살행위로 여겨집니다. 기병을 양성하여 먼 곳에서 전투를 벌여야 할 것으로 사료됩니다. 나리와 함께 전투에 참여하도록 하겠습니다.

"이렇게 말이 잘 통하니 기분이 좋구려."

"자네들의 기개가 이렇게 쉽게 통하니 마음이 놓이네. 앞으로도 이렇게 의기가 통하는 자네들이 잘 협조하도록 하게."

"잘 알겠습니다. 영감마님."

거짓 역사를 벗겨 버리자

박교수는 이른 아침 학교 연구실로 갔다. 연구실에 도착하자마자 전화 벨이 울렸다. 장박사 목소리가 들렸다.

"교수님, 제가 기대한대로 일찍 출근하셨군요."

"그래, 이 시간이면 연구실에 와 있지. 그런데 어쩐 일인가?"

"교수님을 방문하고 싶어 전화 드렸습니다."

"그래? 그럼 오게. 언제쯤 도착 예정인가?"

"이미 출발했습니다. 10분 내로 도착할 것입니다."

"그렇군. 내가 자네 좋아하는 차를 끓여놓고 있을 테니 천천히 오게."

장박사는 조금 상기된 모습으로 박교수의 연구실에 도착했다.

"자네 모습이 예사롭지 않군. 무슨 일인가?"

"예, 교수님. 어제 교수님을 만난 후 많은 것을 생각해보았습니다."

"그래?"

"교수님께서 말씀하신 임진왜란에 대한 연구에 제가 보다 적극적으로 참여하려고 합니다."

"어제는 약간 소극적이더니 어떻게 하루 밤 만에 생각이 바뀌었지?"

"교수님께서 말씀하셨듯이 엄청나게 중요한 일이라는 생각이 들었습니다. 그리고 새로운 것을 발견할 가능성이 높습니다."

"참 반가운 이야기군."

"교수님께서 다녀가신 후 저도 김시민 목사를 중심으로 임진왜란을 찾아보았습니다. 일본에서는 진주대첩*, 즉 진주성 1차 전투에 대한 기록은 별로 남아 있지 않은 반면, 진주성 2차 전투에 대한 기록이 대부분이라는 것이지요."

"1차 진주성 전투은 자기들이 진 전투이고, 2차 진주성 전투는 자신들이 이긴 전투로 보기 때문이겠지."

"그 뿐만이 아닙니다. 일본인들은 해전에서도 이겼고, 행주산성에서도 이겼다고 기록하고 있답니다. 물론 명군과의 전투에서도 최종적으로는 일본군이 이겼다는 것이지요."

"그래? 우리에게는 잘 된 일이야. 저들이 작심하고 역사를 왜곡했다는 것인데, 그러면 그럴수록 우리의 작업이 편해지겠군."

"역시 교수님이십니다. 교수님의 관점은 항상 감탄스럽습니다."

"기분은 좋네만, 본론으로 들어가세. 무슨 근거로 모든 전투에서 그들이 결국 이겼다고 주장하고 있는가 말일세."

"예, 임진왜란 초기에 한산대첩에서는 일본군이 조선군에게 졌지만, 칠천량해전**에서 일본군이 승리를 거두었다는 것입니다. 행주산성 전투에서도 일본군이 첫 날에는 행주산성 공격에 실패했지만 다음 날 행주산성을 무혈 입성했다는 것이지요. 명군과의 평양성 전투에서는 일본군이 패배하였지만, 바로 벽제관 전투에서 명군을 압도했다는 것입니다. 진주성에서도 1592년 10월의 1차 진주성 전투에서는 공략이 쉽지 않았지만

---

* 진주대첩(晉州大捷)은 1592년 10월 6일 3만 명의 일본군이 진주성을 공격해 오자 진주 목사 김시민을 중심으로 한 3,800명의 진주 관군이 4박 5일 동안 10회의 전투에서 모두 승리한 전투이다. 일본군은 10월 10일 퇴각하였으며, 진주 목사 김시민은 전투 마지막 날 일본군이 쏜 총탄에 맞아 쓰러져 끝내 사망했다. 일본군은 8개월 후인 1593년 6월 이 전투를 설욕하기 위해 9만 3천명의 병력으로 재차 침략하였다. 이를 2차 진주성 전투라고 한다.

** 칠천량해전(漆川梁海戰)은 정유재란 때인 1597년(선조 30) 7월 15일 거제도 북쪽 바다인 칠천량에서 원균(元均)이 지휘하는 조선 수군이 일본 수군과 벌인 전투로, 임진왜란과 정유재란 때 유일하게 패배한 해전이다.

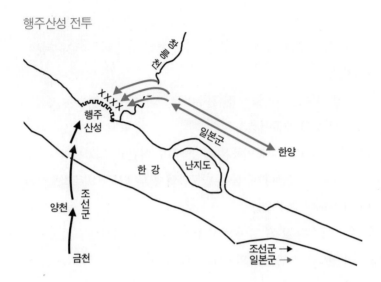

행주산성 전투

1593년 6월의 2차 진주성 전투에서는 끝내 성을 함락하였다는 것이지요."

"딱 걸렸어. 임진왜란 전 과정에서 일본군이 승리했다는 것인데, 그럼 왜 그들이 조선을 점령하지 못하고 철수했다는 것이지?"

"그것은 도요토미 히데요시의 사망으로 그렇다는 것이지요."

"오케이. 그럼 정유재란 이전 도요토미 히데요시가 살아있었던 임진왜란 때는 군사를 철수한 이유는 무엇인가?"

"명군과 강화를 하였기 때문이라는 것이겠지요."

"아주 속이 뻔히 들여다보이는 왜곡이야. 하지만 논리가 아주 정교하군. 자네도 이번의 이 연구가 승산이 있다고 보는 것은 저들의 거짓 역사란 것을 느꼈기 때문이겠지. 우리가 이런 말도 안 되는 거짓 역사를 벗겨 버리세. 중요한 전투에서 전부 승리해놓고는 휴전을 하고 군대를 철수한다? 이런 역사를 지금까지 믿고 있었다니 말이야."

"바로 그것입니다. 교수님. 어제는 교수님께서 무모한 도전을 하시는 것으로 생각했습니다. 그런데 곰곰이 생각하면서 몇 가지를 거꾸로 생각해보니 눈앞이 밝아졌습니다."

05
왜적이 올것이다

 진주성 동헌 밖의 넓은 공터에서 진주 관군이 훈련 중이다. 김시민 판관이 분주히 다니며 훈련 상황을 관찰하며 소규모 단위 부대장에게 지시를 내리고 있다.

 한편에서는 보병이 창과 칼을 다루는 방법, 활 쏘는 방법을 익히고 있다. 다른 한편에서는 기병이 마상훈련에 임하고 있다. 말의 숫자가 300마리에 이른다. 작은 언덕을 넘어 다른 들판에서는 화포가 줄지어 있고, 포병이 화포를 다루는 방법, 화약으로 각종 병기를 만드는 방법을 익히고 있다.

 김판관의 눈이 빛을 발하면서도 입가에는 미소가 가득하다. 자신감의 표현이다.

 동헌으로부터 갓을 쓴 진주목사가 어떤 사람을 데리고 김판관을 향해 걸어왔다.

 "김판관, 이 분은 한성에서 전하의 어명을 받들어 경상도 각 지방의 군사훈련과 군비상황을 점검하러 나온 신립* 장군이오. 인사하시오."

 "예, 대감. 저는 판관 직을 수행하고 있는 김시민입니다."

 "잘 알고 있소. 김판관. 그대가 진주에 있으니 진주목의 전쟁준비는 빈틈 없이 되어 있을 것으로 믿소. 하지만 나도 알아야겠으니, 현재의 전쟁

---

 * 신립(申砬, 1546~1592)은 22세 때 무과에 급제한 뒤 선전관·도총관·우방어사·함경도남병사 등을 역임하면서 니탕개의 난 등 침략하는 여진족을 매번 물리쳤다. 임진왜란이 일어나자 삼도순변사로 임명되었으며, 충주에서 진을 치고 기병 중심의 전술로 일본군을 맞아 싸우다 전사하였다.

조선의 화포 승자총통

준비 상태를 말씀해주시오."

"예, 대감마님. 진주목의 병력은 총 2,700입니다. 기마는 300기, 화포*
50문이 준비되어 있습니다. 염초**는 300근 이상 준비되어 있으나 추가
로 준비하고 있습니다. 군사훈련은 100인 단위로 보병, 기병, 포병을 나
누어 매일 사흘에 하루씩 진행 중입니다. 어명을 받은 지난해부터 축성
을 시작하여 다음 달 완료할 예정입니다. 이미 목사영감님과 성을 둘러
보셨겠지만 진주 병사의 10배가 넘는 그 어떤 군대가 오더라도 물리칠
수 있을 것입니다."

"좋소. 성곽을 모두 둘러보았소. 축성이 매우 잘 되고 있었소. 성 밖의
해자도 상태가 매우 우수하오. 판관과 같이 다른 진관군***도 준비가 잘
되어 있으면 좋으련만."

"대감. 그런데 이번엔 어명이 예사롭지 않습니다. 왜국이 쳐들어오기
는 분명한 가 봅니다."

"그렇소. 왜국의 왕이라는 도요토미 히데요시가 전하께 드리는 사찰에

* 대포의 옛말. 화약의 힘으로 탄환을 내쏘는 대형 무기.
** 화약의 옛말. 고려 시대 최무선이 화약 제조의 핵심 기술인 염초 제조법을
원나라 기술자로부터 알아내어 화약을 자체적으로 제조할 수 있게 되었다
고 함.
*** 조선초기의 지방군 중심의 방위체제를 진관체제(鎭管體制)라고 하며, 이
체제 하의 지방군을 진관군(鎭管軍)이라고 한다.

서 명나라를 쳐들어 갈 것이니 길을 내놓고, 군사와 군량을 협조하라고 되어 있다는구려."

"이런 죽일 놈이 있습니까? 자신 만만하군요. 그런데 왜국의 군대가 그렇게나 강하답니까?"

"꽤나 먼 이야기이지만, 80년 전 삼포왜란 때의 기록을 보면 왜적들이 꽤나 싸움을 잘 한다고 적혀 있소. 당시 호남일대의 바닷가에 있는 진관군이 모두 점령당했다는 것을 목사와 판관도 알고 있을 터인데… 중앙군이 내려와서야 진압되었지. 그런데 이번에 왜국의 왕이 전하께 명나라를 치겠다고 서신을 보냈다는 것이오. 이것으로 미루어 볼 때 지난 삼포왜란 때의 군사보다 더 많은 왜적이 올 것임에는 분명하오. 지금 중앙군도 8,000기의 기병을 양성해 놓고 있소. 왜적이 온다면 여진족을 토벌했듯이 일거에 물리칠 것이오. 다만 각 고을에 주둔하고 있는 진관군이 걱정이오."

"다른 진관에서는 대비가 미비하다는 뜻으로 들립니다."

"그렇소. 대부분의 진관은 거의 준비가 되어 있지 않구려. 내가 이곳까지 오면서 진관 수령 몇 명의 목을 쳐버렸소."

"어찌 감히 어명을 가벼이 여깁니까?"

"그 놈들이 모두 핑계가 넘치는구려. 이 같은 태평성시에 전쟁준비가 웬 말이냐. 전쟁준비를 하려면 백성들의 고혈을 짜야 한다. 백성들을 징집해 군사훈련을 하면 농사는 누가 짓느냐? 이렇게 이유가 많더이다."

"그래도 대비를 해야 하지 않습니까?"

"인정할 현실은 인정하고 준비해야겠지요. 전쟁준비가 되어 있는 진관은 왜적의 침입을 어느 정도 막아 백성의 피해를 막을 것이고, 준비되지 않은 곳은 일단 왜적에게 밟힐 수밖에. 나는 지난번 삼포왜란 때와 같이 중앙군을 동원해 막는 것을 생각하고 있소. 하지만 이일 장군은 각 진관군을 한데로 모아 왜적에게 대항할 전략을 구상 중인 모양이오. 진주목의 전쟁준비상황으로 보건데 내 생각으로는 경상우도는 왜적이 쉽게 들어오지 못할 것으로 예상되는구려."

"과찬이십니다. 대감의 뜻을 받들어 최선을 다 하겠습니다."

"목사와 판관께 의견 하나 드리겠소."

"무엇이든 하명하십시오. 받들겠습니다."

"우선 우도의 인재를 모으시오. 도내에 무과 준비를 하고 있는 인재들을 모아 훈련시키시오. 무과 준비도 함께 하면서. 그리고 왜적과 전투를 한 후 각지로 뿔뿔이 흩어진 진관군을 모으시오. 이들은 왜적의 장단점을 파악하고 있을 뿐만 아니라 각 지역사정도 잘 파악하고 있을 터이니 이들이 매우 유용할 것이오."

"아주 좋은 생각이십니다. 유념하겠습니다."

"한 가지 더."

"예, 말씀하시지요."

"군사훈련을 진주성 방어에 그치지 말았으면 하오. 군사훈련은 아주 잘 되어 있더군요. 만약에 왜적이 침입해 오면 초기에는 진관군만으로는 경상도 지역을 방어하기 어려울 것이오. 특히 경상좌도는 버티기 어려울 것이오. 하지만 경상우도만이라도 진주목의 군사로 방어하길 바라오. 그리고 진주목의 군사가 진주성 방어에만 몰두할 것이 아니라 다른 진관의 군사와 연계하여 경상우도 내로 왜적이 침입하지 못하도록 작전구역을 넓힐 필요가 있을 것이오. 그러기 위해서는 기마병을 보다 효과적으로 운영하여 공격 훈련을 시킬 필요가 있을 것이오."

"알겠습니다. 대감마님. 최선을 다해 준비하겠습니다."

대답은 같았지만 진주목사와 진주판관의 표정이 사뭇 달랐다. 진주목사는 신립장군의 요구가 부담스러웠다. 반면, 진주판관은 자신이 평소에 하고 있는 생각과 신립장군의 생각이 일치하고 있다는 것에 만족스러웠다.

준비된 자가 승리를 쟁취한다

박교수는 오늘도 일찍 일어나 연구실로 향했다. 도착하자마자 그 동안 읽은 진주성에 관한 논문을 비롯한 각종 사료를 정리했다. 그리고 장박사에게 전화를 했다. 그들은 오후 6시 30분에 만나 잘 가던 국밥집 구석 자리에 마주 앉았다.

"교수님, 오늘 중대한 말씀을 하실 분위기입니다."

"그래! 옳게 봤네. 생각했던 것 이상으로 새로운 것이 속속 발견되는군."

"예. 그렇습니다. 평소 아무렇지도 않게 생각했던 것도 조금만 이성적으로 따져보면 의문이 듭니다."

"자네, 확실히 나와 궁합이 잘 맞아."

"교수님을 한 두 해 뵙나요. 벌써 20년이 넘었습니다."

"그렇지. 자네와 나는 참 오랜 시간 동안 이렇게 만나서 세상 이야기를 나누었어."

"예. 제가 대학 3학년 2학기에 교수님 강의를 처음 들은 후 이렇게 꾸준히 뵀지요."

"그래. 세월이 빠르기도 하지. 자네와 나 모두 나이는 먹었지만 그래도 우린 변함이 없지 않은가?"

"네."

"그 동안 나는 진주성전투에 대해서 살펴보았네."

"임진왜란 연구를 진주성 전투로부터 시작하시는군요. 교수님께서 새로 발견한 것을 말씀해 주시지요."

"내 말을 잘 들어보게. 김시민 목사의 진주대첩은 1592년 10월에 치러진 전투네. 자네 진주대첩이 며칠 동안 치러졌는지 아나?"

"지난번에 4박 5일이라고 말씀하셨는데 깜짝 놀랐습니다. 4박 5일 동안 전투를 치른다는 것은 상상하기 어렵지요."

"나도 그렇게 피상적으로 알고 있었네만 실제로 지난 보름 동안 진주성 전투에 관한 사료를 읽고 놀랄만한 것들을 많이 발견했어."

"그러시군요. 교수님 표정을 보니 저도 궁금합니다."

"그래. 자네도 좀 더 지나면 매력을 느낄 것일세. 진주대첩은 1592년 10월 5일 일본군이 진주성을 포위하면서 시작됐지. 실제 전투는 10월 6일부터 시작됐고, 10월 10일 일본군이 후퇴했네. 무려 5일 동안 밤낮을 가리지 않고 싸운 것이지."

"예. 당시 전투는 주로 밤에 이루어졌다고 하더군요. 수비하는 쪽이 어둠에 의한 공포와 위협을 가장 크게 느낄 테니 말입니다."

"그렇지? 4박 5일 동안 무려 10차례의 전투가 있었다네. 이긍익의 『연려실기술』*에는 5일 동안의 전투 장면이 상세하게 표현되어 있지. 당시

---

* 조선 후기의 실학자 이긍익(李肯翊, 1736~1806)이 지은 조선시대 야사총서(野史叢書)로 59권 42책. 저자가 부친의 유배지인 신지도(薪智島)에서 42세 때부터 저술하기 시작하여 타계(他界)할 때까지 약 30년 동안에 걸쳐 완성하였다. 400여 가지에 달하는 야사에서 자료를 수집·분류하고 원문을 그대로 기록하였다. 원집(原集) 33권, 속집(續集) 7권, 별집(別集) 19권 등 3편으로 되어 있다. 내용은 원집에 태조 이래 현종까지의 283년간(1392~1674) 각 왕대의 주요한 사건을 사의(私意)를 가하지 않고, 인용한 책 이름을 밝혀 적었고, 각 왕대의 기사 끝에는 그 왕대의 상신(相臣)·문신(文臣)·명신(名臣)의 전기(傳記)를 덧붙였다. 속집은 숙종조(肅宗朝) 47년간(1674~1720)의 일들을 원집의 형식대로 적었다. 별집은 조선시대의 역대관직(歷代官職)을 비롯하여 각종 전례(典禮)·문예(文藝)·천문·지리·변위(邊圍)·역대 고전 등 항목별로 그 연혁을 수록하고 역시 인용한 책 이름을 부기하였다. 저자가 생존시부터 원집과 별집의 전사본(轉寫本)이 널리 퍼져 정본(正本)이 없으므로, 저자는 본문에 여백을 두고 그때그때 새로운 사실을 덧붙여 나가는 방법을 취하였다. 조선시대 사서(史書) 중에서도 매우 뛰어난 저작인 이 저서는 객관적인 기사본말체(記事

권율 장군의 행주대첩은 하루 동안 싸웠고, 이여송이 싸워 이긴 평양성 제4차전도 이틀 동안의 전투였는데, 5일 동안 10차례의 전투를 모두 이겨 진주성을 지켜낸 것은 대단하다고 생각하지 않나? 물론 임진왜란 때 전투다운 전투에서의 첫 승전은 이정암의 연안성 전투이지. 연안성 전투로 인해 황해도 서안을 지킬 수 있었어. 그런데 연안성을 침공한 일본군 수는 1만 명이

『연려실기술』

채 되지 않았어. 반면 진주대첩은 3만 명이 넘는 일본군이 쳐들어 온 전투라는 것이지."

"그렇습니까? 진주대첩을 다시 봐야 하겠군요. 그런데 4박 5일, 10회의 전투, 지상전 첫 승리는 좋은데, 이것이 어떤 의미가 있나요?"

"좋은 지적이야. 전쟁에서 이겼다는 것과 졌다는 것이 한 사람의 위대한 장수가 있는지 없는지에만 국한되는 것은 아니지."

"교수님 말씀에 동의합니다. 그렇다면 어떤 면을 보고 계시는지요?"

"음… 당시 모든 전투에서 계속 패하고 있었는데, 임진왜란이 발발한 지 4개월 보름 만에 진주성에서 조선군 3,800명이 일본군 3만 명을 맞아 싸운 대규모 전투를 승리로 장식했네. 이것은 우수한 리더, 전술, 무기, 개인의 전투력이 통합된 결과라는 것이지. 그 뒤에는 진주 주민의 통합

本末體)로 기록되었다는 점과 사견(私見)이 조금도 가해지지 않은 명석(明晳)한 사관(史觀)에 입각하여 엮어졌다. 1911년 광문회(光文會)에서 도합 34권으로, 1913년 고서간행회(古書刊行會)에서 도합 59권으로 각각 간행하였고, 34년 계유출판사(癸酉出版社)의 《조선야사전집(朝鮮野史全集)》에 일부가 국한문체로 번역되어 나왔으며, 1966년 민족문화추진회(民族文化推進會)에서 《고전국역총서(古典國譯叢書)》 제1집으로 도합 12권으로 발행하였다.

된 사회자본이 필수적으로 존재해야 한다는 것이고."

"그렇다면 400년 전의 진주성 전투를 사회자본 관점에서 보시는 것입니까?"

"일단 그렇다고 하겠네. 중요한 것은 당시 조선 사회가 가지고 있던 잠재력 없이는 이와 같은 대규모 전투에서 승리하기 힘들다는 거지. 소규모 병력으로 소규모 부대를 기습 공격하여 승리할 수는 있어도 수천 명 이상이 참여한 전투를 10회의 전투에서 모두 승리했다는 것은 시스템의 승리라고 봐야 하지 않을까? 좀 더 간단히 말해서 현재 한국인의 DNA와 400년 전의 조선인 DNA는 다를 것이 없다는 것이야. 현재 한국인이 이런 모습으로 살아가듯이 400년 전의 조선인도 당당하게 살아갔다는 것이지. 그 원동력은 같다는 것이고."

"아직 명확하게 교수님께서 어떤 연구를 어떻게 하시겠다는 것인지 감이 오지는 않습니다. 그렇지만 오랜만에 교수님의 열의를 느낄 수 있어서 좋습니다. 말씀드렸듯이 저도 적극적으로 관심을 갖고 있습니다. 구체적으로 제가 어떻게 도와드려야 할지를 말씀해 주시기 바랍니다."

"자네의 그런 태도면 오늘은 됐네. 이번 사안은 감이 좋아. 이번 진주성 전투가 접근이 어렵기는 해도 좋은 사례가 될 수 있을 것 같군. 이런 마음은 오랜만에 드는 것이니 자네도 적극적으로 생각해보게나."

"알겠습니다. 저도 보다 적극적으로 임진왜란 전반에 대해 찾아보고 고민해보겠습니다."

"한 가지 더, 자네에게 말해줄 것이 있네. 실은 진주대첩보다 다음 해에 벌어진 제2차 진주성 전투의 의미가 더 크다는 것이야."

"왜 그렇지요? 제 짧은 역사상식으로는 제2차 진주성 전투는 패전 아닙니까?"

"그래. 바로 그것이야. 나도 제2차 진주성 전투를 패전으로 알고 있었네. 모든 역사책에도 그렇게 기록되어 있고. 그런데 제2차 진주성 전투가 가진 새로운 의미가 많아. 우선 제2차 진주성 전투에서 사망한 조선군의 출신이 모두 경상도 병사가 아니라는 점이지. 진주성 전투에서 싸운 조선병사는 경상도 출신뿐만 아니라 전라도와 충청도에서 온 병사라는 것이야. 더 알아봐야 하겠지만, 진주성에서 왜군과 함께 산화한 논개는 전라도 출신이야. 논개의 지아비인 최경회 장군이 장수 군수를 지냈거든. 전라도 화순에서 출생한 최경회 장군이 임진왜란 초기부터 화순에서 거병하여 전라도 각지를 돌며 병력을 모아 경상도에서 전투를 벌였다는 것을 처음 알았지. 물론 충청도 출신 부대장들도 진주성 전투의 사망자로 기록되어 있고. 다음으로 제2차 진주성전투는 무려 9일 동안 25회의 전투를 벌였다는 점이야. 패전이라는 것은 말도 안 돼. 9일 동안 24회의 전투에서 이긴 전투를 패전으로 기록하고, 또 후손들이 그리 알고 있다는 것은 조국을 위해 산화한 고인들에 대한 예의가 아니지."

"교수님께서 짧은 기간 동안 많은 것을 연구하셨군요?"

"그래. 자료를 찾아 읽기 시작한지 이제 보름밖에 되지 않았네만 몰랐던 사실이 속속 밝혀지니 흥분되어 견딜 수가 없네."

"생각해보니 매우 중요한 발견을 하셨습니다. 세계사에서 패전으로 끝난 전투를 패전이라고 하지 않는 전투가 몇 건 생각납니다. 페르시아의 10만 대군에 맞서 싸운 스파르타의 300인에 대해 패전했다고 할 수는 없지요."

"그렇단 말이지. 그리고 마사다 전투 또한 패전이라고 하지 않지. 로마 대군을 맞아 싸운 이스라엘의 마사다 요새가 결국은 함락되었지만 패전이라고 하지 않고 오히려 이스라엘의 성전으로 기록하고 있지 않은가? 특히 대한민국의 현실에서 지금과 같이 지역갈등이 심한 상황에서 400년 전 우리 선조들은 경상도, 전라도, 충청도를 가리지 않고, 함께 싸우다 함께 죽었다는 것은 우리에게 생각할 거리를 많이 줄 것이네."

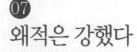

왜적은 강했다

　진주성 안의 나무와 들풀은 꽃이 만발해 있다. 진주 판관 김시민은 봄 소식의 감흥을 즐길 겨를도 없이 성축 마무리, 각종 무기 준비, 군사훈련에 몰두해 있다. 이제는 판관이 직접 지휘하지 않아도 부대장 자체적으로 소규모 단위로 반복 훈련을 하고 있다. 그럼에도 불구하고 판관은 매일 모든 상황을 점검하고 있다.

　동문쪽에서 말 두 필이 빠르게 달려와 판관 앞에서 멈춘다. 30대 초반의 건장한 남자 두 명이 판관에게 예의를 갖춘다.

　"이선달 아니신가? 무슨 일이기에 이렇게 급박하게 달려오는가?"

　"판관 나리, 긴히 드릴 말씀이 있습니다."

　"그래? 그럼 동헌으로 드세."

　세 사람은 판관의 집무실로 들어섰다.

　"여기 있는 이 사람은 최선달입니다. 최선달, 판관 나리께 인사드리시게."

　"예, 나리. 저는 부산진성에서 온 최풍헌 선달이라고 합니다."

　"반갑소. 최선달. 무슨 일이신가?"

　"예, 판관 나리. 평소에 나리께서 경상도 지방의 무관을 중용하신다는 말을 들어온 바가 있어서 꼭 뵙고 싶었습니다. 하지만 이번에 이렇게 나리를 찾아온 이유는 부산진성에서 있었던 일을 말씀드리기 위해서입니다."

"그렇다면 부산진성에서 이곳 진주까지 한 걸음에 달려왔단 말인가?"

"그렇습니다. 어제 저녁부터 밤새 달려왔습니다."

"그럼. 우선 요기부터 먼저 하고 쉬어야겠군."

"아닙니다. 나리. 우선 부산진성 사태에 대해 먼저 말씀을 드리는 것이 순서입니다."

"자네 표정을 보니 먼저 자네 말을 듣는 것이 좋겠군. 그래도 자네 요 깃거리는 장만하도록 준비시키겠네. 이보게, 여기 최선달이 먹을 점심을 준비해 오게. 아니 나와 이선달 것까지 준비해 오도록 하게."

"예, 나리."

"자 그럼, 말해보게."

"예, 나리. 어제 오후 엄청난 수의 왜군이 부산진성으로 몰려들었습니다."

"그렇군. 예상한대로 왜적이 침입했단 말이군."

"그렇습니다. 그런데 엄청난 대군이었습니다."

"인원은 얼마나 되던가?"

"정확하게 알 수는 없지만 소문에 따르면 부산 영도 앞바다에 100여 척의 배가 있다고 하고, 한 척에 200명 정도의 왜적이 타고 있었다고 합니다."

"그렇다면 2만 명이나 되더란 말인가?"

"실은 그보다 훨씬 많다고 합니다. 1차로 도착한 왜적이 2만 명에 달하고, 다음 날 또 그 만큼의 배가 도착하여 왜군을 상륙시켰다고 합니다. 이로 미루어 볼 때 왜적이 계속 도착할 수도 있습니다."

"그런가? 그럼 부산진성에서 전투가 있었는가?"

"예, 부산진성 앞으로 왜적이 밀려들어왔고, 부산진성의 정발*장군이

---

* 정발(鄭撥, 1553~1592)은 경기도 연천 출신으로 1579년 무과에 급제한 뒤 해남현감·거제현령·훈련원 첨정 등을 역임하였다. 임진왜란 때 부산 진첨절제사로 부산에 상륙한 일본군에 맞서 싸우던 중 전사하였다.

지휘하던 관군과 바로 교전이 있었습니다."

"전투 상황을 상세히 말해보게."

"예, 나리. 왜적들은 조총이란 신무기를 가지고 있었습니다. 성 밖 50보 지점에서 횡대로 왜적들이 늘어서서 총을 성 위를 향해 쏘아댔습니다. 우리 군사들이 이 총을 맞고는 바로 절명하거나 큰 부상을 입었습니다. 한편에서는 계속 총을 쏘고, 다른 쪽에서는 성벽에 무수한 사다리를 놓고 기어 올라왔습니다."

"그래도 성 위에서 아래를 보고 싸우는 것이 훨씬 유리하지 않겠나? 또한 우리도 활을 가지고 있지 않은가?"

"옳은 지적이십니다. 총을 맞고 많은 수의 병사가 사상되었지만, 남은 병사들이 힘껏 저항했지요. 왜적들도 수없이 죽거나 다쳤습니다. 그렇지만 왜적의 총으로 인해 우리의 피해도 컸습니다. 초반의 전투가 더 길게 갔다면 왜적들이 더 많이 사상되었을 겁니다. 그런데 두 시간쯤 싸우니 왜적들이 일단 물러갔습니다. 그러다 두세 시간 후에 다시 왜적이 나타났습니다. 왜적이 새로운 무기를 만들어 밀고 들어오더군요."

"무엇을 말인가?"

"예, 굵은 나무로 거대한 누각을 만들어 밀고 왔습니다. 그 누각이 성벽보다 높았고, 누각 위에 총을 든 왜적이 있었습니다. 성벽보다 높은 곳에서 총을 쏘아대니 우리 병졸들이 성벽에서 우왕좌왕하게 되었고, 이틈을 이용해 왜적들이 성벽을 타고 올라왔습니다. 또한 우리 병졸들이 이들과 대치하고 있을 때 한 떼의 왜적들이 성 뒤로 돌아 성 안으로 난입하였습니다. 그러다보니 앞뒤로 왜적들에게 포위되었습니다."

"그렇군. 왜적들의 전술이 보통이 아닌가보군."

"예, 나리. 그런데 그보다 더 놀라운 사실이 있습니다."

"무엇인가?"

"왜적들은 모두 칼을 잘 다룬다는 것입니다. 그놈들은 칼과 창을 맞대고 싸우는 데는 마치 귀신같았습니다. 우리 병사의 칼과 창으로는 왜적을 한 놈도 베지 못할 정도였습니다."

"그럼, 정장군은 어떻게 되었나?"

"예, 제가 보지는 못하였습니다만, 정장군께서 맞서 싸우셨다고 하니 왜적의 칼에 살아계시지는 못하실 것으로 생각됩니다."

"그렇군. 왜적이 그리 강하단 말이지. 큰일이군. 강한 왜적의 적병수도 많다니. 헌데 자네는 어떻게 이곳까지 살아왔는가?"

"예, 왜적은 매우 강군이었습니다. 또한 그 후속부대가 속속 부산으로 들어오고 있습니다. 그리고 제가 살아올 수 있었던 것은 정발 장군 때문이었습니다."

"정장군?"

"예. 저는 정장군의 외가로 친척 조카입니다. 저는 무과에 급제한 후로 관직에 나가길 기다리고 있다가 정장군의 부탁으로 부산진성에서 군사 훈련을 시키고 있었습니다. 왜적이 부산진성 앞에 나타나자 정장군께서는 제게 김수 경상우감사께 부산진성 전투에 대한 상세한 이야기를 전해드리라는 명을 내리셨습니다. 부산진성이 함락되기 전에 저는 부산진성을 빠져나왔고, 우감사께 가려고 하니 우감사께서 김해방면으로 향하셨다는 말을 듣고 김해로 달려갔으나, 우감사의 향방을 알 수 없었습니다. 그 때 평소에 진주목의 전투준비가 잘 되어 있다는 것을 알고 있는지라 판관께 이 사태를 알리는 것이 더 빠를 것이라는 생각에서 달려왔습니다."

"그렇군. 아무튼 많은 도움이 되었네. 시간이 많이 갔군. 이제 가서 요기를 하고 후일을 위해 어떤 방도가 있는지를 숙의해보세."

싸우다 죽기는 쉬우나, 길을 내어 주기는 어렵다

부산진성의 급보를 듣고 동문 수성장으로부터 다른 소식이 전해졌다. 동래부로부터 파발이 도착했다는 것이다. 판관은 파발꾼[*]을 데려오라고 지시했다.

"너의 직책은 무엇이냐?"

"예, 나리. 저는 동래성 파발꾼입니다."

"그럼, 파발을 가지고 있느냐?"

"파발은 없습니다. 다만 동래성에서 왜적과 큰 싸움이 있었는데, 진주목에 전하란 명을 받들고 이렇게 왔습니다."

"그런가? 그럼 본 대로 말하거라."

"어제 저녁 식사를 준비하던 중 왜적이 동래성으로 들이 닥쳤습니다."

"그럼 부산진성을 함락한 바로 다음 날이군. 그 수는 얼마나 되더냐?"

"1만 명은 훨씬 넘었습니다. 약 2만 명 정도로 보였습니다. 왜적들은 성에 나타나서는 송상현^{**}부사와 담판을 짓자고 하였습니다. 송부사께

---

* 조선 후기에 관공서의 공문을 가지고 역참 사이를 오가던 심부름꾼. 각 역참에는 파발꾼이 다섯 명씩 있었다.

** 송상현(宋象賢, 1551~1592)은 1570년(선조 3) 진사, 1576년 별시문과(別試文科)에 급제하여 경성판관(鏡城判官)을 지냈다. 1584년 종계변무사(宗系辨誣使)의 질정관(質正官)으로 명나라에 다녀온 뒤, 호조 ·예조 · 공조의 정랑(正郎) 등을 거쳐 동래부사(東萊府使)가 되었다. 1592년 임진왜란 때 일본군이 부산진성을 거쳐 동래성으로 쳐들어 와 "싸울 테면 싸우고 싸우지 못하겠으면 길을 비켜라(戰則戰矣 不戰則假道)"고 쓴 팻말을 동래성문 앞에 세우자 "죽기는 쉬우나 길을 비키기는 어렵다(戰死易假道難)"는 글을 내걸고 싸우다 전사했다.

서 왜적을 꾸짖으며 할 말이 있거든 하라고 하셨지요. 그러자 왜적의 장수로 보이는 자가 글을 보내왔습니다."

"어떤 글이 쓰여 있다더냐?"

"저는 보지는 못했습니다. 하지만 전하는 말에 의하면 '싸우려면 싸우겠지만, 길을 비켜라'라고 했답니다."

"그래? 그놈 참으로 당차군. 우리 기세를 누르겠다는 심보로군. 부사께서는 무어라 답하였다 하더냐?"

"예. 나리. 부사께서는 가당치 않다고 하시면서 '싸우다 죽기는 쉬우나, 길을 내어 주기는 어렵다'라고 답을 주었다고 합니다."

"그렇군. 하루 전날 부산진성에 왜적이 침입했고 어떻게 싸웠다는 소식을 부사께서 알고 계셨더냐?"

"예, 부사께서 전날 왜적이 침입했다는 소식을 모든 군관에게 알려주셨고, 싸움을 준비하라고 이르셨습니다. 심지어 부사께서는 왜적들이 신무기를 가지고 있으니 이에 대비하라고 이르기까지 하셨습니다."

"무엇을 어떻게 대비하라고 하시더냐?"

"예. 왜적들은 개인별로 총을 들고 있고, 총알이 활보다 멀리 나가니 싸울 때 앞에 몸을 가릴 수 있는 것을 준비하라고 지시하셨습니다. 그래서 각 병졸들은 각자 나무판자나 대문, 심지어는 솥뚜껑을 가지고 전투에 임했습니다."

"그렇다면 그런 준비가 실제 전투에 도움이 되더냐?"

"말씀드리기는 송구합니다만, 별로 도움이 되지 못했습니다."

"왜 그렇더냐?"

"예. 나무판을 총알이 뚫었습니다. 초전에 나무판으로 앞을 가리고 총알을 막던 병사들이 바로 무너졌습니다."

"그래도 동래부는 부산진성보다 병사 수가 많은데, 전투는 어떻게 진행되었느냐?"

"왜적도 부산진성에서와 같이 전투를 서두르지 않았습니다. 서신이 전달되자 왜적들이 한 동안 물러났습니다. 그리고는 두 시간 정도 후에 왜적이 열을 맞추어 나타났습니다. 세 줄 단위로 길게 늘어선 부대가 성벽 앞 50보까지 왔고, 같은 식으로 다음 부대, 그 뒤로 또 같은 식의 부대가 줄지어 접근했습니다."

"그놈들이 조총부대로군. 그 방식은 부산진성에 들어왔을 때와 같구나. 계속 하게."

"예. 나리. 한참 있으려니 10개 정도의 높은 누각을 앞세워 밀고 들어왔습니다."

"공성기(攻城器)로군. 부산진성에서 나무사다리로 기어오르다 사상자가 많이 생기니 후에 공성기를 만들어 쳐들어왔다더니, 동래성에서는 처음부터 공성기를 만들어 들어왔군. 그 다음 전투장면을 소상히 알리시게."

"예, 나리. 누각 위에 총을 든 왜적이 10여 명이 있었습니다. 이들이 성벽 앞에 도착하자, 왜적들이 성벽보다 높은 곳에 있었습니다. 우리 병사들이 활을 쏴 보아도 누각에 있는 일본군들에게 도달하지 않았습니다. 그리곤 왜적 장수가 칼을 들고 지시를 내리자 성 밖에 있는 부대가 순차적으로 총을 쏘아댔습니다. 동시에 일본군들이 성벽보다 높은 누각 위에서 성 안으로 총을 쏘아댔습니다. 우리 병사들의 몸이 적에게 노출되어 진영이 삽시간에 무너졌습니다. 이 틈을 타 성 밖에 있던 왜적들이 사다리를 타고 성벽을 오르기 시작했습니다. 우리 병사도 용감히 싸웠습니다만 많은 수가 희생하여 싸우기가 쉽지 않았습니다. 왜적들이 사다리를 타고 성벽을 넘었고, 성의 후문마저 왜적에게 침범당했다는 소식이 전해졌습니다."

"왜적의 전투방식이 나날이 진화하고 있군. 무서운 놈들이야. 이미 우리 산성을 어떻게 공략할지 다 파악하고 있어. 그건 그렇고. 자네는 어떻게 이곳까지 살아왔는가?"

일본군의 공성기

"예, 나리. 송부사께서 어제 아침 우리 파발꾼들을 동헌으로 부르셨습니다. 그리고는 당일 또는 다음 날 왜적들이 동래성으로 들이닥칠 것이라고 하면서 우리 파발꾼들은 전투가 여의치 않으면 옆문으로 피해 각자 맡겨진 지역의 수령께 소식을 전하라고 하셨습니다. 왜적들이 어떻게 싸우는지 소상히 보고 알려주라고 당부도 하셨습니다."

"그렇군. 송부사께서는 앞날을 내다보고 계셨군. 많은 도움이 되었네. 수고했어. 이제 물러가 쉬게. 자네는 이제 진주목에 남아서 나와 함께 왜적을 물리칠 방안을 생각해보세."

"예. 나리. 목숨을 바치겠습니다."

09
우리는 사실과 다른 역사를 알고 있다

아침에 장박사로부터 전화를 받았다. 만나서 전해줄 것이 있다고 했다. 그 날 저녁에도 항상 그랬던 것처럼 국밥집에서 만났다.

"그래. 진도는 조금 나가고 있나? 자네가 바라본 임진왜란은 새로운 것이 나오던가?"

"예, 교수님. 일단 이 책부터 보시지요."

"이건 무슨 책인가?"

"예. 표지에 쓰여 있듯이 『일본전사 조선역』입니다. 1924년 일본 군부에서 일본 역사가 시작된 이래 당시까지 일본에 있었던 전쟁을 정리하여 일본전사를 편찬했다고 합니다. 보고 계시는 두 권의 『일본전사 조선역』은 임진왜란 편입니다."

"귀한 자료군. 이 책을 어디에서 구했나?"

"예. 국회도서관에서 구했습니다. 교수님 말씀을 듣고 국회도서관 자료를 검색하던 중 눈에 띄어 책을 빌려 복사해왔습니다."

"역시 자네는 멋있어. 특별한 것이 있던가?"

"모두 일본어로 되어 있어서 특별히 발견한 것은 없습니다. 다만 임진왜란에 참여한 군대편제가 상세히 기술되어 있습니다."

"그래? 어디 보세."

"여기를 보십시오."

"그렇군. 우리가 알고 있는 고니시 유키나가(小西行長), 가토 기요마사(加藤淸政) 등이 나와 있군. 그런데 이름 사이에 있는 이것은 뭐지?"

"예. 저도 궁금해서 일본에서 학위를 받은 연구원께 문의해보니 관직을 이름 사이에 써넣은 것이랍니다."

"그렇군."

"어디 좀 보세. 옳아. 자네 이것 보게. 일정을 보니 이 앞에 있는 것은 도요토미 히데요시(豊臣秀吉)가 동원한 일본군 전군을 말하는 것이고, 여기부터는 1592년

德間文庫

日本の戰史 朝鮮の役

旧參謀本部編纂

德間書店

『일본전사 조선역』

4월 13일 부산에 도착한 일본군 1차 동원군이야. 이것 보게. 1차로 부산에 도착한 총원이 15만 8,700명이야. 아, 다음에는 수군이 명시되어 있어. 수군 4,500명이 1차 부대와 함께 온 것이군. 그럼, 우리가 알고 있는 일본군 수와 다른데?"

"예? 그럼 이것만으로도 새로운 발견입니다."

"그러게 말일세. 내가 본 바로는 임진왜란에 참전한 일본군이 15만 8,700명이라고 하는 것을 어디에선가 보았어. 최근 진주성전투에 관한 사료를 찾으면서 우리 역사서에 나온 것 말이지. 그런데 이것 보게. 여기에 1차 출정이라고 되어 있어. 이것으로 보면 다음에 2차 출정도 있다는 것을 의미하지 않는가? 그리고 일본군 참전자수 자체가 수정되어야 하지 않는가? 최소한 일본군 참전자가 육군 15만 8,700명에 수군 4,500명이 더해진 16만 3,200명이란 것 자체가 새로운 발견이야. 1차로 조선에 온

일본군만 해도 16만 명이 넘는다는 것 아닌가. 게다가 저들이 1차 출정이란 말을 쓴 것으로 미루어 보면 2차, 3차 추가로 들어온 부대도 있다는 말이 되고."

"예. 그렇습니다. 일본어를 할 수 있다면 많은 내용을 새로 발견할 수 있다는 말씀이군요."

"그런데 자네와 나 모두 이 정도 일본어를 해독할 수 없지 않은가? 이 책을 번역하는 것은 일단 추후로 미루고, 우리가 알 수 있는 정보를 수집해보세. 현재로서는 우리 한자능력만이라도 동원해서 여기 일본군 장수 이름을 추적해보면 무엇인가 새로운 것을 발견할 수 있을 것 같군. 자네 정말 수고 많았어."

區分	兵數	姓名	居城
一番隊 一萬三千七百人 （三月朔日ヨリ日和次第） （名護屋出帆ノ期日、以下同）	七千人	小西攝津守行長	肥後宇土
	三千人	松浦刑部卿法印鎭信	肥前平戶
	二千人	有馬修理大夫晴信	島原
	一千人	大村新八郎喜前 同	大村
	七百人	五島大和守純玄 同	福江
二番隊 二萬二千八百人 （一番隊ノ次、日和次第）	一萬人	加藤主計頭淸正	肥後熊本
	一萬二千人	鍋島加賀守直茂	肥前佐賀
	八百人	相良宮內大輔賴房 長每ノ	肥後人吉
三番隊 一萬一千人 （二番隊ノ次、日和次第）	五千人	黑田甲斐守長政	豊前中津
	六千人	大友侍從吉統	豊後府內

第四章 我軍ノ計畫及措置　六五

『일본전사 조선역』에 실린 일본군 편성 기록

백성을 지키는 것이 우선이다

진주판관에게 전투 상황이 속속 전해졌다. 각 고을 수령은 전투에는 지더라도 파발을 다른 고을에 보내 일본군과의 전투 상황을 반드시 알려 주었다.

일본군은 상상을 초월하는 속도로 북상하고 있었지만 대부분의 고을에는 상비군을 보유하고 있지 않았다. 따라서 일본군에 대처하기 위해 병력을 모으는 시간이 너무 많이 걸렸다. 적은 병력으로 들이닥치는 일본군을 막을 수가 없었다. 병력이 모였다고 해도 평소 훈련이 부족하고 전투경험이 전무하여 일본군의 상대가 되지 못하였다.

그럼에도 불구하고 밀양부사 박진*의 고군분투한 사실이 파발을 통해 진주에 전해졌다. 박부사는 일본군을 밀양성이 아닌 밀양성 동쪽에서 40리 떨어진 작원관**에 방어선을 구축했다. 일본군이 공성기를 사용하여 성을 쉽게 함락한다는 사실을 감안한 것이다. 그리고 작원관은 부산에서

* 박진(朴晉, ?~1597)은 무신 집안 출신으로 비변사에서 일하다가 선전관을 거쳐 1592년 밀양부사가 되었다. 같은 해 임진왜란이 일어난 후 일본군을 맞아 밀양성에서 항전하다 후퇴하였다. 이후 경상좌도병마절도사로 임명되어 나머지 병사를 수습하고, 군사를 나누어 소규모의 전투를 수행하여 적의 전진을 저지하였다. 이장손이 발명한 비격진천뢰를 사용하여 경주성을 수복하였고, 일본군을 부산 방면으로 후퇴하게 했다. 1593년에는 독포사(督捕使)로 밀양·울산 등지에서 전과를 올렸고, 이후 경상우도 병마절도사, 순천부사, 전라도병마절도사 등을 역임하였다.
** 작원관(鵲院關)은 경남 밀양시 삼랑진읍 검세리에 있는 고려시대의 건물 터이다. 영남지방의 동서와 남북을 잇는 중심지에 있는 역원(驛院)으로, 관원들이 쉬어가는 숙소인 동시에 적의 침입을 방어하는 요새의 역할을 하기도 했다.

작원관

밀양을 거쳐 대구로 가려면 반드시 거쳐야 하는 요충로이며, 낙동강과
험한 산 사이의 좁은 길을 통해야 하는 곳에 있기에 수비하기에는 최적
의 장소였다.

　박진 부사는 밀양성에 최소한의 수비 병력만 남기고 주력부대는 작원관
앞에 있는 좁은 길 옆의 벼랑 위에 배치했다. 일본군은 낙동강을 따라 북
진하였다. 또한 조선군의 기습에 대비하여 군대를 나누어 여러 길로 동시
다발적으로 쳐들어왔다. 그리고 일본군은 작원관으로 향하는 협로가 길
고 공격하기가 쉽지 않자 군대를 우회시켜 밀양성으로 향했다. 이렇게 되
자 작원관을 수비하던 부대가 앞뒤로 포위되는 형세가 되는 것이다.

　수비를 위한 최적의 장소에서 전투를 벌이더라도 쉽지 않을 상황에서
오히려 일본군이 공격하게 되는 상황을 맞이한 것이다. 하지만 박부사는
군대를 거느리고 우회하는 일본군을 공격하였다. 밀양관군 300여 명은
수적 열세에도 불구하고 최후까지 치열한 육박전을 벌였지만 대부분 전
사했고, 박부사는 소수의 인원만을 데리고 밀양성으로 후퇴하여 그곳에

있던 수비 병력과 함께 각종 시설과 군량 창고를 불태우고 후일을 기약하며 병사들과 함께 인근에 있는 산으로 들어갔다.

밀양성전투 소식을 듣고 있던 판관에게 목사로부터 오라는 전갈이 전해졌다.

"부르셨습니까? 영감마님."

"어서 오시오. 판관. 군사훈련으로 수고가 많소."

"예, 영감마님. 그렇지 않아도 군사 문제로 영감마님을 찾아뵈려던 참이었습니다."

"그렇구려. 이 시국에 우리가 같은 생각을 하고 있었던 모양이구려. 그럼, 판관의 말을 먼저 들어봅시다."

"예, 영감마님. 마님께서도 알고 계시듯이 왜적들이 부산에 도착한 후 파죽지세로 북쪽을 향하고 있습니다. 경상좌도 전체가 곧 왜적들의 손아귀에 들어갈 것으로 보입니다. 좌도가 저들의 수중에 들어가고 나면 우리 우도로 왜적들이 올 것이 뻔합니다. 따라서 지금 왜적들이 좌도병사들과 싸우고 있는 이때 병사를 이끌고 왜적의 배후를 치고자 합니다."

"판관의 기세가 가상하오. 든든하구려, 판관. 하지만 판관은 지금 형세를 잘 판단해야 하네."

"예? 지금 제가 드린 말씀에 문제가 있다는 말씀으로 들립니다."

"그렇소. 판관. 잘 알 것으로 믿소만, 지금 왜적들은 규모가 매우 성세하오. 내 생각으로 왜적의 수가 10만이 훨씬 넘는 것으로 보이오. 저들은 하나로 북상하고 있는 것이 아니라 세 갈래로 북상하고 있다지 않소. 이것은 저들의 수가 많다는 것과 저들의 전략이 전체 조선을 공략하겠다는 것으로 판단되오."

"예, 저도 그렇게 생각하고 있습니다. 따라서 저들의 배후를 신속히 칠 필요가 있다고 진언드린 겁니다."

"그러니 판관은 좀 더 신중하게 앞을 내다볼 필요가 있다는 것이네. 저들의 세력이 이만큼이나 클 때는 우리 진주목의 병사만으로 왜적을 치기에는 중과부족이고. 판관도 알고 있듯이 저들의 한 부대만으로도 병력이 2만 명에 이른다고 하지 않던가? 우리의 3천 명의 병사로는 어림도 없네. 따라서 좀 더 기다리는 것이 좋을 것이네. 이제 한양에서 곧 순찰사를 파견할 것이고, 제승방략*이 곧 가동될 것이네. 좌도 각 고을 수령에게 병사들을 대구로, 충청도 병사들은 충주로 모이라는 어명이 내려졌다는군."

"그러면 우리 진주목 병사들은 어떻게 했으면 합니까?"

"그래서 자네와 논의하고자 부른 것이네. 이제 곧 한양에서 순변사**가 중앙군과 함께 경상우도와 충청도로 내려와 일본군과 큰 싸움이 있을 것일세. 그때까지 우리는 지리산에 피신해 있기로 하세."

"지리산으로 피난을 가자는 말씀이시군요. 제 소견으로는 우리 병사들을 항상 전투에 참여할 수 있도록 해두는 것이 좋을 듯합니다. 한양의 중앙군과 적들 간에 전투가 벌어질 때 후방에서 적을 쳐서 중앙군에게도 도움을 주고, 우리 땅을 유린하고 있는 왜적들이 다시는 오지 못하도록 해야 할 것입니다."

"자네의 혈기는 이해하네만. 우리 병력이 출동하자면 내가 앞장 서야 하는데 자네가 보다시피 내가 이렇게 늙고 병들어 군대를 이끌기는 어렵다네. 그리고 우리가 출동하는 것을 왜적들도 뻔히 알 것이고, 행여 왜적

---

* 제승방략(制勝方略)은 지방의 군사를 군사거점에 집결시킨 후, 한양의 장수가 내려와 이들을 지휘하는 방식으로 임진왜란 이전 이일 장군의 제의로 진관체제에서 변경한 조선의 방어 전략.

** 순변사(巡邊使)는 조선시대 변방의 군국기무(軍國機務)를 순찰하고 군대를 지휘하기 위해 군왕이 파견한 장수.

들이 군사를 돌려 우리에게 달려들 가능성이 있지 않겠나? 후방을 먼저 도모한 후에 전방의 중앙군과 싸우려고 할 것이 순서 아니겠나? 수적으로 열세인 우리는 왜적들의 상대가 되지 않아. 그러니 일단 지리산으로 피신하여 관망하다가 중앙에서 명령이 내려오면 그 때 움직이는 것이 좋겠네."

"영감마님. 그렇다면 영감께서는 주민을 이끌고 지리산에 피신해 계시고, 병력은 제게 주십시오. 제가 수가 많은 왜적들은 피하고, 승산이 있는 경우만 부딪쳐 보겠습니다. 우리 군은 훈련이 잘 되어 있으니 패하는 일은 없을 것입니다."

"이보게, 판관. 자네의 충정은 내가 잘 아네. 그리고 자네가 군사훈련을 비롯해서 전투준비를 잘 갖추었다는 것도 잘 알지. 그렇지만 진주 병사들이 출전하는 데 목사가 빠지면 되겠나? 무엇보다도 주민과 병력이 양분되면 주민들이 불안해 할 걸세. 그리고 왜적들이 군대를 우회하여 양민을 공격한다면 우리는 적들의 공격을 효과적으로 막기 어려울 걸세. 우리 진주 병사는 진주 주민을 지키는 것이 우선이네."

판관은 물러나와 이인갑 선달과 최풍헌 선달을 판관실로 불렀다. 두 선달이 바로 뛰어 들어왔다.

"나리. 부르셨습니까?"

"그렇네. 자네 둘에게 중요한 임무를 맡기려고 하네."

"예. 어떤 일이든 명령만 내리시면 빈틈없이 처리하겠습니다."

"우선 이선달은 자네가 이끄는 부대로 진주성을 지켜주어야겠어."

"예? 그럼 다른 병사들은 출전입니까?"

"아니. 목사영감께서 병력과 주민을 데리고 지리산으로 일단 대피하자고 하시는군. 이 시국에 군사를 출전시켜 왜적의 배후를 치자고 아무리 진언을 드려도 의중이 확고하시네. 그리고 목사영감 입장을 고려하면 이해도 되고. 일단 분부대로 따라야지. 그렇지만 성을 비워둘 수는 없지 않은가? 그러니 이선달이 지금까지 훈련시켜온 부대를 이끌고 성을 지키도록 하게. 그리고 매일 일어나는 상황을 내게 보고하도록 하게. 나는 지리산에 가서 언제든 출전할 수 있도록 군사훈련에 매진하도록 하겠네."

"예. 명령 받들겠습니다."

"그리고 최선달. 자네는 파발병들을 이끌고 충주로 가서 전황을 살펴보도록 하게. 내가 생각하기로는 제승방략에 따라 대구로 모이고 있는 각 고을 진관군으로는 왜적을 섬멸하기 어려울 것으로 판단되네. 순변사 이일 장군께서 대구로 내려오신다 해도 경상좌도에 있는 진관군이 얼마나 모일지도 모르고 훈련과 병기 상태가 왜적을 물리치기에는 역부족일 것이네. 하지만 충주로 내려오는 신립 장군은 다를 것이야. 기병 중심의 중앙군을 이끌고 올 것이고, 충청도 진관군이 모인다면 왜적과 싸워 볼 만할 걸세. 최선달은 충주로 가면서 전황을 살펴보고 중요한 일이 있거든 내게 파발을 보내게. 신립 장군께서 왜적을 맞아 어떻게 싸웠는지를 내게 알려주게. 그리고 각 고을로 가서 진주에서 무장을 모은다고 소문을 내주게. 지금 싸워보지도 못하고 흩어진 무장들을 모으면 나중에 크게 쓰일 것이 있을 것이야."

"잘 알겠습니다. 나리. 빈틈없이 일을 처리하겠습니다."

왜곡된 역사는 바뀌어야 한다

오후에 장박사가 박교수의 연구실을 찾았다. 장박사는 약간 흥분된 모습으로 연구실로 들어간다.

"교수님, 그동안 별고 없으신지요?"

"별일 없네. 자네 모습이 오늘은 예사롭지 않은데? 무엇인가 내게 할 말이 많은 것 같군."

"예. 교수님께서 제게 『일본전사 조선역』에 나오는 장수별 일본군 인원을 정리하면 무척 재미있는 결과를 발견할 수 있을 것이라는 말씀을 듣고 정리해 보았습니다."

"그래?"

"예. 임진왜란 때 일본군이 많이 죽었다는 것을 알 수 있었습니다."

"그렇군. 가장 눈에 띄는 것은 임진왜란 전 일본장수별 병력과 제2차 진주성 전투 때 배치된 장수별 병력이 차이가 많이 난다는 것이지. 얼마나 되던가?"

"제가 계산한 바로는 10만 명 정도의 차이가 있었습니다."

"그럼 조선에 들어온 일본군 인원을 이미 추정해 보았다는 것인데…"

"예. 1592년 4월, 1차로 부산 땅을 밟은 일본군 인원은 16만 명 정도입니다. 이들은 대부분 제2차 진주성 전투를 위한 부대 편제에 있습니다. 그런데 제2차 진주성전투 부대편제에는 있지만 1차 출전자에는 없는 장수들이 다수 있었습니다. 제 생각으로는 이들은 2차, 3차로 조선 땅에 들어온 일본군으로 보입니다."

"그렇지. 나도 동감이야. 『일본전사』 중간 중간에 조선의 주요도시를 점령한 일본장수의 이름이 나오지 않던가? 이들 중에 1차 출전군 명단에 없는 장수들은 추후에 자신의 병력을 이끌고 조선 땅에 들어온 것으로 추정하면 되겠지. 그럼 결론은 무엇인가?"

"예. 임진왜란 때 조선에서 전투를 벌인 일본군은 최소한 22만 명이 넘습니다. 그리고 1년 2개월이 지난 1593년 6월, 제2차 진주성전투가 벌어지기 전까지 이들 중 10만 명 이상이 사망한 것이지요."

"그래. 22만 명의 45%가 넘는 일본군이 1년 2개월 만에 조선 땅에서 죽었다는 것 아닌가? 그것도 9일 동안 25차례 치른 제2차 진주성 전투에서 죽은 일본군을 계산하기 전에 말이지."

"그럼, 제2차 진주성 전투에서 일본군이 얼마나 죽었을까요?"

"그것을 추정할 수 있는 자료는 현재로서는 없네. 그런데 내 추정으로는 전투참여자 1/3 이상이 죽었다고 봐야 할거야."

"당시 진주성을 공격하던 일본군 병력수는 9만 3천명에 이릅니다. 그렇다면 8박 9일 동안 일본군이 3만 명 이상이 사망했다는 것이 됩니다. 그렇게 되면 임진왜란에 참여한 일본군 22만 명, 사망자는 13만 명이니 1년 2개월 간의 전투에서 일본군은 60% 이상이 사망했다는 것이 됩니다. 일반적으로 한 부대의 사망자가 1/3이 넘으면 그 부대는 더 이상 전투를 지속할 수 없다고 합니다. 그런데 60%가 사망했다면 그야말로 전멸했다고 보아야 할 것입니다. 이것만으로도 역사가 바뀌어야 할 것입니다."

"그렇지. 제2차 진주성 전투 이후 일본군은 조선군과의 싸움에서 전투력을 상실하여 더 이상 싸울 힘이 없어진 것이지. 지금까지 일본군이 명군과 화의협상을 하고 물러난 것으로 되어 있는데, 이것 역시 반드시 수정되어야 할 걸세. 일본군은 전투력을 완전히 소멸한 후에 후퇴할 명분을 찾기 위해 명군과 화의협상을 하자고 한 것이고, 명군 입장에서는 처음부터 남의 나라에서 싸우다 죽을 생각이 전혀 없었기 때문에 일본군의 화의협상을 받아들인 것이지."

"교수님. 이것은 혁명적인 역사 되찾기 입니다."

"그렇다마다. 역사를 되찾아야지. 그것 말고 또 발견한 것은 없나?"

"예? 그것이 가장 중요한 것 아닙니까?"

"어디 보자. 그렇군. 잘 정리했어. 자 1593년 6월 임진왜란이 일어난 지 1년 2개월 후에 일본군은 진주성으로 또 몰려갔어."

"예. 조선에 있던 거의 전 부대가 진주성으로 몰려 갔습니다."

"그렇지. 여기에 정리해 놓았듯이 당시 조선에 있는 전체 일본군 12만명의 부대배치표가 나와 있지 않는가?"

"그렇습니다."

"일본군 배치표를 보면 약 9만 3천명을 진주성 공격을 위해 부대를 재편성하였고, 부산과 거제도 등에 예비병력으로 3만 정도를 배치하고 있지. 이것 자체로도 많은 의미를 내포하고 있음이 느껴지지 않나?"

"아, 그렇군요. 1차 진주성에서 패전했기 때문에 2차 전투에서는 거의 전 병력을 동원한 것이군요."

"그럼 왜 일본군은 진주성 공략을 위해 전 병력을 동원했을까?"

"1차 전투의 패배를 반복하지 않으려고 그러지 않았을까요?"

"난 의미가 더 크다고 생각하네. 1592년 10월 제1차 진주성 전투에서 일본군이 완패한 후, 일본군은 대부분의 전투에서 수세에 몰렸어. 그 전에는 일본군이 공격하고 조선군이 방어에 임했지만, 진주대첩 이후에는 조선군이 공격하고 일본군이 수비하는 형세로 공수가 완전히 바뀌었지. 그리고 진주대첩 이전에는 일본군이 호시탐탐 전라도를 침범하려고 했는데, 이후에는 전라도로 진출하려는 시도가 거의 없지."

"그렇다면 진주대첩은 일본군의 전라도 진출 야욕을 꺾은 결정적인 사건으로 해석하신단 말씀이군요."

"바로 그것이네. 일본군은 제1차 진주성 전투에 3만 명의 병력을 보냈어. 대병력을 보냈음에도 그들은 5일 동안 10회의 전투에서 모두 패배했잖은가? 당시 상황으로 성을 공략하려다가 실패하게 되면 엄청난 희생을 치르게 되어 있지. 한두 번도 아니고 10회의 전투가 있었다는 것은 일본군이 사력을 다해 모든 병력이 소진될 때까지 공격을 퍼부었다는 말인데. 그럼에도 불구하고 그들은 실패했어. 당시 경상도와 충청도, 전라도를 점령하기로 계획되어 있던 일본군 부대가 대부분 경상도에 주둔하고 있었네. 3만 명이란 병력은 경상도에 주둔하고 있던 병력 중 가용할 수 있는 병력의 전부일세. 나머지는 경상도 지역 방위를 맡아야 하니까. 그렇다면 1차 진주성 전투에서 일본군이 완패했다는 것은 일본군이 더 이상 낙동강 서쪽의 경상우도와 전라도를 넘볼 수 없게 되었고, 경상좌도의 지역방위 및 보급로 확보에 급급하게 되었다는 것을 의미하는 것이야."

"교수님의 해석을 듣고 보니 이해가 갑니다. 그렇다면 제2차 진주성 전투 때는 거의 전 병력을 진주성으로 보냈을까요? 진주성의 전략적 가치가 그리 컸나요?"

"도요토미 히데요시의 입장에서 보면 이해하기 쉬울 것이네. 도요토미는 한양성과 조선 8도를 모두 점령하기 위해 제1차 파견군 16만 명을 9개부대로 편성했지 않은가? 자네의 자료에도 이렇게 나와 있듯이."

"계속 말씀하시지요."

"그런데 유독 전라도 땅은 점령한 적이 없지. 아니 낙동강 서편, 즉 경상우도부터 전라도를 점령한 적이 없네. 그것은 결정적으로 진주대첩 때문이야. 경상도에서는 임진왜란 초기부터 조선군과 일본군 사이에 전투가 끊이지 않았고, 낙동강을 두고 대치하고 있었지. 그런데 조선에 있는 일본군 수뇌부는 낙동강 서쪽의 조선 주력군이 진주성에 있다고 생각하고 경상우도와 전라도 점령에 최대 장애물인 진주성을 점령하고자 3만 명의 대군을 진주성으로 보내기로 결정한 것인데 완패한 것이지. 따라서 이후에는 경상우도와 전라도 점령을 포기하게 된 것이네."

"아, 이제 이해했습니다. 교수님께서는 제2차 진주성 전투의 원인이 진주대첩으로부터 시작된다는 의미이시군요."

"자, 1593년 6월의 상황을 생각해보게. 일본군은 부산지역으로 후퇴한 상황에서 조선군 주력부대와 명나라 군대는 경상도와 충청도 경계를 넘지 않고 멀리서 일본군을 관망하고 있었지. 이 과정에서 명군과 일본군 간에 평화협상을 시작했어. 당시 상황을 잘 생각해보게. 도요토미 히데요시는 협상조건의 하나로 한강이남 지역을 일본에 넘기라고 했지. 그런데 도요토미 히데요시가 가장 두려워하는 조선의 명장인 김시민 목사가 진주성에 버티고 있잖은가? 따라서 진주성을 공략하지 않고는 한강이남 지역을 실효 지배할 수 없지. 즉 도요토미 히데요시는 진주성을 공략하고 한강이남 지역을 장악한다면 명나라가 자신의 협상조건을 들어줄 것이라고 생각한 것이지. 조선에 주둔하고 있는 일본 장수들에게는 한강 이남을 점령하거든 그들의 봉토로 나누어 주겠다고 하면서 전쟁을 독려한 것이고."

"예. 이제 이해가 됩니다. 그런데 어떻게 교수님께서는 우리나라 역사서의 어디에도 없는 이런 새로운 해석을 하시게 됐습니까?"

"내가 역사학자라면 기존의 사관에 묻혀 이런 생각을 할 수 없었겠지. 그런데 자네도 알다시피 나는 행정학, 그 중에서도 조직을 전공하고 있지 않은가. 인간의 모든 행위에는 이유가 있고, 한 나라를 이끄는 도요토미 히데요시가 전략적 사고에 따라 의사결정을 했다는 것은 너무도 쉽게 이해되지 않겠나?"

⑫
훈련 안 된 병사는 군인이 아니다

　지리산에서 군사훈련 중인 김시민 판관에게 최선달이 보낸 파발이 도착했다. 파발병은 가슴 속에 품고 있던 최선달의 서찰을 판관에게 전했다. 서찰에는 다음과 같은 내용이 소상하게 적혀있었다.

　부산진성 및 동래성 전투가 있은 후, 일본군 후속부대들이 속속 부산에 도착하고 있다. 일본군 선봉부대는 3갈래로 나뉘어 북상하고 있다. 한 부대는 부산에서 밀양을 거쳐 낙동강을 끼고 북상하고 있고, 다른 부대는 언양과 김해, 경주를 거쳐 경상도 동쪽으로 북상하고, 또 다른 부대는 김해를 거쳐 북상하고 있다. 3갈래의 일본군 선봉부대 중 한 부대의 병력은 1만 명이 넘고, 다른 두 개 부대의 병력은 각각 2만 명에 이른다. 선봉부대는 지역을 점령하고는 북상하고, 이 지역은 다른 후방 부대가 담당하고 있다.
　각 고을의 진관군은 왜적에 대항하여 싸우고 있지만 병력의 부족, 무기의 열세, 전투경험의 부족 등으로 왜적의 공세에 일방적으로 밀리고 있다. 조정에서는 일본군의 북상을 막고자 주요 고갯길에 장수를 파견하여 방어하도록 하였다. 우방어사 조경은 추풍령을 맡도록 하고, 좌방어사 성응길은 경상도 동쪽을 저지하도록 했으며, 조방장 유극량에게는 죽령을 방어하도록 하였고, 조방장 변기에게는 조령을 방어하도록 했다.
　조정에서는 일본군 선봉부대를 물리치기 위해 제승방략에 의거하여 두 단계의 전략을 세웠다. 일차로 경상도지역 지방수령들과 휘하의 병력을 대구로 집결시키고, 이일*을 순변사로 임명해 한양에서 대구로 파견해서 북상하는 일본군을 물리치겠다는 것이고, 두 번째는 충청도지역의 병력을 충주로 집결시키고, 한양에 있는 기마병 중심의 중앙군을 이끌고 내려온 신립으로 하여금 충청도 병력을 지휘하게 하여 일본군 선봉부대를 격퇴하겠다는 것이다. 이에 따라 조정으로부터 명령이 경상좌도에 내려졌다.

이일 장군은 한양에서 300명의 군관을 모아 내려가고자 했으나 모으는 데 차질이 생겨 바로 대구로 내려가지 못했다. 이일은 3, 4일 동안 군관을 모으기 위해 시간을 보냈고, 마침내 60명의 군관을 모집하고는 경상도 병력이 모여 있는 대구로 내려갔다. 그러나 대구에 모여 있던 병력들은 자신을 지휘할 순변사가 한양에서 내려오지 않자 흩어지기 시작했다. 이일이 문경을 거쳐 상주에 도착했을 때는 이미 대구에 모여 있던 대부분의 병력이 보이지 않았다.

이일은 상주에서 병력을 모았다. 상주에서 새로 모은 병력은 800명이었으나 그나마 대부분이 군사훈련을 받아보지도 못한 농민들이었다. 이일은 군사훈련부터 시작하였다. 당시 일본군 1번대 고니시 유키나가는 몇 차례나 척후병을 보내 조선군의 상황을 일거수일투족을 정찰하면서 전투준비를 하였다. 4월 25일, 완전한 전투준비를 하고 있던 일본군은 우세한 전투력을 바탕으로 조선군을 포위, 압박하였다. 전투결과는 예상대로 대부분의 조선군이 전사하는 것으로 끝났다. 다만 이일과 2명의 군관만이 조령에 대기하고 있던 신립 진영으로 후퇴하였다.

---

* 이일(李鎰, 1538~1601) 1558년 무과에 급제한 뒤 전라도수군절도사로 있다가, 경원부사가 되어 니탕개의 난을 격퇴하였다. 임진왜란 발발 시 순변사에 임명되어 상주전투를 이끌다 패배하였다. 이후 임진강·평양 등을 방어하는 동변방어사를 거쳐 평안도병마절도사가 되어 명나라 원병과 평양을 수복하였다. 한양 탈환 후 훈련도감이 설치되자 좌지사로 군대를 훈련했고, 후에 함북 순변사와 충청도·전라도·경상도 등 3도 순변사를 거쳐 무용대장을 지냈다.

⑬ 왜적의 선봉을 일거에 격퇴하라

상주전투 보고를 받고난 후 김시민 판관은 홀로 많은 시간을 보냈다. 예전엔 병사들과 함께 땀을 흘리며 훈련에 임할 때가 많았지만 이제는 먼발치에서 훈련 상황을 바라보며 깊은 생각에 잠길 때가 많았다.

상주에서 파발병이 도착한지 사흘이 지난 후 최풍헌 선달이 충주에서 돌아왔다. 몰골이 말이 아니었지만 눈에 살기가 돌았다. 최선달은 판관을 보자 눈물을 쏟으며 바닥에 주저앉았다.

"자네의 모습을 보니 자네가 전할 말이 무엇인지를 알겠네. 진정하고 소상히 보고 들은 것을 말해주게."

최선달은 한참동안 말을 하지 못했다. 말을 하려다 설움에 복받쳐 눈물 흘리기를 몇 차례 반복하다가 끝내 말문을 이어갔다. 최선달은 충주 탄금대 전투 상황을 다음과 같이 전하였다.

탄금대전투 이전에 조선군 지휘부는 일본군을 방어하기 위한 전략을 숙의하였다. 조방장 김여물은 조령의 새재에서 지형지물을 이용하여 방어하자고 건의했고, 이일은 새재를 수비하기에는 늦었으니 한강으로 물러나 방어선을 구축하자고 주장하였다. 신립은 8,000명의 기병으로 구성되어 있는 조선 중앙군 위주의 전략을 꾸려야 한다고 했다. 자신이 기병의 전문가로서 기병에 관한 전략전술을 잘 알고 있기에 기병의 강점을 이용해야 한다는 것이다. 당시 충청도에서 모은 진관군 1만 2,000명은 숫적으로는 많지만 전투력이 중앙군에 비할 수 없다고 하였다. 또한 신립은 보병 중심으로 구성된 일본군을 일거에 격퇴하려면 기병이 중심이 되어야 할 것이며, 왜적의 선봉을 일거에 격퇴해야 북으로 진격하고 있는 다른 일본군도 저지할 수 있다고 했다. 조령에 진을 칠 경우 장기전에 대비해야 하는데 조령에서 장기전이 벌어질 경우 다른 일본군 부대가 추풍령과 죽령을 넘어 북으로 진격하게 되면 조령에 있는 중앙군과 충청도 진관군은 앞뒤로 포위될 수도 있다는 것이다. 당시 추풍령과 죽령에 파견된 조선군은 일본군을 막기에는 병력이 턱없이 부족하였다. 선조 임금이 한양성에 있는 조선 중앙군을 모두 신립에 맡겼던 것이다. 이러한 점들이 고려되어 지휘관인 신립 장군의 의지대로 기병의 기동력을 살릴 수 있는 남한강변의 넓은 들판이 있는 탄금대에 진을 쳤다.

충주 탄금대 전투는 신립 장군과 일본군 1번대 고니시 유키나가* 간에 벌어졌다. 신립 장군은 8,000기의 조선 중앙군 기마병을 선두로 하고, 1만 2,000명의 보병은 기병 뒤로 배치하였다. 기마병으로 일본군 보병을 압도하겠다는 의도였다. 신립은 여진족과의 수많은 전투에서 항상 승리한 조선 최고의 명장이었던 만큼 자신감이 충만했다.

고니시 유키나가의 일본군 1번 대는 1만 8,000명 정도였다. 부산진성과 동래성, 밀양성, 상주전투를 치르면서 병력이 약간 손실되기는 하였지만 그리 큰 손실을 입지는 않았다. 다만 고니시 유키나가는 기병을 물리칠 대안을 가지고 있었다. 탄금대에 도착한 고니시 유키나가는 조선군

---

* 고니시 유키나가(小西行長, 1555~1600년)는 일본 상인(商人) 출신의 무장(武將) 겸 정치가로 임진왜란 당시 일본군 선봉을 맡아 조선을 침입한 장수였다. 당시 대조선 무역을 독점하고 있던 대마도주 소오 요시토시(宗義智)의 장인이고, 가토 기요마사(加藤淸正)와는 앙숙 관계였다. 세키가하라 전투(関が原の戦い)에서 도쿠가와 이에야스(德川家康)의 반대편인 서군에 가담하였다. 서군이 동군에 패배하자 참수되었고, 그의 가문은 완전히 멸문되었다.

이 기병 위주의 전술을 구사할 것임을 미리 알고 기병의 기동성을 제한하기 위해 목책* 등 기병을 물리칠 전략을 준비하였다. 일본군 조총부대는 기병을 효과적으로 물리치는 방안을 이미 알고 있었다. 그 경험은 조총을 중심으로 한 새로운 전투기법을 완성한 오다 노부나가(織田信長)**가 일본 최대의 영주인 다케다 가쓰요리(武田勝賴)의 기마부대를 나가시노(長篠) 전투***에서 물리친 이후 습득한 것이다.

전투는 4월 28일 아침에 벌어졌다. 조선군은 탄금대에 미리 대기해 있었고, 일본군은 전날 저녁에 도착하여 조선군 기마의 기동성을 막기 위해 밤새 목책과 구덩이를 파고 아침을 맞았다. 먼저 조선군 기마병이 일본군 진영을 공격해 들어갔다. 신립 장군의 공격 명령이 떨어지자마자 기마병 200기를 한 부대로 편성하여 1,000기가 일본군 진영에 돌진했다. 조선 기병이 일본군 진영에 도착하기 바로 전에 길게 사격도열을 갖

---

* 목책(木柵)은 적의 침입을 막기 위하여 임시로 나무로 만든 성(城)을 가리킨다. 급히 방어시설을 만들거나 임시로 성을 만들 경우, 또한 대량의 노동력을 구할 수 없는 도서(島嶼)지방에서 사용하였다. 한국의 성곽은 토성(土城)·석성(石城)이 흔히 알려져 있으나, 목책으로 울타리를 만드는 경우도 많으며, 삼국시대부터 조선시대까지 꾸준히 만들어져왔다. 경기도 행주산성(幸州山城)에는 석성을 쌓기 전에 목책이 있었는데 이것은 임시로 쌓은 것이다.

** 오다 노부나가(織田信長, 1534~1582). 1467년 이른 바 '오닌의 난' 이후 일본은 교토의 무로마치 막부가 중앙 통제력을 잃고 130년간 각지의 크고 작은 영주들이 전쟁을 일삼는 전국시대로 접어들었다. 그 과정에서 영주들 간에 패권을 잡기 위해 각축을 벌였고, 이때 오다 노부나가도 세력을 키워 나가 일본 통일의 밑거름을 닦았다. 그러나 통일을 앞두고 부하의 배신으로 살해당했으며, 오다 노부나가의 세력은 부하인 도요토미 히데요시(豊臣秀吉, 1536~1598)에게 넘어갔고, 일본은 도요토미 히데요시의 의해 통일되었다.

*** 나가시노전투(長篠戰鬪)는 1575년 6월 29일 일본 나가시노(長篠)성을 둘러싸고 오다 노부나가(織田信長)와 도쿠가와 이에야스(德川家康) 연합군 3만 8,000명과 다케다 가쓰요리(武田勝賴)군 1만 5,000명 사이에서 벌어진 전투이다. 오다 노부나가는 최신 병기였던 조총(鐵砲) 3,000자루를 준비하여 새로운 전법을 구사하여 당시 최강이라 불렸던 다케다 가쓰요리의 기마대를 물리쳤다. 오다 노부나가를 대신하여 일본을 통일한 도요토미 히데요시(豊臣秀吉)의 군대는 조선 침략에서도 나가시노(長篠) 전투 방식을 그대로 써먹었다. 조선의 정예 기마부대는 왜군의 3열 조총부대에 무너진 것이다.

춘 일본군 첫 번째 줄에서 조총을 쏘았고, 이어 두 번째, 세 번째 줄에서 연이어 사격을 가했다. 조선 기병은 선두부터 차례로 조총을 맞아 쓰러졌고, 뒤이어 오던 기병들도 앞에서 쓰러진 부대를 밟고 지나기 어려워 주춤거렸다. 조선 기병이 주춤거리는 사이 선두에 있던 3열의 일본군 조총부대는 뒤로 빠지고 다음 부대가 앞으로 나와 총을 쏘아

오다 노부나가

댔다. 일본군이 조총을 쏘는 만큼 조선 기병은 쓰러졌고, 쓰러진 말과 기병 사이를 뚫고 진격하던 소수의 조선 기마병들은 일본군 앞에 있는 목책을 넘지 못하거나, 목책을 넘은 기병들도 미리 파놓은 참호에 빠졌다. 1,000기에 이르던 조선 기병이 순식간에 전멸하였다.

멀리서 이를 지켜보던 신립 장군은 당황했다. 하지만 그는 곧이어 다음 부대에 공격 명령을 내렸다. 이번에는 선봉부대보다도 많은 2,000기를 출동시켰다. 그러나 이번에도 결과는 같았다. 이번에는 몇몇 눈치 빠른 장수와 그를 따르던 기병들이 목책과 참호를 우회하여 일본군 부대에 돌진하였다. 그 수는 많지 않았으나 일본군 진영을 휘젓고 다니며 많은 일본군의 목을 베었다. 그들의 분전에 힘입어 일본군 부대의 전열이 잠시 흩어졌다. 하지만 얼마 지나지 않아 일본군은 조선 기병을 제압하고 원위치를 고수했다.

신립 장군의 얼굴이 비장하게 변했다. 하지만 그는 또다시 공격명령을 내렸다. 하지만 이번에는 기병들의 공격 방식을 바꾸었다. 1,000기의 기병은 원래대로 중앙을 공격하게 하고, 500기는 좌측, 500기는 우측을 공격하게 하였다. 중앙 기병들은 일본군을 향해 내달리다 중간에서 멈추어 섰다. 그리고는 좌우측의 공격부대 뒤를 따랐다. 일본군 진영 좌우

에서 백병전이 벌어졌다. 그러나 길이 좁아 기병들이 일본군 진영을 돌파하지는 못했다. 그리고 일본군 조총병들이 좌우측으로 다시 배치되었기 때문에 일본군 진영에 가까이 간 많은 수의 조선 기병은 총을 맞고 쓰러졌다. 그럼에도 불구하고 한참 동안 일본군 진영에서 조선 기병과 일본군 사이에 피비릿내 나는 전투가 지속됐다. 하지만 전투는 오랫동안 지속되지는 못했다. 조선 기병들이 내달리며 전투할 공간이 부족하였고, 일본군들이 적극적으로 기병의 앞을 막는 바람에 조선 기병과 일본군 보병 간의 전투라기보다는 양측 모두 보병 간의 전투 양상으로 변했다. 조선 보병은 일본군의 상대가 되지 못했다. 일본군은 워낙 칼을 다루는 솜씨가 좋았다.

조선군은 기병의 반 이상을 순식간에 잃었다. 조선군 진영은 활기를 잃었다. 조선군은 자신의 운명을 바로 감지했다. 그럼에도 불구하고 신립 장군은 의연했다. 신립 장군은 부대를 재배치하였다. 뒤에 남한강을 두고 보병을 배치했고, 그 앞과 양 옆에 남은 기병을 배치했다. 그리고는 일본군의 공격을 기다렸다. 일본군은 조총병을 앞세우고 전진하여 조선군을 포위하였다. 일본군은 조총의 유효 사거리까지 조선군들의 앞까지 다가오자 제자리에 멈췄다. 그러자 신립 장군의 명령이 떨어졌다. 조선 기병들은 함성을 지르며 일본군에게 달려들었고, 기병들을 따라 조선 보병들이 함성을 울리며 일본군 진영으로 돌격했다. 조선 기병이 일본군 진영에 다가가자 일본군은 조총을 쏘았고, 선두에 달리던 조선 기병들이 쓰러졌다. 일부 총에 맞지 않은 기병들은 일본군 부대에 돌격했고, 뒤를 잇던 조선 기병들이 일본군을 덮쳤다. 그리고 얼마 지나지 않아 조선 보병들도 일본군과 엉키면서 혈전이 벌어졌다. 양쪽 모두 피해가 컸다. 그러나 백병전에 우세한 일본군이 끝내 승리했다. 조선 기병 8,000기와 보병 1만 2,000명은 거의 사망했다. 그리고 일본군 1만 7,000명도 1만 명

이상이 이 전투에서 죽었다. 탄금대 전투 이후 일본군은 세 갈래로 한양성을 향해 북상했다.

탄금대 전투 상황을 듣고 있던 김시민 판관이 입을 열었다.

"일본군이 그리도 강하단 말인가? 일본군은 어떻게 싸워야 이길 것인가를 미리 알고 있었단 말 아닌가?"

"예, 나리. 그런 것 같습니다."

"이제 정말 큰일 아닌가? 이젠 한양성을 지킬 군사가 없단 말 아닌가? 그야말로 이제는 조선의 모든 백성이 일어서 왜적과 맞서는 방법 하나만 남지 않았는가? 아무리 목사영감께서 말리더라도 우리도 출전해서 목숨을 바쳐야 할 때군."

이때 이목사의 시중을 들고 있던 남녀 노비 둘이 판관을 향해 뛰어왔다.

"왜 이리 소란이냐?"

"예, 나리. 목사영감께서 판관나리를 찾으십니다. 아마 목사영감께서 곧 운명하실 것 같습니다."

"드디어 올 것이 왔군. 여기 있는 모든 이들은 오늘 들은 이야기를 일체 함구하게. 내 필요한 때에 전병사들에게 말을 전할 것이니. 그리고 이선달과 최선달은 병영으로 복귀하여 모든 병사와 주민을 이끌고 진주로 갈 채비를 하게."

새로운 증거로 역사를 새로 쓰자

저녁에 박교수는 집 근처에 있는 지하철 역사 앞에서 장박사를 만났다.

"오늘 자네부터 한잔 받게. 내가 자네를 만났다는 것이 이처럼 고마울 수가 없어."

"고맙다니요, 제가 항상 감사할 따름입니다."

"자네가 준 『일본전사 조선역』을 계속 보고 있네."

"예, 저도 계속 보고 있습니다. 그런데 엄청난 역사적 사실을 알게 되었습니다."

"자, 이제 책에 적혀있는 것을 정리하고 앞으로 우리 할 일을 계획해 보세."

"예, 교수님. 먼저 임진왜란 때 조선에 건너온 일본군 인원이 이만큼 많을 줄 몰랐고, 그 중에서 사망자가 이렇게 많았다는 것이 신기할 뿐입니다."

"그래. 이것 자체만으로도 큰 발견이야. 나는 왜 1924년에 일본군부가 이러한 사실을 감추지 않고 기록에 남겼는지도 신기하네."

"예. 기록되어 있는 바와 같이 1592년 4월부터 조선에 넘어온 일본군이 22만 명이 넘습니다. 그리고 1593년 6월 제2차 진주성전투가 시작되기 전에 조선에 있는 일본군의 수는 12만 명입니다. 1년 2개월 동안 10만 명이 감소했습니다. 제2차 진주성전투에서 죽은 인원을 포함하면 엄청난 인원이 임진왜란 1년 2개월 만에 죽은 것이지요. 일본은 임진왜란에서 패전하여 쫓겨난 것입니다."

"그렇지. 이 기록이 최소한의 것이란 생각이 드네. 자네도 보았겠지만, 일본군 선봉을 선 고니시 유키나가의 1번 대의 병력수 변동을 보면 실제로는 일본군이 더 많이 참전했고, 더 많은 일본군이 죽었을 것이라는 생각이 들어."

"어떻게 그런 추정을 하셨습니까?"

"자, 보게. 나고야에서 출발한 일본군 1번대 병력수는 1만 3,700명, 대마도의 도주 소오 요시토시(宗義智)가 합세한 병력 5,000명, 총 1만 8,700명이 부산에 도착하여 각종 전투를 치렀고, 다음 해 1월에 평양성에서 한양성으로 후퇴한 후 다시 인원을 점검한 병력 수는 6,626명이지 않는가?"

"예. 그렇습니다."

"그런데 제2차 진주성전투 때 1번 대는 7,415명으로 증가했네. 3개월 동안 789명이 증가했어."

"예, 저도 그것이 의아했습니다."

"그렇겠지. 내 생각으로는 일본군 각 부대는 지속적으로 보충되었을 것이라는 생각이 들어. 우리가 추정한 대로라면 나고야에 최소한 6만 명의 예비 병력이 있었어. 조선에서 치열한 전투가 벌어져 엄청난 사상자가 발생했고, 후퇴할 수밖에 없는 입장에서 도요토미 히데요시가 나고야에 예비 병력을 보내지 않을 이유가 없지 않겠나?"

"그럼, 임진왜란 초기 1년 2개월 만에 발생한 사망자는 일본전사에서 추정할 수 있는 10만 명보다 훨씬 많다는 것이군요."

"그렇지. 그리고 일본군 1번대만 병력수가 증가한 것이 아니고 다른 부대도 시간이 지남에 따라 병력수가 증가한 부대가 여러 곳에서 나타나지 않던가?"

"예, 그렇습니다. 그런데 『일본전사 조선역』에서는 사망자라고 기록하지 않고 감소수라고 표현하였습니다. 감소수란 사망자말고도 부상 또는

『일본전사 조선역』 부록에 기록된 일본군 감소수

隊長姓名	員數	定員	減耗數 增加(△ハ)	減 百分比
主ナルモノ數隊ヲ採ケ其定員トノ設置ヲ示ス				
小西行長ノ壹組	六六二六	一八七〇〇	一二〇七四	六四五六%
加藤淸正	五四九二	一〇〇〇〇	四五〇八	四五〇八
鍋島直茂	七六四四	一二〇〇〇	四三五六	三六三〇
黑田長政	五二六九	五〇〇〇	△二六九	△五三八
大友吉統	二〇五二	六〇〇〇	三九四八	六五八〇
毛利吉成	一四二五	二〇〇〇	五七五	二八七五
島津忠豐 高橋元種 伊東祐兵 秋月種長	一四三〇	二〇〇〇	五七〇	二八五〇

減耗數ハ卽チ過去滿一年ニ於ケル戰死者病死者及後送者ノ數ナルヘク小西等一隊ノ減耗數多キハ怪ムニ足ラス由大友隊ノ多キハ他ニ理由アリヤ詳ナラス黑田隊ノ到着セルモノナランカ

出征軍第一回ハ越年ハ衛生施設ノ完備セサルト鮮地ニ於ケル經驗ナカリシトニ因リ水夫等ノ寒氣ノ爲メニ斃ルヽモノ多カリシカ如シ文祿二年二月五日秀吉吉川廣家ノ留守ニ與ヘシ書ニ

附記第二 給養兵站及衛生

九五

후송까지 포함하는 것으로 받아들여야 하지 않겠습니까?"

"나도 그것에 대해 생각해 보았네. 감소란 병력에 포함될 수 없다는 뜻이겠지. 그런데 당시에 일본으로 얼마나 많은 병력이 후송될 수 있을까? 소수의 귀족계급은 부상당하면 후송했겠지. 그런데 부상병 후송을 위해서는 부상병보다 많은 병력이 필요한 법이야. 전투가 벌어지고 있는 상황에서 일반병사를 후송하기 위해 많은 병력을 투입했을까? 난 이 책에서 감소수로 표현한 것은 모두 사망자수로 표현해도 큰 무리는 없을 것으로 보네. 또한 일본군이 감소수로 포함하는 사람 중에서 항복 또는 귀화한 일본군도 많다는 주장도 생각해 보아야겠지. 김충선 같은 일본인처럼 항복하여 귀화한 일본군도 있겠지만 당시가 전투 상황이란 것을 감안할 때 그 수가 그리 많지 않을뿐더러 일본군 입장에서 보면 사망자보다도 더 뼈아픈 결과이기 때문에 사망자에 포함시켜도 큰 무리가 없다는 생각이 들어. 물론 과학적 근거가 요구되는 논문을 쓸 때는 주를 달아 표현해야겠지."

"그리고 이렇게 일본군 병력감소가 발생한 것에 대해서 부대 재편성 때문에 이런 결과가 나온 것이라고 생각하지는 않을까요? 하면 어떻게 대처해야 할까요?"

"그럴 가능성은 없다고 보아야겠지. 일본군 부대 편제는 철저하게 장수 중심으로 되어 있는 것이 특징이야. 일본 장수는 일본 내 자신의 봉토가 있는 사람이고, 병력은 자신의 봉토에 있는 무사계급을 차출한 것으로 자신의 병력을 다른 부대에 파병한다는 것은 있을 수 없는 일이지, 만일 장수가 전사한 경우에도 그 휘하에 있는 다른 장수가 병력을 거느리는 것이 원칙이거든. 어쨌든 일본전사에 병력 감소수와 감소율이 분명히 적혀 있는 것은 분명히 전투에서 사망한 것으로 볼 수 있다는 것이 되네. 즉 고니시 유키나가의 1번대 1만 8,700명이 11개월 만에 1만 2천 명, 65% 이상이 죽었다는 것이 확실한 역사적 사실이란 말이지. 그리고 다른 부대도 평균 45% 정도가 1년 2개월 만에 죽은 것이 밝혀졌다는 것이야. 이 숫자의 의미는 매우 커."

"예. 우리 역사에는 임진왜란 초기 전투가 일방적으로 조선군이 일본군에 밀린 것으로 기록되어 있습니다. 역사 왜곡이 이 정도로 심할 줄 몰랐습니다. 역사를 다시 써야 할 것입니다."

"그러게 말이네. 일단 내가 숫자만으로 된 이 자료로 논문을 써서 학회에 발표할 생각이네. 이런 논문을 학회에서 어떻게 평가할 것인지 매우 궁금하군."

15
가자, 왜적을 물리치러

　진주목사 이경의 장례를 치른 후 김시민 판관이 부하 장수들을 임시 병영으로 불러 모았다. 20여 명이 모였다. 판관은 이들 앞에서 자신의 생각을 밝혔다.

　"장수들은 그 동안 고생했네. 이제 우리가 준비한 결과를 시험할 생각이네."

　주변이 술렁거렸다. 한편에서는 작은 환호성을 터뜨렸다.

　"나리. 그럼, 출전입니까? 이 날을 손꼽아 기다렸습니다."

　"자네들 마음이 나와 이렇게 같았단 말인가? 이미 우리 장졸들은 충분한 준비가 되어 있군. 이제는 보병, 기병, 포병 모두가 자신이 무엇을 해야 하는지 잘 훈련되어 있고, 다양한 상황에 서로 어떻게 협력하여 대처할 것인가도 잘 숙지하고 있겠지. 하지만 난 우리가 무모하게 목숨을 버리길 원하지 않네. 왜적은 강하네. 그러나 약점도 있는 법이지. 나는 왜적을 맞아 승리하는 싸움을 할 것이다. 모두 나를 따르게. 내가 앞장서서 왜적을 물리칠 것이니."

　병영은 환호성으로 가득 찼다. 모두 승리를 거둘 것이라는 확신에 찼다.

　"나리. 그럼 언제 출전합니까?"

　"내일 당장 출전해야지."

　판관의 말이 떨어지자 병사들의 환호가 이어졌다.

다음 날, 판관은 지리산에서 훈련받던 진주군의 일부를 이끌고 진주로 향했다. 진주성 방어를 맡고 있던 이선달은 말을 타고 달려와 일행을 맞았다.

"나리. 나리가 오시길 학수고대하였습니다."

"오늘따라 자네 얼굴이 매우 밝군."

"그렇습니다. 오래간만에 좋은 소식을 들어서 나리께 보고 드리려고 지리산으로 파발을 보내려고 하였습니다."

"무슨 일인가?"

"경상도 각 고을에서 왜적과 맞싸울 군사를 모집하고 있답니다."

"누가 그 일을 계획하고 있단 말인가?"

"예, 이미 함안의 유숭인*군수께서는 군 병력과 장정을 모집하고, 각 전투에서 패전한 장수를 모아 군사훈련을 시킨 후, 진해와 창원 등지로 병력을 파견하여 전투를 벌이고 있다고 합니다. 그리고 의령에서는 곽재우**라는 선비가 사재를 들여 병량을 준비하고, 인근 고을에서 장정을 모아 군사훈련을 시켰다고 합니다. 이들은 정암진에서 일본군과 싸워 이겼다고 하고, 이 소문이 경상도 전체에 퍼져 병력이 속속 곽재우의 군대로 모이고 있다고 합니다. 또한 경상도 각 지역에서 전직 군수 또는 현령 중심으로 사재를 털어 병력을 모은다고 합니다."

---

* 유숭인(柳崇仁, ?~1592)은 무신으로 임진왜란 당시 함안군수를 지냈다. 1,000여 명의 기병을 모아 사천, 진해, 창원 등을 수복하고, 각지에서 일본군을 무찔렀다. 이후 경상우도 병마절도사에 특진되었으며, 1592년 일본군이 진주성을 공격하려 하자 창원에서 진주성을 지원하러 갔다가 진주성 인근에서 전사했다.

** 곽재우(郭再祐, 1552~1617)는 경상도 의령에서 출생. 조선 중기의 무신이자 정치인·군인으로 34세에 급제하였으나 벼슬에 오르지 못하고 고향에 머물다가 임진왜란이 일어나자 고향인 의령을 중심으로 의병을 조직하였다. 시간이 흐르면서 의병의 수가 2천에 달하였고 이후 정암진 도하작전을 전개한 왜병에 맞서 싸워 대승을 거두었다. 각종 전투에서 홍의를 입고 선두에서 왜군과 대적해 홍의장군이라고도 불렸다. 1617년 노환으로 사망하였다.

"그렇군. 모두 한 마음이야. 그런데 병사가 모이고 왜적과 전투를 벌이는 것만으로는 왜적을 물리치기가 어려운데. 걱정이군."

"조선 사람들 모두가 기필코 물리치고 말겠다는 각오로 협심한다면 왜적을 물리칠 수 있는 것 아닙니까?"

"자네 생각처럼 싸우고자 하는 병사의 사기가 매우 중요하기는 하지만 왜적을 의협심만으로는 물리치기 어렵단 말이지. 저들은 훈련이 아주 잘 되어 있다네. 저들을 물리치기 위해서는 특별한 전략이 필요하단 말일세."

"새겨듣겠습니다. 하지만 소인의 소견으로는 하루라도 빨리 출전하여 왜적의 목을 베고 싶을 따름입니다."

"알겠네. 우리 동헌으로 들어가 다른 장수들과 함께 방안을 논의하도록 하세."

지리산에서 출발한 주민들이 모두 진주성으로 들어오기까지는 많은 시간이 걸렸다. 모든 주민들이 성으로 들어올 때까지 김시민 판관은 성문 위 망루에서 이들을 지켜보다가 장수들이 모여 있는 동헌으로 들어갔다.

"장수들은 모두 모였는가?"

"예, 나리. 모두 모였습니다."

"이제부터 나는 진주목 판관으로서 진주목사를 대행하겠네. 이것은 돌아가신 이경 목사영감의 뜻일세."

모여 있던 30여 명의 장수들이 환호로 답했다. 판관은 말을 이었다.

"우리 장졸의 존재 이유는 진주목 주민의 안전을 보장하는 것이고, 더 나아가서는 왜적을 조선 땅에서 물러나게 하는 것이네. 그러기 위해서는 여기 있는 장수뿐만 아니라 병졸들의 목숨을 가벼이 보아서는 안 되네. 우리가 살아 있어야 왜적과 싸우고, 왜적을 물리칠 수 있는 걸세."

장수들은 또다시 환호했다.

"내일부터 각 부대의 위치와 역할을 정하도록 하겠네. 각 부대는 자신이 맡은 역할을 확인하고 익히도록 하게. 그런 후에 나는 기병을 이끌고 출전하도록 하겠네."

"그렇다면 기병 말고는 모두 성 안에 있으란 말입니까? 나리. 우리도 싸우고 싶습니다. 우리도 출전하게 해 주십시오."

"내게 다 생각이 있네. 장수들이 반드시 숙지해야 할 일은 왜적이 강하다는 것일세. 왜적들은 한 사람, 한 사람의 전투력이 뛰어날 뿐만 아니라, 부대의 전술도 매우 뛰어나다네. 지금까지 내게 보고된 각 전투에서 왜적들은 지속적으로 전술을 바꿔가며 전투에 임할 정도로 용의주도하다는 것이네."

"그럼 어떻게 왜적을 물리치시겠다는 말씀이신지요?"

"왜적의 강점은 총을 사용한다는 것이고, 벌판에서의 백병전에 능하다는 것이지. 그래서 나는 이 천혜의 요새인 진주성으로 왜적을 불러들여 섬멸할 작정이네."

"아, 그렇군요. 그래서 성내의 위치와 역할을 정해주시겠다는 말씀이시군요? 그렇다면 왜적을 어떻게 불러들이시겠다는 것인지?"

"왜적을 불러들이기 위해서 출전을 하겠다는 것이네. 진주성에서 병력이 출동하여 각 고을의 왜적을 쫓아낸다는 것을 적에게 알리려는 것이지."

"예, 알겠습니다. 그렇다면 기병뿐만 아니라 더 많은 병력이 출전해야 하는 것 아닙니까?"

"뭉쳐있는 왜적은 강하네. 섣부르게 나섰다가는 역공을 당할 수 있네. 그런데 지금 왜적의 상황을 보면 병량 조달을 위해서 작은 부대로 다시 편성해 각 고을마다 보내고 있지. 나는 이 적은 수의 왜적을 우선 토벌할 생각이야. 병량을 구하고자 고을을 다니고 있는 적은 수의 왜적을 소탕하면 우선 왜적들이 함부로 활보하지 못할 테고, 그러면 자연스럽게 왜적의 병량 수급을 원활히 하기위해서라도 이곳 진주로 대병력을 보내지 않겠나?"

"알겠습니다. 출전하지 않는 우리는 왜적의 대병력을 맞을 준비를 하도록 하겠습니다."

다음 날. 김시민 판관은 기병 400기와 함께 출동했다. 첫 출동 장소는 가까운 사천으로 정했다. 사천은 진주의 남쪽에 있는 고을로 일본군이 수일 전 이곳까지 진출했기 때문이다.

판관은 본진 앞에 척후병 부대를 세웠다. 척후병 부대에게는 전방 상황을 주시할 뿐만 아니라 고을 사람들에게 일본군에 대한 정보를 수집하라는 명령을 내렸다. 그리고 기마병 400기는 100기를 단위로 4개 부대로 나누어 사천으로 향했다. 진주 관군이 사천으로 향하고 있던 중 조선군으로 보이는 기병이 목사에게 달려왔다. 기병에게 무슨 일인지를 물으니 곤양군수 이광악의 부대가 진주 관군을 기다리고 있다고 전했다. 목사는 부대에게 계속 앞으로 나가라고 명령했다. 20분 정도 앞으로 나가니 100여명의 기병부대가 기다리고 있었고, 장수로 보이는 자가 말에서 내려 목사를 맞이하였다.

"곤양의 이광악 군수 아닌가?"

"그렇습니다. 나리. 곤양군수 이광악입니다."

"어쩐 일로 이렇게 부대를 이끌고 여기까지 왔소?"

"예. 나리. 제가 나리의 부장으로 있을 때 말씀드린 바와 같이 진주군(軍)과 함께 전투를 하려고 준비해왔습니다. 수는 적지만 나리의 출동에 힘을 보태고자 이렇게 기다리고 있었습니다. 그리고 이곳 사천은 우리 지역이니 사천성 공략을 위해서는 우리의 힘이 보탬이 될 것입니다."

"보탬이 되다마다요. 아주 고맙소. 우리와 합류하여 왜적을 몰아냅시다. 이렇게 이군수께서 합류하시니 이미 전투에서 이긴 것이나 다름없구려."

사천에 당도하기 전에 척후병이 소식을 전해왔다. 사천에서 10여 리 떨어져 있는 십수교라는 교량 인근의 하천에서 200여 명의 일본군이 야영을 하고 있으며, 사천에도 200명 정도의 일본군이 동헌을 점령하고 있다고 했다.

판관은 한 부대를 하천 좌측으로, 또 한 부대는 우측으로 보냈다. 그리고 본진은 야영하고 있는 일본군 정면에 있는 야산으로 소리를 죽이며 접근해 갔다. 일본군은 저녁 식사 준비를 하고 있었다. 병력이 포진되자 판관은 기수에게 신호를 보냈다. 판관 옆에 있던 기수가 적색 깃발을 들었다. 멀리 좌측과 우측에서도 붉은 깃발이 올랐다. 판관은 좌우로 보낸 부대의 깃발이 올라오는 것을 확인하고는 기수에게 다른 신호를 보냈다. 기수가 이번에는 붉은 깃발을 위아래로 흔들었다. 좌우에 있는 부대의 붉은 깃발도 위아래로 흔들렸다. 출동신호였다.

출동신호가 떨어지자 본진의 기병과 좌우로 포진된 기병들이 하천변에 있는 일본군 야영지로 내달렸다. 조선 기병들이 일본군 야영지로 들이 닥치자 일본군들은 처음 받는 기습에 당황했다. 하지만 그들은 훈련이 잘 된 역전의 용사였다. 일본군들은 바로 자신의 무기를 둔 곳으로 내달렸다. 조선 기병들 역시 훈련이 잘 되어 있었다. 조선 기병들은 일본군들을 조직적으로 짓밟았다. 전열이 갖추어지지 않은 일본 보병들은 조선 기병에게 역습할 기회를 갖지 못한 채 쓰러져갔다. 무기를 갖추고 기병에게 덤비는 일본군도 몇 명 있었지만 그들 역시 조선 기병에게는 상대가 되지 못했다. 그럼에도 불구하고 대부분의 일본군은 목숨이 끊어질 때까지 덤벼들다가 죽어갔다. 조선 기병의 칼을 피해 사방으로 도망가던 일본군도 있었지만 대부분 기병에 쫓기다 죽었고, 단 세 명만이 무릎을 꿇고 머리를 땅에 조아리고 자신의 목숨을 조선 기병에게 맡기고 있었다.

완벽한 승리다. 조선 기병의 피해는 거의 없다. 단 세 명만이 가벼운 부상을 입은 것이 전부였다. 판관은 일본군 시체를 한 곳에 모으도록 했다. 그들의 무기를 챙긴 후 모두 인근 야산에 구덩이를 파고 묻어주었다. 그리고 체포된 일본군을 한 곳으로 모았다. 일본군들에게 한자를 써서 보여주었다. 글을 읽을 줄 아는지 묻는 것이다. 세 명의 포로 중 한 명이 한자를 읽을 줄 알았다. 그러자 판관은 그에게 '진주목 김시민'이란 글을 써서 주었다. 그리고 그를 풀어주도록 했다. 풀려난 일본군은 판관에게 연신 고개를 조아리며 멀리 뛰어 갔다.

우군을 지휘하여 기습을 펼쳤던 김선달이 판관에게 다가와 말을 걸었다.

"나리. 어쩌자고 왜적을 풀어 주셨습니까? 그리고 나리의 존함을 왜적에게 알린 이유는 무엇입니까?"

"내가 말하지 않았나? 나는 왜적의 대군을 진주로 오게 하여 섬멸할 것이라고."

"아. 그 뜻이셨군요. 나리, 이번에 전투를 해보니 왜적을 물리치는 맛이 보통이 아닙니다."

"나도 그리 느꼈네. 우리 병사들 사기도 충천하겠지?"

"예. 보십시오. 우리 병사들의 모습을. 모두 비장하면서도 승리의 기쁨을 만끽하고 있는 듯이 보입니다."

"그래. 승리한다는 것이 이리도 기쁘니, 저들이 우리를 침범한 것이 아닌가라는 생각이 드는군. 왜적들은 죽어가면서도 끝까지 대항하지 않던가."

"예. 우리의 기습이 성공하기는 했지만 저들도 참으로 용감하더군요. 싸움이 더 이상 되지 않음에도 죽기를 각오하고 달려들었습니다."

"그렇지. 그러니 왜적과의 싸움에서 방심은 절대 금물이야. 자. 이제 이곳에서 간단하게 요기를 하고 사천으로 가세."

조선 기병들은 저녁 해가 떨어질 쯤 사천으로 향했다. 사천으로 가던 중 두 명의 기병이 판관 앞으로 달려왔다.

"나리. 사천의 상황을 전하겠습니다. 사천 동헌에 200명의 왜적이 있다고 합니다. 성문에는 10여 명의 왜적이 문을 지키고 있습니다. 그리고 동헌 밖에 두 명의 왜적이 동헌을 지키고 있다고 합니다."

"자네가 직접 본 것인가?"

"성문을 지키고 있는 왜적의 상황은 제가 직접 본 것이고, 동헌 상황은 고을 주민에게 들은 내용입니다."

판관은 500기의 기병을 이끌고 사천성이 멀리 보이는 야산으로 향했다. 그리고 부대를 나누어 작전을 하달했다. 각 부대는 자신의 역할을 숙지했다. 100명의 병사들은 말을 한 곳에 묶어 두고 10명 단위로 나뉘어 어둠이 깔린 사천성으로 향했다. 다른 부대는 동이 틀 때까지 야산에서 기다렸다. 판관은 동이 트기 전 각 부대에게 지시를 하달했다. 기병들은 모두 말에 올라 출동 태세를 갖추었다.

동편이 환해질 때 성문 위 누각에서 큰 불이 치솟았다. 판관이 솟아오른 봉화를 보자 돌격 명령을 내렸다. 조선 기병들은 사천성을 향해 돌진했다. 성문은 활짝 열려 있었다. 성문 안으로 들어간 기병들은 바로 동헌으로 내달렸다. 동헌 문도 활짝 열려 있었다. 기병들이 동헌으로 한걸음에 달려가자 잠을 자고 있던 일본군들이 칼을 들고 뛰어 나왔다. 일본군들은 조선 기병의 상대가 되지 못했다. 여기저기에서 전투가 벌어졌으나 얼마 되지 않아 일방적으로 전투가 끝났다.

이번에는 10여 명의 포로를 붙잡았다. 이번에도 판관은 일본군 중 한자를 읽을 줄 아는 일본군에게 '진주목 김시민'이란 글을 적어주고 풀어주었다. 그리고 모든 병사를 동헌 밖으로 모이게 했다. 판관은 병사들 앞에 서서 외쳤다.

"우리가 이겼다."

"와 ~"

병사들은 환호로 답했다.

"우리는 첫 전투와 두 번째 전투에서 모두 이겼다."

"와 ~"

병사들의 승리의 함성은 더 커졌다.

"잘 싸워주었다. 우리가 이긴 것은 평소 여러분들이 흘린 땀의 대가이다. 우리는 또 싸울 것이다. 그리고 이길 것이다. 왜적을 모두 물리치자. 그리고 공포에 떠는 우리 가족에게 평화를 안겨주자."

병사들의 환호와 열기가 보름의 둥근 달과 함께 어우러졌다.

조선은 왜란에 대비해 전쟁준비를 하였다

박교수는 아침 운동을 마치고 일찍 연구실에 도착해서 골똘히 정면을 응시하고 명상에 잠겼다. 오전 9시가 넘어서 장박사에게 전화를 하였다. 그리고 장박사의 퇴근시간에 맞추어 만날 약속을 정했다.

저녁 7시 경에 전철역에서 박교수와 장박사는 만났다.

"교수님, 안녕하세요. 오늘은 교수님 전화 목소리가 비장하십니다."

"내 머리 속이 오늘만큼 바쁜 적은 없었던 것 같네. 일단 한잔 하면서 천천히 이야기 나누자고."

박교수와 장박사는 막걸리와 모듬전을 주문하고는 마주 앉았다.

"자네 도요토미 히데요시가 선조 임금에게 미리 선전포고를 했다는 사실을 알고 있나?"

"예? 그랬습니까? 그렇다면 논리적으로 맞지 않는 것이 있는데요?"

"그렇지. 우리는 조선 조정에서 일본이 쳐들어 올 것인지, 말 것인지에 대해 오랫동안 논쟁했다고 알고 있지 않은가?"

"황윤길과 김성일의 논쟁*이 있었던 것으로 알고 있습니다."

---

* 황윤길(黃允吉, 1536~?)은 1590년(선조 23) 통신정사(通信正使)로, 김성일 (金誠一, 1538~1593)은 부사(副使)로 임명되어 일본에 파견되었고, 이들 은 도요토미 히데요시(豊臣秀吉)를 접견하고 이듬해 귀국하였다. 황윤길은 장차 일본이 반드시 내침(來侵)할 것이므로 대비하여야 할 것이라고 복명한 반면, 김성일은 이와 상반된 보고를 한다. 황윤길과 김성일의 논쟁은 이들 간의 상반된 보고를 말한다. 이 발언 때문에 김성일은 왜란을 불러온 장본 인으로 매도되었고, 왜란 초에 파직되는 결과를 가져왔다. 김성일은 이러한 발언이 일본이 틀림없이 침입하지 않을 것이라는 확신에서 나온 것이라기 보다는, 일본의 침략 가능성을 장담한 황윤길의 발언으로 인하여 민심이 혼 란해지는 것을 완화하려는 의도였다고 해명한 바 있다.

"그 진의를 살펴보아야 할 것이야. 분명한 것은 임진왜란이 발발하기 2년 전 조선통신사를 보낼 때 선조 임금이 도요토미 히데요시에게 일본 통일을 축하하고 이웃으로써 앞으로 잘 지내자는 의례적인 국서를 보냈고, 이에 대한 답장으로 도요토미 히데요시가 선조 임금에게 보낸 서신에 명나라를 쳐들어 갈 것이며, 명나라를 쳐들어 갈 때 앞장서서 길을 안내하고 병력과 병량을 대라고 하면서 그렇지 않을 경우 용서하지 않을 것이라는 친서를 보냈지."

"그랬군요. 선전포고가 명백합니다. 그런데 왜 우리나라 사람들은 그러한 서신 내용을 모르고 있었을까요?"

"나도 그것이 의문이네. 임진왜란에 대한 한국인의 전반적인 인식이 잘못되었음에도 불구하고 의문을 갖지 않는단 말이지. 황윤길과 김성일의 논쟁에서 황윤길이 도요토미 히데요시의 눈빛이 예사롭지 않으니 준비를 단단히 해야 할 것이라고 했다는 것은 동의하지만, 김성일이 전쟁은 벌어지지 않을 것이라고 주장했다는 것은 다시 보아야 할 것이야. 김성일은 일본이 쳐들어 올 것이라고 하면 오히려 국내 혼란이 초래될 것이니 침착하게 준비해야 할 것이라고 말했다고 기록한 것이 있더군. 임진왜란에 적절히 대응하지 못한 원인을 개인의 잘못으로 돌리다보니 김성일이 모든 원죄를 뒤집어 쓴 것이라는 생각이 드는군."

"예. 저도 그렇게 생각합니다. 김성일이 무슨 말을 했더라도 임진왜란에 대한 준비는 크게 달라지지 않았을 것입니다. 하나의 국가시스템 전반으로 전쟁 발생 및 과정을 살펴보아야지 개인의 사적 언행 및 행위로 이해해서는 안 된다는 생각입니다."

"자네 생각이 딱 내 생각이네. 임진왜란 당시 일본은 조선을 쳐들어 올 충분한 전투준비가 되어 있었던 반면, 조선은 초전에 일본을 물리칠 수 있는 여건이 마련되어 있지 않았던 것은 사실이겠지. 그러나 조선 역시 전쟁준비를 한 것은 분명해. 물론 일본군으로부터 기습을 받아 초기에는 밀릴 수밖에 없었지. 전투 경험이 없었으니. 그러나 시간이 어느 정도 지나자 조선 관군과 백성들도 실제 전투가 어떤 것인지 익숙해지기 시작했어. 임진왜란이 발발한 지 3개월이 지난 시점에서부터는 조선의 잠재력이 분출되면서 일본군과 사투를 벌이게 된 것이고, 결국 일본군이 밀리는 형세로 바뀌었다는 것이지."

기타지마 만지의
『도요토미 히데요시의 조선침략』

"교수님께서 그렇게 확언을 하실 때에는 어떤 증거를 가지고 계시다는 생각이 듭니다."

"그렇지. 지난번에 말했듯이 고니시 유키나가의 1번대가 평양에 도착하기 전에 1만 8,700명의 병력 중 1만 명 이상이 사망했어. 그럼에도 불구하고 우리 역사에는 일본군의 피해는 거의 없이 일방적으로 일본군이 압도한 것으로 쓰고 있지 않은가? 이것 말고도 임진왜란 때 일어난 사건 기술이 논리에 맞지 않는 것이 너무도 많아. 조선군과 백성들의 저항은 역사에 기술된 것만으로는 설명이 너무나도 부족하지. 임진왜란에 대한 왜곡은 일제강점 이후 조선총독부가 의도적으로 수행한 첫 작업이었으니 한국사 왜곡과 정확하게 일치하지 않는가? 일본은 조선을 병합한 명분을 역사에서 찾았고, 그 첫 단초가 임진왜란인 것이 분명하네. 그들이 말하기를 임진왜란 때 조선은 임금과 조정, 관군이 무능하여, 즉 정부다운 정부가 존재하지 않았기 때문에 백성이 고생했고, 명나라의 도움이 없었다면 일찍이 일본에 병합되었을 것이라고 하는 것이지. 일본이 조선을 병합한 것은 일종의 역사적 순리였다는 것이지. 조선총독부의 의도가 우리의 역사 인식을 여기에서 출발하게 한 것이 아닐까? 무능한 조선 정부 아래서 백성들이 고생하는 것보다 일본의 통치를 받는 것이 조선을 위해 그리고 조선 백성을 위해 좋을 것이라는 논리를 끌어내기 위한 출발점을 임진왜란에서 찾으려고 한 것이지."

"그렇군요. 임금이 백성을 버리고 피난을 가고, 조정이 무능하며, 관군이 지리멸렬하다는 것 모두가 국가와 정부의 무능과 백성의 고생으로 이어집니다."

"그렇지. 우리가 별 고민 없이 습관적으로 하는 그런 말들이 우리 내부의 불신과 갈등을 조장하고 우리를 무력화하고 있는데, 그것이 모두 일제의 조작에 의해 이루어졌을 가능성이 높지. 아니 확실히 일제의 조작이네."

"알겠습니다. 그런데 교수님 말씀이 앞으로 임진왜란을 집중적으로 연구하시겠다는 의지로 들립니다."

"생각을 많이 해 보았네. 해방된 지 이제 70년이 되었어. 지금까지 많은 역사학자들이 일제의 조작으로 만들어진 식민사관적 역사에서 지금의 역사로 많이 돌려놓은 공은 인정하네. 그런데 아직도 근원적인 문제가 해결되지 않는 것은 역사학자들만의 개혁과 노력으로는 한계가 있다는 생각이 드는군. 그러니 역사학자 이외의 사람들도 노력을 해야 할 걸세. 역사문제가 역사학자의 전유물은 아니네. 그리고 국가와 정부 문제는 내가 다루는 것이 더 바람직할 수 있다는 생각을 하는 것이지. 조선시대 국가와 정부, 그리고 조선 시대의 사회자본을 연구하는 마음으로."

김시민을 진주 목사에 임명한다

김시민 판관은 병력을 이끌고 사천에서 진주로 돌아왔다. 진주성을 지키고 있던 이선달이 사천성 전투를 이미 전해들은 듯 10리 밖까지 나와 김판관을 맞이하였다. 이선달은 판관에게 한양성에서 초유사 김성일이 진주성으로 내려왔다는 소식을 전했다. 초유사가 진주 병력과 주민들이 지리산으로 대피했다는 말을 전해 듣고 지리산으로 갔다고 하였다. 이를 들은 판관은 바로 지리산으로 향했다.

지리산 자락의 피난처에 도착하자 김성일 초유사가 김판관을 반갑게 맞아 주었다.

"대감마님. 인사드립니다. 김시민입니다."

"이리 드시게나. 김판관. 내 자네의 명성은 잘 알고 있네. 자네가 여기 있으니 얼마나 든든한지. 참, 듣자하니 병력을 이끌고 사천에 다녀오는 중이라고?"

"예, 왜적에게 경고도 하고, 장졸들의 능력도 시험해 볼까하여 사천성을 공략하고 돌아오는 중입니다."

"그래, 전과는 올렸나?"

"예, 대감마님. 한 400여 명의 왜적의 목을 베고 오는 길입니다."

"뭐라고? 400명? 정말인가? 어떻게 그런 전과를 올릴 수 있었는가?"

"훈련한대로, 계획한대로 싸웠을 뿐입니다."

"장합니다. 김판관. 내가 이곳에 오기를 잘 했군."

"무슨 일이 있으십니까? 대감마님."

"한양성이 왜적의 수중에 들어갔네."

"예? 그렇게 빨리 말입니까? 그럼 전하께서는 어찌 되셨습니까?"

"신립 장군이 탄금대에서 패한 후 전하께서는 일단 평양성으로 몽진을 떠나시는 것 외에 다른 도리가 없었네. 전하께서는 중앙군 8,000기를 모두 신립 장군에게 주셨지. 한양성에는 수비할 병력이 없을 뿐만 아니라 전하를 모실 호위군사도 없는 형편일세. 왜적들이 한양성으로 밀려오자 한양성을 적에게 내줄 수밖에 없는 형편이었네. 현재 전하께서는 평양성으로 향하시는 중이네. 도원수 김명원이 임진강 방어선을 구축하고 있네만 현 상태로는 임진강 방어선도 오래 가지는 못할 것이네. 황공하옵께도 전하께서는 이 전쟁을 대비하지 못한 책임을 전하 자신의 잘못에서 비롯되었다고 하시면서 백성들에게 모두 일어나 왜적을 물리치라고 독려하는 포고문을 내리셨네. 그리고 8도에 초유사*를 보내 병력을 모아 전투를 준비하라고 하셨고, 나는 영남 초유사에 임명되어 이곳으로 온 것일세."

이 말을 들은 김시민 판관은 한 동안 말없이 두 손을 불끈 쥐고 두 줄기 눈물을 하염없이 흘렸다. 그리고 일어나 북쪽을 향해 삼배를 올렸다. 한참 후에 판관이 입을 열었다.

"전하께서는 옥체의 안위보다 백성을 지키겠다는 신념이 더 강하셨군요. 호위할 군사도 남겨두지 않은 채 모두 전투에 보내셨다니 말입니다."

"그렇다네. 전하께서는 신립 장군이 왜군을 격파하는 데 명운을 걸었던 것이오."

"대감마님. 제가 왜적을 물리치겠습니다. 진주 관군은 준비되어 있습

---

* 초유사(招諭使)는 난리가 일어났을 때, 임시로 사태를 수습하는 일을 맡도록 중앙에서 파견한 임시 벼슬.

니다. 조금 전에 말씀드렸듯이 첫 출전으로 왜적 400명의 목을 쳤습니다. 장졸들은 언제든지 출동하고자 합니다. 규모가 작은 전투를 몇 번 더 치루면서 경험을 쌓은 후에 왜적의 대군을 소탕하도록 하겠습니다."

"든든하오. 내가 전하께 자네의 전공을 장계로 올리겠네. 전하께서 매우 기뻐하실 것일세. 그리고 자네가 진주목사 대리를 맡도록 하게. 지금 바로 임명하는 것일세. 그러니 이제 지리산에서 나가 진주성으로 들어가 후일을 도모토록 하게."

"예, 대감마님. 바로 분부 받들겠습니다."

"그 외에 내가 도울 일은 없는가?"

"이것으로도 대감께서 제게 큰 도움이 되셨습니다. 진주성은 천혜의 요새입니다. 머지않아 왜적은 대군을 이끌고 진주성으로 몰려올 것입니다. 진주성에서 왜적의 주력을 격파하겠습니다. 우리 장졸들은 모두 싸울 준비가 되어 있습니다. 그리고 진주성민들도 우리를 믿고 따르고 있습니다. 제가 대감께 부탁드릴 것이 있으면 바로 말씀드리도록 하겠습니다."

"고맙군. 나는 경상우도의 고을을 돌며 장졸들을 모으겠네. 병력과 병량이 필요하면 이야기 하게. 내가 최선을 다하리다."

"고맙습니다. 대감마님. 너무 심려하지 마십시오. 진주 관군은 이미 모든 준비가 되어 있습니다. 아무리 많은 왜적이 몰려와도 진주 관군 만으로 충분합니다. 그리고 진주의 곳간은 돌아가신 목사영감께서 모두 채워 놓았습니다. 내일 당장 지리산에 있는 군사와 백성을 진주로 이동시키겠습니다. 그리고 왜군과의 결전을 준비하겠습니다."

"고맙네. 그럼 나는 자네를 믿고 내일 바로 북쪽 고을을 돌겠네."

⑱
1년 6개월 동안 일본군 22만 명 중에서 10만 이상이 죽었다

박교수와 장박사는 커피숍에서 다시 만났다. 박교수는 오전의 학회에서 '임진왜란 때 일본군 참전자수 및 사망자수와 그 의미'라는 제목의 논문을 발표했다.

"교수님, 오늘 수고 많으셨습니다."

"수고는 뭐. 항상 하는 일인데."

"분위기는 어땠습니까?"

"제목만 보고는 이 사람이 왜 전공과 먼 주제를 발표하나 하는 반응이야. 어떻게 이런 주제를 발표하느냐고 묻기는 많이들 묻더군."

"논문 발표장에 관중은 많았습니까?"

"발표장이 협소해서 관중이 많이 들어오지 못했어."

"발표하실 때의 청중 반응은요?"

"청중의 반응은 매우 좋았네. 그게 정말 사실이냐는 놀라움과 설마 그럴까 하는 의심 등이 섞여있다고 할까? 사람들의 인식을 바꾼다는 것은 무척 힘이 들 거라는 생각을 많이 했네."

"처음부터 교수님께서는 어려운 싸움이 될 것이라고 예상을 하셨지 않습니까?"

"그렇지. 이번에 굳이 학회 논문발표로 시도한 이유는 어떤 역경이 예상되는지 알아보기 위한 탐색의 의미도 있지."

"증거를 숫자로 제시한 자료는 반응이 어땠나요?"

"숫자로 제시한 증거의 무게는 확실히 반응이 있더군. 도요토미 히데요시가 조선 침략을 위해 준비한 병력 28만 6,840명, 1차 침략군 16만 3,200명, 추가 침략군 5만 6,474명으로 조선에서 전투한 병력이 총 22만 4,774명. 이 중에서 1년 6개월 동안에 사망한 일본군이 10만 명이 넘고, 진주성 2차 전투에서 죽은 인원이 3만 명이 넘을 것이라는 발표에는 매우 진지한 눈빛을 보내더군."[※]

"발표 후 어떤 것이 주로 논의되었습니까?"

"전반적인 발표에는 공감하지만 구체적이고 사소한 것은 보완이 요구된다는 점을 지적하더군."

"그렇다면 전반적으로 받아들이는 분위기이던가요?"

"그것은 다양한 해석이 필요하네. 전반적인 측면에서 긍정이라고 했다지만, 역사란 디테일까지도 정확해야 주장을 받아들이거든. 예를 들어, 『일본전사 조선역』에서 사망자라고 하지 않고 감소자라고 하였는데, 사

※ 일본군 사망자(1592년 4월~1593년 6월, 2차 진주성 전투 이전 1년 2개월 간)

침략지역	일본군 부대	정원 (1592년 4월)	잔여 병력수 (1593년 6월)	사망자수 (사망률)
평안도	1번대	18,700	7,415	11,285 (60.34)
함경도	2번대	22,800	14,432	8,368 (36.70)
황해도	3번대	11,000	5,082	5,918 (53.80)
강원도	4번대	14,000	6,110	7,890 (56.35)
충청도	5번대	25,000	15,694	9,406 (37.47)
전라도	6번대	15,700	8,744	6,956 (44.30)
경상도	7번대[※]	30,000	16,600	13,400 (44.66)
경기도	8번대	10,000	7,785	2,215 (22.15)
경상도	9번대	11,500	6,314	5,186 (45.09)
수군 (1차 침략부대)		8,480	4,890	3,590 (42.09)
10번대~16번대 (2차 이후 침략부대)		57,594	31,866	25,728 (44.67)
합계		224,774	124,188	100,586 (44.74)

· 7번대의 파견 병력수는 모리 데루모토(毛利輝元)의 30,000명이다. 잔여 병력 수는 모리 데루모토의 3,000명에 모리 히데모토(毛利秀元)의 13,600명의 병력을 더한 것이다.
· 參謀本部編, 1924, 『日本戰史 朝鮮役』, 村田書店, pp.65~73, pp.257~262.

망자로 발표하는 것은 논리의 비약이 아닌가하는 질문에는 뼈가 있어. 또한 감소자에는 항복하여 귀순한 일본군이 있지 않느냐는 질문도 있었지. 이러한 질문에는 논리적 비약을 받아들일 수는 없다는 의미가 포함되어 있어. 사소한 것까지 확실하게 검증되지 않는 한 전반적인 구상마저 받아들일 수 없다는 것이지.”

“역사를 수정한다는 것은 대단히 어려운 일이군요.“

“보통 문제가 아니야. 발표장에서 감소자라고 표현한 것 자체에 대한 문제가 제기되었네. 물론 감소자에는 치명적인 부상을 입고 후송된 자도 있을 테고, 조선군에 항복하여 귀순한 병사도 있겠지만 그 수는 그리 많지 않을 것으로 판단되네. 당시 교통사정으로 보아 후송하기도 어렵고, 전투 중 물자보급도 어려운 마당에 부상 병사의 후송에 많은 힘을 쏟을 여력이 없었을 것이고, 조선에 항복한 일본군이 있다면 일본군에게는 사망보다도 더 치명적일 수 있으니 사망자로 해도 무방할 것이라고 답변했지. 또한 일본역사가들이 전투에서 일본군이 많이 죽었다는 것은 전투에서 이기지 못했다는 것을 의미하기 때문에 감소자로 표기한 것이라고도 했고. 대부분의 일반인들은 내 주장에 머리를 끄덕였지만 질문자들은 애매한 미소로 일관하더군.”

“그래도 소기의 성과는 있었습니다.”

“그렇지. 숫자를 밝혔다는 것은 매우 큰 의미야. 숫자는 변하지 않거든. 그리고 숫자의 의미는 언젠가는 의미가 부여되어 재탄생할 수 있는 것이니까.”

⑲ 나를 따르라

김시민 목사대리는 지리산에 거주하고 있던 전체 병사와 백성들을 한 곳으로 모이도록 했다. 3,000명이 넘는 병사와 1만 명의 백성들이 지리산 자락에 모였다. 목사는 병사와 백성을 내려다 볼 수 있는 산자락의 높은 곳에 서서 군중에게 큰 소리로 말을 하였다.

"이제 우리는 진주성으로 귀환할 것이오."

병사와 백성들은 환호를 하며 목사에게 화답했다.

"지금 왜적들은 한양성에 들어갔다. 전하께서는 북으로 몽진을 떠나시면서 백성들이 일어나 왜적을 물리칠 것을 당부하셨소."

군중들은 긴 탄식을 하며 어쩔 줄 몰라 했다.

"하지만 걱정하지 마시오. 이 날이 오기를 기다리며 우리 병사들은 훈련에 임했소. 진주성에는 왜적을 물리칠 대포와 화약이 있고, 성이 높아 왜적이 넘을 수 없을 것이오."

군중들은 다시 환호하며 화답했다.

"여러분은 나를 따르시오. 여러분은 내가 지킬 것이오. 그리고 왜적을 물리칠 것이오."

"당장 오늘 짐을 싸시오. 내일 우리는 진주성으로 갈 것이오."

군중들은 '목사'를 연호했다. 그리고 군중들 속에서는 '우리가 목사와 진주성을 지킬 것이오'라는 함성이 터져 나왔다.

다음 날 동이 틀 무렵, 기마부대를 선두로 병사들이 앞장서서 길을 떠났고, 백성들이 뒤를 따랐다. 긴 행렬 뒤에는 또 다른 보병부대가 백성을 엄호했다.

해가 질 무렵 병사와 백성들로 이루어진 긴 행렬이 진주성 북문에 이르렀다. 진주성을 지키고 있던 이일갑 선달이 말을 타고 나와 이들을 맞이했다. 그리고 북문 위 누각을 비롯해 성 밖을 내다볼 수 있는 성벽 위에는 미처 피난을 떠나지 못했던 백성들이 손을 흔들고 환호하며 이들을 반겼다.

목사는 성내에 들어서자 바로 동헌으로 향했다. 목사가 동헌 입구에 들어서자 동헌 앞 광장에서 기다리고 있던 최풍헌 선달이 선비 차림의 한 남자와 함께 목사에게 인사를 하였다.

"최선달 아닌가?"

"그렇습니다. 나리. 전황이 새로운 국면을 맞는 듯합니다."

"그래? 좋은 소식으로 들리는군. 자 함께 동헌으로 드세."

목사와 이광악 군수, 이선달, 최선달, 그리고 선비차림의 남자는 함께 동헌에 들어가 마주 앉았다.

"나리. 여기 있는 선비의 인사를 먼저 받으시지요."

"나리. 저는 창원에 사는 정영식이라고 합니다. 왜란이 발발하여 지역을 돌면서 왜란의 동태를 살펴보던 중 최선달을 만나 여기까지 흘러왔습니다."

"잘 왔소. 힘이 되는 사람은 모두 힘을 보태야지. 그럼 내게 해 줄 말은 무엇이오?"

"예. 이 왜란이 새로운 국면을 맞는다는 것을 나리께 알려드리고자 합니다."

"어떤 새로운 국면이오?"

"예. 이제 왜란이 시작된 지 한 달이 지났습니다. 지금까지는 왜적의 기세가 컸고, 탄금대에서 전투다운 전투가 있었지만 실패하였습니다. 하지만 이제 전선이 확대되면서 왜적들이 반격을 받고 있습니다. 이대로 계속 밀리지만은 않을 것으로 예상됩니다."

"그런가? 계속 이야기 해 보시오."

"예 나리. 제가 보기에 왜적은 평지의 회전(回戰)*에서는 전투력이 매우 강합니다. 부산진성과 동래성 전투는 성곽전투이였기 때문에 얼마간 버틸 수 있었습니다. 그러나 두 전투에서 워낙 병사의 수가 차이가 나다 보니 우리의 능력이 부족했습니다. 그리고 밀양성 전투와 상주 전투에서는 평원에서 회전을 벌였기 때문에 일방적으로 밀렸습니다. 왜적들은 평지에서의 전투경험이 많았던 것으로 판단됩니다."

"그렇지. 내 생각도 그러하네. 그러면 자네가 말 한 새로운 국면을 맞는다는 뜻은 무엇이오?"

"예 나리. 왜적의 선봉대는 이제 한양성을 지나 평양성까지 이르렀습니다. 왜적의 선봉대는 강하지만 이제 전선은 왜적의 선봉대가 있는 곳뿐만 아니라 전국으로 확대되고 있습니다. 왜적은 힘을 한 데 모아 전투를 해야 하기도 하고, 각 지역에서 수비도 해야 합니다. 보급로를 확보하기 위해 부산에서 한양으로 이어지는 모든 도성과 도로를 방어해야 합니다. 이제 왜적의 힘이 분산되어 있다는 이야기입니다."

"그렇다면 이 국면을 우리가 어떻게 이용해야 한다고 보는가?"

"예. 곽재우 장군과 이순신 장군의 전투가 참고가 될 것입니다."

"처음 듣는 얘기군. 계속하게."

"예 나리. 곽재우는 의령에서 왜란이 일어난 지 열흘 만에 가솔을 이끌고 거병하여 300여 명의 병력을 모았습니다. 그리고는 경상좌도에서 낙

---

* 회전(會戰)은 전투를 벌이려는 양당사자의 대규모 병력이 일정한 지역에 집결하여 벌이는 전투를 말한다.

동강을 넘어 우도로 세력을 뻗치려는 왜적의 부대를 기습 공격하여 무찔 렀습니다. 물론 왜적 부대의 수가 200여 명으로 소규모 부대였기에 가능 했겠지요. 현재 경상도와 충청도에 주둔하고 있는 왜적의 수는 많지만 각 고을에 산재되어 있어 그리 큰 규모는 아닙니다. 또한 이제 왜적들이 아 직 점령하지 못한 경상우도로 들어오기 위해 낙동강을 넘는 병력의 수는 그리 큰 규모도 아니고, 부산진성에서 한양성으로 병기와 물자를 이동시 키는 병력의 수 또한 500명을 넘지 않습니다. 한 마디로 왜적이 넓은 지 역을 점령하려다보니 병력이 분산되어 있습니다. 싸워볼 만합니다."

"그렇다면 실제로 곽재우와 같은 소규모 부대가 각지에서 거병하고 있 다는 말인가?"

"그렇습니다. 나리. 전하의 격문이 각 고을에 전해진 여파로 대부분의 고을에서 청장년들이 삼삼오오 모여 관군에 합류하고 있습니다. 지역의 사림*들은 곳간을 열어 병량을 지원하며 따로 부대를 조직하고, 때로는 관군과 협력하고 있습니다."

"그것 참 반가운 일이네. 그러면 수군의 전투는 어떤 특징이 있는가?"

"예, 이달 초에 전라좌·우수영의 수군이 경상도 바다까지 진출하여 왜선을 격파하고 되돌아갔습니다."

"그래? 수군의 승리는 내가 알고 있던 바와 조금 다르군. 지난 달 초 왜 적들이 처음 부산진성에 도착했을 때 경상도 수군은 맥없이 무너졌는데, 어찌 이번 달에 전라도 수군은 왜적을 격파할 수 있었을까?"

"예 나리. 이번 전라도 수군의 승리는 완벽했다고 합니다. 이달 초 4일 여수를 출발한 전라좌·우수영 함대 39척이 충무에서 경상우수영의 함

---

* 사림(士林)은 조선 시대 지방에 근거지를 가지고 있는 중소지주 출신의 지식 인으로 중앙의 정계에 진출하기 보다는 지방에서 성리학을 공부하며 영향 력을 행사해 오던 세력을 말한다.

대 6척과 합세하여 7일 거제도 동쪽 옥포에서 왜선 28척, 합포에서 왜선 5척을 격파하였고, 다음 날인 8일 적진포에서 1척을 수장시켰다고 합니다. 여수에 돌아가 아군의 피해를 살펴보니 단 1명의 병사가 부상당한 것에 그쳤다고 합니다. 그야말로 압도적인 승리입니다."

"대단하군. 적선을 그렇게 많이 수장시켰는데도 불구하고 아군의 피해가 전혀 없었다는 것은 믿기 어렵군. 그러면 어떻게 그렇게 완벽한 승리를 거둘 수 있었을까?"

"예 나리. 제 견해로는 무기와 훈련, 전술 모두 합치된 결과로 판단됩니다."

"좀 더 자세하게 말해보게."

"예 나리. 조선의 함대는 판옥선*이 주력입니다. 그런데 판옥선에는 10문의 대포가 장착되어 있습니다. 그런데 왜선에는 대포가 없습니다. 그렇기 때문에 왜선은 조선 함대를 보면 무조건 조선 함대에 몰려들고 조선 함대는 왜선의 접근을 피하며 거리를 두고 함포 사격을 하여 왜선을 파괴시켰다고 합니다. 왜선이 완파 또는 반파된 상태에서 활과 창으로 왜적을 제압했다고 합니다."

"그럼 왜선에 대포가 없더란 말인가?"

"예, 왜선에는 대포가 없었답니다. 왜적은 총으로 대항했는데, 그들이 가지고 있는 총은 조선의 대포보다 사정거리가 짧았고, 우리 판옥선은 워낙 튼튼해 그들의 총으로는 아무런 피해를 입지 않았다고 합니다."

"그렇다면 전라도 수군은 훈련이 잘 되어 있었단 말인가?"

"예. 이순신 장군은 일 년 전 전라좌수사로 부임한 이후, 곧바로 왜적의 침략이 있을 것을 가정하고 훈련에 임했다고 합니다. 이순신 장군의

---

* 판옥선(板屋船)은 조선 수군의 주력선으로 갑판 위에 있는 2층으로 된 가옥 구조물로 인해 판옥선이라는 이름이 붙었다.

판옥선

병사훈련은 유명합니다. 훈련을 기피하는 병사는 바로 곤장을 치고, 탈영하는 병사는 상하 구분 없이 목을 치는 등 군율을 바로 잡는 동시에 실전을 가정하여 군사를 조련했다고 합니다. 또한 지금도 함선을 건조하고 무기를 보충하고 있다고 합니다."

"이순신 장군은 앞을 내다보고 전투준비를 해왔었군."

"옳게 보셨습니다. 나리. 육지 전에서와 같이 왜적들은 접근전이 능하기 때문에 이장군의 조선 함대는 대포 사정권에 왜선을 두고 함포사격을 가하였습니다. 왜선이 파괴되어 전투능력을 상실한 후엔 가까이 다가가 물에 빠져 허우적대는 왜적을 소탕하였기에 우리의 손실이 별로 없었던 것입니다."

"많이 참고가 되었네. 고맙네. 오늘은 물러가 푹 쉬도록 하게."

모두 내 백성이다

김시민 목사는 성수경 판관과 함께 아침 일찍부터 화포사격장에 나와 훈련을 점검하였다. 한쪽에서는 화포 주조를 하고 있는 대장간이 있었다. 김시민은 목사에 임명된 후 바로 화포 주조와 사격훈련을 강조했다.

"성판관, 수고하였소. 사격 훈련이 잘 진행되고 있구려."

"감사합니다. 영감마님. 사기가 충천되어 있습니다. 신무기인 화포를 다루는 병사들의 의욕이 넘칩니다. 이제 진주성은 높기도 하거니와 화포로 인해 어떠한 적도 감히 범하기 어려울 것입니다."

"아주 든든하구려. 우선은 포수들을 잘 훈련시켜주시오. 다음에는 보병과 포병이 함께하는 훈련이 필요하겠지. 그리고 화포 주조는 잘 진행되고 있소? 지금까지 화포가 얼마나 주조되었소?"

"화포주조는 영감마님께서 특별히 지시한 사항이고, 필요한 인원과 자금을 충분히 지원해주셔서 큰 문제없이 잘 진행되고 있습니다. 지금까지 100문이 주조되었습니다. 이틀에 3문을 주조하고 있습니다. 화약도 충분히 만들어내고 있습니다."

"좋소. 계획대로 잘 진행해주시오."

이때 한 병졸이 목사를 향해 뛰어왔다. 목례를 하고 목사 앞에 섰다.

"무슨 일이 있는가?"

"예, 영감마님. 저는 동문을 지키고 있는 병사입니다. 지금 동문 밖에 사람들이 구름처럼 몰려와 있습니다."

"누구라던가?"

"예, 다른 고을에서 난을 피해 온 사람들이라고 합니다. 동문을 책임지고 있던 장수께서 영감마님을 모셔오라고 하였습니다."

"그래, 가보세. 판관. 자네도 함께 가세."

일행이 동문 위에 당도하니 동문 수비대장이 일행을 맞았다. 병사가 보고했듯이 동문 밖에서는 엄청난 수의 피난민들이 몰려와있었다.

"수비대장은 저들이 누구인지 알아보았는가?"

"예, 영감마님. 영감마님께서 오시기 바로 전까지 저들과 대화를 나누고 있었습니다."

"저들은 누구이며, 왜 진주로 왔다고 하는가?"

"저들은 모두 난을 피해 온 백성이라고 합니다. 경상좌도의 각 고을에서 왜군을 피해 이리로 몰려왔다고 합니다. 여기로 온 이유는 진주는 안전하다고 소문이 퍼졌기 때문이라고 합니다."

"벌써 소문이 그렇게 났단 말인가? 알겠네. 일단 저들을 성 안으로 들이게. 성인 남자는 따로 모으고, 아녀자와 노인을 모으도록 하게. 성인 남자는 가급적 훈련을 시켜 군사로 쓰면 되겠지. 아녀자는 손이 필요한 곳에 보내어 마땅한 일을 하게 하고. 노약자는 숙소를 주어 편히 있도록 배려하게."

목사의 명에 따라 피난민들을 성 안으로 들어오게 하였고, 이들을 일단 성인 남성을 따로 분류하였다. 목사는 먼저 성인 남성이 모여 있는 곳으로 갔다. 모두 일어서서 목사를 맞았다. 얼핏 보기에도 100명이 넘었다.

"나는 진주목사다. 모두들 안심하게. 우리가 자네들을 보호해줄 것이네."

목사의 말이 끝나자 모두 박수를 치며 환호하며, 목사에게 절을 올렸다. 목사는 말을 이었다.

"우선 자네들이 어디에서 무엇을 하다 온 사람인지 알고 싶네. 한 사람씩 자신의 출신을 알려주게."

처음에는 우물쭈물 하더니 한 사람씩 자신이 어디에서 왔고, 무엇을 했었는지를 밝혔다. 각각 신분도 다르고 직업도 달랐지만 일본군들에 의해 집과 터전, 가족을 잃고 남은 가족과 함께 난을 피해 진주성으로 왔다는 공통점이 있었다.

"잘 알겠네. 난을 피해 우리 진주에 들어온 여러분은 모두 내 백성이다. 나는 모든 백성들에게 먹을 것과 쉴 곳을 제공할 것이다. 모두들 걱정하지 마라. 하지만 지금은 전쟁 중이다. 곧 왜적이 이곳까지 올 것이다. 그러니 힘이 있는 사람은 모두 적을 몰아내는데 힘을 합해야 할 것일세. 내일부터 당장 자네들을 훈련시킬 것일세. 모두 잘 따라주게."

남성 장정들은 모두 힘주어 대답했다.

목사는 다음으로 노인과 아녀자가 있는 곳으로 갔다. 이들도 모두 목사에게 예의를 갖추었다. 군중 속에 목사의 눈에 띄는 여인이 있었다. 그리 예쁘지는 않지만 큰 키에 피부가 하얀 여인이었다.

"남자 장정들에게 어디에서 무엇을 하다 이곳까지 왔는지를 들었네. 자네들도 함께 온 사람인 줄로 알고 있네. 저기 있는 저 여인에게는 특별히 묻고 싶네. 자네는 어디서 온 누구인가?"

"예, 나리. 저는 사천에서 온 산월이라 하옵니다. 사천에 들어온 왜군에게 부모와 형제를 잃고 이곳까지 왔습니다. 과거에 양반이든 상인이든 무엇이 중요하겠습니까? 저는 부모와 형제의 원수를 갚고 싶을 따름입니다. 나리께서는 왜적을 물리칠 힘을 가지고 계신 분이라 들었습니다. 저는 나리께 힘을 보태고 싶습니다."

"가상하구료. 고맙소. 힘이 없는 노약자는 편히 쉴 곳을 마련해 줄 것이오. 자네들도 알다시피 지금은 전시요. 모두 힘을 보태야 할 것이오. 일단 거처에 가서 쉬고 계시오."

㉑
일본군은 왜 이유 없이 후퇴했을까?

"교수님께서 증거로 제시한 숫자의 의미는 무엇일까요?"

"좋은 질문이네. 우선 임진왜란 때 일본군의 사망자가 이토록 많다는 것은 전투가 격렬했다는 것을 의미하지. 우리가 일본군에 맞서 격렬하게 싸웠다는 이야기가 되네. 조선 8도를 점령하기로 예정된 일본군의 모든 부대들이 비슷한 사망률을 기록하고 있네. 황해도의 3번 대, 강원도의 4번 대에서도 높은 사망률을 보이네. 이것은 황해도와 강원도에서도 조선군과 백성들이 일본군을 맞아 싸웠다는 것을 의미하지. 다만 조선총독부가 일제 강점 초기에 우리의 역사를 말살시켰거나 우리가 전투기록을 찾지 못했다는 것 아니겠나? 또한 구체적으로 살펴보아야 할 것이 있어. 고니시 유키나가의 1번 대의 사망자를 눈여겨 볼 필요가 있어. 일본군 1번 대는 전투기록이 가장 많아. 부산진성 전투를 비롯해 동래성 전투, 밀양성 전투, 상주 전투, 충주 탄금대 전투, 그리고 평양성 1차 전투로부터 4차 전투까지 임진왜란 때 벌어진 주요 전투에 관여되어 있지. 그런데 이 전투들 중에서 일본군 1번 대의 패전은 단 한 차례 4차 평양성 전투거든. 별 생각 없이 우리는 일본군 1번 대의 희생이 이여송이 이끄는 명군과의 싸움에서 비롯되었을 것이라고 인식하게 되지."

"저도 방금 전에 그렇게 생각했습니다. 실제는 그게 아닙니까?"

"그래. 자네마저도 그렇게 생각했단 말이군. 하긴 나도 그렇게 생각했으니까. 그런데 놀랄만한 사실은 4차 평양성 전투에서 죽은 일본군은

1,500명 정도밖에 되지 않아. 이여송이 자신의 전과를 명나라 황제에게 알리기 위해 분명한 기록을 남겼거든. 기록에 따르면 목을 벤 일본군의 수는 1,285명으로 기록되어 있지. 이 외에 불타 죽은 일본군 수백 명이라고 되어 있으니 1,500명 정도로 추정하는 것이 옳겠지. 자 우리 다시 생각해보세. 일본군 1번 대가 부산에 도착한지 11개월 후인 1593년 3월 한양성에서 점호한 결과는 1만 8,700명의 인원 중에서 1만 2,000명 이상이 죽은 것으로 나와 있지. 이 중에서 4차 평양성 전투에서 죽은 자는 1,500명. 그렇다면 1만 명 이상은 그 전에 조선군과의 전투에서 죽었다는 것이 되네. 그럼 이들이 어디에서 죽었을까?"

"저로서는 예상하기 어렵습니다."

"나는 탄금대 전투를 주목하네. 일본군 1만 명이 죽을 만한 전투는 탄금대 밖에 없어. 그리고 항상 선봉이던 일본군 1번 대가 임진강 전투를 가토 기요마사의 2번 대에 맡겼다는 사실이 이것을 방증하지. 또한 1번 대는 평양성을 쳐들어갈 때 1번 대 단독으로 들어가지 않고 구로다 나가마사의 3번 대와 함께 전투를 한 것이 또 다른 증거일세."

"알겠습니다. 궁금했던 것들이 풀려갑니다. 또한 증거를 더 많이 찾아 역사를 다시 써야 한다는 생각이 듭니다."

"그것이 문제야. 조선총독부에서 강점기 첫 해부터 우리의 역사서를 철저하게 수거하여 우리의 역사를 일본에 유리하게 조작하고, 불리한 역사서는 태워 없애버렸다니, 이제 다시 역사를 바로 잡기란 쉽지 않을 것이란 말일세."

"예, 저도 그런 생각이 듭니다."

"일본군 사망자수는 또 다른 역사적 의미를 가지고 있어. 내가 임진왜란에 관심을 갖게 된 데에는 임진왜란에 대한 의문이 들었기 때문이지. 일본군 사망자수는 임진왜란에 대한 내 의문을 풀어준 열쇠라네."

"어떤 의문점을 가지고 계셨는지요?"

"크게 세 가지 정도가 논리적으로 맞지 않다는 생각을 했었네. 기본적으로 나는 일본군이 매우 전략적이고 이성적으로 진격 또는 후퇴했을 것으로 가정하고 있네. 일본군 장수들은 전투경험이 많기 때문에 전투를 매우 이성적으로 치렀을 거라는 거지. 그런데 일본군의 공격과 후퇴에 석연치 않은 부분을 발견했거든."

"어떤 것입니까?"

"첫째, 전공을 세우기 위해 선봉에 섰던 고니시 유키나가가 평양성을 함락한 후 왜 선조 임금이 머물고 있던 의주로 진출하지 않았을까 하는 의문이네. 평양에서 의주가 그리 멀지도 않고, 부산에 도착한 후 두 달 만에 평양을 함락했는데 그 공격력이라면 사흘도 걸리지 않을 거리에 있는 의주를 공격하지 않고 평양에 있었다는 것이 궁금한 것이지. 의주에 가서 선조 임금을 체포했다면 조선은 고니시 유키나가에 의해 평정되었다고 했을 텐데. 두 번째는 명군에게 평양성이 함락된 것을 기점으로 함경도, 황해도, 강원도, 경기도에 주둔해 있던 일본군들이 모두 한양성으로 후퇴했는데, 전략적으로 후퇴할 이유가 궁금했어. 단 한차례 평양성에서의 전투에서 졌을 뿐인데 왜 함경도와 황해도, 심지어는 강원도를 점령하고 있던 일본군들이 모두 한양성으로 전격적인 후퇴를 했느냐는 것이지. 세 번째로 1593년 1월 27일 벽제관*에서 명군이 일본군에게 패퇴한 후, 명군은 개성으로 물러났고, 이여송은 평양으로 도피했지. 그런데 명군에게 승리한 일본군은 두 달 후 한양성에서 부산으로 후퇴했네. 왜 일본군은 명군에게 승리했음에도 불구하고 부산으로 후퇴했을까? 네

---

* 벽제관(碧蹄館)은 경기도 고양시 덕양구 벽제동에 있는 조선시대의 역관(驛館)으로 중국 사신이 서울에 들어오기 전에 반드시 벽제역의 객사에 유숙하였다고 한다.

번째로 1593년 6월 도요토미 히데요시가 일본군에게 진주성을 함락시키고 충청, 전라, 경상 3도에 성을 쌓고 그 지역을 봉토로 가지라고 명령하였음에도 불구하고 그들은 진주성을 함락시키고 남원까지 진출했다가 바로 부산으로 후퇴하였지. 과연 그들이 부산으로 후퇴한 이유가 무엇일까? 전략적으로 유리하면 전진하고 불리하면 후퇴하는 것이 확실한 일본군이 왜 이유 없이 후퇴했을까?"

"그렇군요. 그러면 교수님께서는 앞에서 말씀하신 장면에서 일본군이 후퇴한 이유를 찾으시겠다는 것이군요."

"바로 그것이 우리 역사에 감추어진 임진왜란에 대한 진실 아니겠나?"

"참으로 밝혀내야 할 일이 많군요."

"그리 어렵지 않을 것이네. 2차 진주성 전투는 패전으로 기록되어 있네만 실질적으로는 임진왜란에서 일본군에게 타격을 가장 많이 준 위대한 승전이 분명해. 생각해보게나. 8박 9일, 25차례의 회전을 치른 진주성 전투에서 엄청나게 많은 수의 일본군이 죽었네. 일본군은 도요토미 히데요시의 명령 때문에 마지못해 남원까지 진출하였다가 다시 부산으로 퇴각한 것이지. 나는 전략적으로 도저히 앞뒤가 맞지 않는 일본군의 이런 움직임을 다시 밝혀내고 재해석을 해야 한다고 생각하네. 진실이 이렇기에 역사를 왜곡할 수밖에 없었던 것이지. 그러니 임진왜란에서 초기 두 달의 전투 상황은 상세한데 비해 일본군이 밀렸던 두 달 이후의 역사는 매우 간결하게 기술될 수밖에."

22
명령만 내리십시오
목숨을 걸고 따르겠습니다

다음 날, 목사는 이광악 군수와 성수경 부장, 이선달, 최선달, 정선비, 그리고 각 부대를 맡은 장수를 거느리고 진주성을 순찰했다. 때는 5월 말, 봄꽃의 화사함은 지고, 사방에서 연초록 물결이 바람 따라 일렁거렸다. 진주성 남쪽은 남강이 흐르고, 강 건너 들판은 초여름을 알리고 있었다.

목사는 일행과 함께 성곽 위를 돌며 화포의 위치, 궁수와 창병의 위치, 화약 및 무기의 위치 등을 점검하였다. 또한 일행들에게도 직접 둘러보도록 하였다. 아침 식사 후 시작된 순찰은 점심시간이 다 되어서야 끝이 났다. 일행은 함께 점심식사를 마친 후 동헌에 둘러앉았다.

"모두 함께 우리 성의 방비상태를 점검해보았으니 다들 생각하고 있는 점을 말해보게나. 우선 전술에 능한 정선비가 먼저 말을 해보시오."

"예, 나리. 제 소견을 말씀드리겠습니다. 우선 진주성은 천혜의 요새입니다. 진주성의 남쪽과 서쪽, 북쪽으로는 어떤 적들도 침입하기 어려울 것으로 보입니다. 왜적이 쳐들어온다면 동쪽밖에 없습니다. 그러나 동쪽도 성벽이 높고 성벽 둘레에는 해자가 있어 방어 태세가 철저하게 갖추어져 있습니다. 그렇지만 왜적을 쉽게 보면 안 됩니다. 놈들은 일단 쳐들어오면 항상 압도적으로 많은 병력을 동원합니다. 지금까지의 전투로 미루어보아 기본적으로 2만 명 이상의 병력을 동원하여 순식간에 전투를 종료하곤 했습니다."

진주성도(국립진주박물관, 2013)

"그렇군. 그러면 일단 동문 밖의 해자는 해자구실을 할 수 없을 것으로 보는 것이 옳겠군."

"그렇습니다. 나리. 왜적은 일단 해자를 메우고 전투를 시작하려고 할 것입니다."

"그런데 해자를 메우기 위해서는 성벽까지 와야 할 것이고, 그러면 성 위에서 화살을 쏘면 희생자가 날 터인데?"

"왜적도 그것까지 생각하고 있을 것입니다. 또한 왜적들은 성 안의 화살을 비롯한 무기가 떨어질 것도 염두에 둘 것입니다."

"왜적은 아주 계략이 많은 놈들이야. 여러 가지 고려할 것이 많군. 또 다른 것도 보이던가?"

"예, 나리. 성 안에 화포가 있던데 화포는 어느 정도 준비하고 계십니까?"

"현자총통*이 170대 준비되어 있네."

"대단하십니다. 나리. 그 정도면 충분하겠군요."

"어떤 의미인가?"

"왜적이 침입할 가능성이 있는 동쪽 성벽을 위주로 북쪽 성벽까지 가늠해보니 대략 2,000보 정도 됩니다. 화포가 170문이면 대략 열 보에 화포 한 문을 성 위에 장착할 수 있으니 왜적들이 아무리 많이 들이닥쳐도 능히 방어할 수 있겠습니다."

"자네가 이미 내 생각을 알고 있군."

"왜적들은 성곽전투에서 성벽보다 높은 나무로 된 누각을 짓고 밑에 바퀴를 달아 밀고 성벽으로 접근해 옵니다. 그리고는 이 공성기 위에서 성을 아래로 보고 총을 쏘아대면서 성 아래에 있는 병사들이 성 위로 오르는 양면작전을 사용합니다. 성 아래에서 기어오르는 적을 방어하다보면 몸이 노출되어 공성기 위에서 쏘아대는 총에 맞게 되고, 주춤거리는

---

* 현자총통(玄字銃筒)은 조선시대 사용되었던 총통들 가운데 세 번째(天, 地, 玄)로 큰 것이다. 천자문의 글자 순서대로 명칭이 붙여졌다. 화약의 폭발력을 이용하여 철환(鐵丸)이나 전(箭)을 발사하는 전장식(前裝式) 화포(火砲)로 조선 태종 때부터 그 이름이 전해졌다. 천자, 지자총통과 함께 임진왜란 해전에서 조선수군의 주력함포로 이용되었고, 사정거리는 800보(1.01km) 또는 1500보(1.89km)이다.

현지총통

사이 왜적이 성을 넘으면 성이 쉽게 함락됩니다. 따라서 화포가 필요합니다."

"그렇지. 나도 그런 생각에서 화포를 준비했네."

"나리. 염초는 얼마나 준비되어 있습니까?"

"충분하지는 않지만 500근 정도 준비되었네."

"예, 그렇군요. 화포 한 대당 10근 정도의 염초를 사용하고, 남는 염초는 폭탄을 만들어 모여 있는 왜적에게 투척하면 훌륭한 무기가 될 수 있을 것입니다."

"좋네. 그럼 우리가 보완할 문제가 있다면 무엇인가?"

"왜적이 3만 명 이상 몰려올 것까지 대비하셔야 할 것입니다. 그리고 낮과 밤을 구별하지 않고 일주일 이상을 계속 전투를 벌일 수 있을 만큼의 활과 화살을 비롯한 무기가 준비되어 있어야 할 것이고, 병사의 훈련 상황도 점검되어야 할 것입니다. 특히 병사들의 전투 경험이 우려됩니다. 전투경험이 부족한 병사는 적을 앞에 두고도 칼을 휘두르지 못하는 경우가 있습니다."

"좋은 지적이네. 그래서 병사를 이끌고 출정을 자주 다닐 생각이네. 지난번 사천성 전투에서 싸워 본 경험이 있는 병사들은 승리의 맛, 적의 피 맛이 어떤지를 알기 때문이지."

"제 생각으로는 나리께서 출정하시는 이유는 병사들의 전투경험 이외에도 더 큰 뜻이 숨어있는 것으로 보입니다."

"자네, 천기누설이야."

"아, 예. 나리. 죄송합니다."

"죄송할 것까지는 없네. 그렇지 않아도 지금쯤에는 자네들에게는 말해주려고 하였지. 모두들 잘 듣게."

방 안에 있던 모든 장수들이 일제히 대답했다.

"예, 나리. 말씀하십시오."

"이제 왜적들이 활개치는 시기는 끝났네. 왜적들은 조선의 온 천지에서 반격을 받고 있으니. 지금까지 왜적들은 병력을 집중하여 우리의 고을들을 점령해왔네. 앞으로도 그들은 조선의 반격을 받으면 지금까지 해온대로 압도적인 병력으로 요충지를 점령하려는 전략을 사용할 것일세. 나는 이러한 왜적의 전략을 역이용할 것일세. 왜적을 이곳 진주성으로 불러들여 전투를 벌이고자 하네. 진주성 병력으로 주변 고을에 있는 왜적을 타격하면서 진주성의 힘을 보여줄 것이야. 그러면 왜적들은 현재 경상우도의 조선병력의 거점을 이곳 진주성으로 인식할 것이고. 그러면 왜적의 대병력은 이곳 진주성으로 몰려오겠지. 그 때 우리의 준비된 힘을 다해 왜적의 대병력을 물리치세."

"나리. 명령만 내리십시오. 목숨을 걸고 나리를 따르겠습니다."

"모두 각자의 위치에서 지금까지 해 온 일을 수행해주게. 가장 중요한 일은 우리 병사들이 적을 물리칠 수 있다는 자심감과 실제 전투를 치를 수 있는 힘과 인내력을 기르는 것일세."

"예. 알겠습니다."

역사 왜곡의 증거가 명백하다

오래간만에 장박사로부터 전화가 왔다.

"교수님, 오늘 제가 점심시간에 교수님 연구실로 방문해도 괜찮겠습니까?"

"오늘 점심시간에 특별한 일정은 없네. 어서 오게나."

"특별한 일은 없습니다만, 교수님과 오래간만에 점심을 같이 하며 대화를 나누고 싶습니다. 그리고 최근에 찾은 책 한 권을 가지고 가겠습니다."

"알겠네. 사무실에서 기다리고 있겠네."

장박사는 박교수의 연구실에 11시 30분경 도착했다. 둘은 일상적인 대화를 나누며 차 한 잔을 마신 후 박교수가 잘 가는 일식집에 마주 앉았다.

"교수님, 이 책 받으시지요. 『조선사 해제』*입니다."

"『조선사 해제』? 그러면 조선사라는 책이 그 전에 있다는 말인데."

"예. 그렇습니다. 하야시 다이스케(林泰輔)**라는 일본인이 1892년 『조선사』라는 이름으로 책을 썼답니다. 이 책이 일본인이 저술한 조선사에 대한 첫 작품입니다. 이 책에서 처음으로 '임나일본부설'을 주장했다고 합니다."

---

* 『조선사 해제』는 1892년 하야시 다이스케(林泰輔)라는 일본인이 저술한 『조선사』를 번역하고, 이 책의 의미를 재해석한 책이다.

** 하야시 다이스케(林泰輔)는 1892년 『조선사』를 저술한 일본인으로, 그는 이 책에서 일본인으로는 처음으로 임나일본부설을 주장한 사람이다. 이 책은 조선총독부가 설립한 조선사편수회의 지침서가 된 것으로 알려졌다.

『조선사 해제』

"하야시 다이스케가 무슨 일을 하던 사람인가?"

"예. 하야시 다이스케는 동경대에서 역사학을 전공한 사람으로 교사로 재직했다고 합니다."

"그렇다면 전문 역사학자는 아니지 않은가?"

"그렇습니다. 그런데 이 사람이 쓴 『조선사』에서의 각종 주장이 훗날 일본 역사학계에서는 증명된 정설로 바뀌었다고 합니다. 즉 하야시 다이스케의 조선사가 일제강점 후 조선총독부가 한국사 왜곡을 위해 설립한 조선사편수회[*]의 지침서가 된 것이지요."

"그렇군. 하야시 다이스케의 『조선사』가 일본의 한국사 왜곡의 시발점을 만든 책이군. 고맙네. 그렇다면 이 『조선사 해제』는 누가 펴낸 책인가?"

"한국 역사학자 몇 분이 힘을 합하여 하야시 다이스케의 『조선사』를 번역하고, 해설을 덧붙여 펴낸 책입니다."

"맞아. 임진왜란에 관한 역사를 접하면서 다양한 분야에서 많은 분들이 엄청난 노력을 하고 있음을 알게 되었지. 참 고마운 일이야. 『조선사 해제』의 주요 내용은 어떤 것이 있나?"

"예, 가장 두드러진 내용은 일본이 한국사를 어떻게 왜곡하였는지를

---

[*] 조선사편수회(朝鮮史編修會)는 일제의 조선사료 강탈기간 중이던 1916년 1월 중추원 산하 조선반도사편찬위원회로 발족하여 1922년 12월 조선총독부 산하 조선사편찬위원회로 바뀌었다. 조선사편수회는 일본민족의 우위성을 고취하고 역사교육을 통해 한국민의 민족의식을 배제하고자 설립되었다. 조선사편수회는 일제가 군, 경찰, 관료를 동원하여 1910년 11월부터 1937년까지 27년간 전국을 누비며 수집한 조선 사료를 바탕으로 1932~1938년 식민사관에 기초한 『조선사』(37책), 『조선사료총간(朝鮮史料叢刊)』(20종), 『조선사료집진(朝鮮史料集眞)』(3책) 등을 간행하였다.

알려주고 있습니다."

"계속해보게."

"예. 일제강점 후 총독부가 조선에서 처음 시행한 일 중의 하나가 조선의 역사왜곡입니다. 총독부는 조선의 관습과 제도를 조사한다는 명목 하에 1910년 11월부터 이듬해 12월까지 1년 2개월 동안 전 공무원과 경찰, 헌병대를 동원하여 조선의 서점, 향교, 가정에 있는 조선의 역사책 20여 만 권을 압수하였습니다. 이 중에서 조선사 왜곡에 필요한 사료만을 남기고 모두 불태웠다고 합니다."

"그것이 모두 기록에 있던가?"

"예. 증언에 의한 것이지만요. 역사책을 불에 태워 버리는 데에만 여러 날이 걸렸다고 합니다."

"음… 그렇지. 우리가 일본인이 저지른 역사왜곡의 흔적을 찾아야 해. 임진왜란은 공식적으로 조선과 일본이 처음으로 긴 기간 동안 대면한 사건이지. 그렇기 때문에 일본은 임진왜란에 대해 자기들 좋을 대로 역사왜곡을 해야 했던 것이지. 따라서 임진왜란 전 과정을 살펴보면 앞뒤가 맞지 않는 것들이 발견되거든."

"예. 어떤 점에서 인가요?"

"임진왜란 전 과정에서 일본의 조선 역사관은 분명하지. 첫째, 임금이 무능하여 백성을 보호하기는커녕 자신만이 살겠다고 도망갔다는 점. 둘째, 조정이 무능하여 의사결정을 하지 못하고 우왕좌왕했다는 점. 셋째, 관군이 무력하여 싸움다운 싸움을 해보지도 못하고 무너졌다는 점. 위의 세 가지는 공통점이 있어. 조선은 백성을 지켜주는 국가의 기능을 하지 못했다는 것 아닌가. 기본적으로 조선 정부가 무능하여 백성이 고생했다는 것. 한 마디로 역사적으로 조선정부는 무능하여 백성을 보호하지 못하니 오히려 일본이 조선을 통치해야 조선백성에게 유익하다는 점을 말하고자 하는 것이지. 게다가 일본군이 조선을 점령하지 못한 이유를 명군과 의병에 돌리고 있지 않은가? 이것 역시 조선이라는 국가와 정부를 부정하려는 의도인 것이야. 이러한 일본역사가의 저술이 아직까지도 우리들의 사고를 지배하고 고착시키고 있지 않은가?"

"그렇군요. 교수님께서는 선조 임금에 대해 비호하시는 듯이 보이기도 합니다."

"내가 선조 임금을 비호한다고? 자네도 생각해보게. 탄금대 전투를 위해 선조 임금은 신립 장군에게 한양성에 있던 8,000기의 기병을 모두 주지 않았나? 일본군이 한양성으로 몰려올 당시에는 한양성에는 병력이 거의 없었지. 그러니 선조 임금은 피신할 수밖에 없었어. 또한 선조 임금이 국가보다 자신의 안위를 생각했더라면 기병 8,000기를 모두 신립 장군에게 내어주지 않았을 것 아닌가? 자신의 안전을 우선시 했더라면 자신의 경호를 위해 단 500기라도 남겨두어야 하지 않았겠나? 선조 임금이 백성을 버리고 자신의 안위를 위해 도망간 군주로 만든 것은 철저히 일본 역사가의 왜곡인 것이지."

"우리가 할 일이 너무 많군요."

"그러게 말이네. 그래서 조선이라는 국가가 위기 시에 제 기능을 발휘했고, 그에 따라 정부가 무능하지만은 않았다는 것, 그리고 관군이 무력하게 무너지지 않았다는 점을 우선적으로 밝히고 싶어."

"그리고 또 할 일이 있습니다."

"무엇을 생각하고 있나?"

"예. 일본학자들이 임진왜란에 대해 어떻게 왜곡했는지도 똑바로 알려야 할 것입니다."

"그래. 임진왜란에 대해서 일본역사는 한국역사에 대해 어떻게 왜곡을 했고, 왜곡의 증거가 무엇인지를 밝혀내야 하겠지."

24
승리를 기획하라

동이 틀 무렵부터 동헌으로 장수들이 속속 모여들었다. 목사는 향후 전투대비를 위하여 진주성 방어계획과 출정계획을 논의하고자 장수들을 불러 모았다.

"오늘 소집한 것은 앞으로의 전투계획을 구체적으로 결정하기 위해서 일세. 모두들 기탄없이 의견을 말해보게."

"예, 나리. 제가 한 말씀드리겠습니다."

"최선달이군. 말해보게."

"예. 진주성 방어계획을 비롯해 앞으로의 전투계획은 주변 아군의 상황과 왜적의 동태가 고려되어야 할 것으로 판단됩니다."

"옳은 말이네. 나도 현재 아군과 적군의 동태를 먼저 알고 싶네. 그 후에 그에 맞추어 우리의 전투계획을 짜는 것이 순서이지. 최선달이 우선 지금까지 살펴본 것을 말해보게."

"예, 나리. 조선 전체의 상황으로 보아선 왜적이 아직도 주도권을 쥐고 있다고 보아야 할 것입니다. 현재 왜적은 한양을 함락시킨 후 평양성까지 올라가 있다고 합니다. 그렇지만 경상도의 전황은 사뭇 다릅니다."

"흥미롭군. 계속 말하게."

"경상좌도에 있는 큰 고을의 대부분은 이미 왜적의 수중에 떨어졌습니다. 그러나 왜적들은 낙동강 서쪽으로 진출하지 못하고 있습니다. 경상우도에서 조직된 각급 부대들이 고을 단위로 관군과 연합하여 각 고을을 침범하려는 왜적과 전투를 벌이고 있기 때문입니다. 곽재우가 승리를 거두었고, 김면*과 정인홍**이 고령과 합천에서 군사를 일으켜 전투준비를 마쳤다고 합니다. 또한 경상좌도에서는 박진 밀양부사를 비롯한 관군이 패배 이후 다시 군대를 정비하고 있으며, 이미 함안군수 유숭인 장군께서는 기병을 이끌고 남해안에 있는 고을을 공격하고 있습니다."

"유숭인 장군이? 그 장군이 보유하고 있는 병력은 얼마라던가?"

"예, 나리. 꽤 많은 병력이라고 합니다. 기병만 1,000명이나 된다고 합니다."

"그 장군이 언제 그렇게 많은 기병을 길렀단 말인가?"

"예, 나리. 나리처럼 앞날을 내다보셨나 봅니다. 기병은 훈련이 필요해서 일시에 모으기는 불가능하지요. 함안에서 병력을 모으고 훈련을 시켜왔다고 합니다."

"그렇군. 왜적은 대부분 총과 검을 든 보병이니 기병이 효과적이지. 그

---

* 김면(金沔, 1541~1593)은 경북 고령 출신은 명종 때 효도와 청렴으로 천거되어 참봉에 임명되었으나 사퇴하였다. 선조 즉위 초년 유현(儒賢)을 뽑아 육품직에 승진시켰는데, 조목(趙穆)·성혼(成渾)·정구(鄭逑) 등과 함께 유일(遺逸: 학식과 덕망이 높아 과거를 거치지 않고 높은 관직에 임명될 수 있는 학자)로 천거되어 공조좌랑에 임명되었지만 역시 사퇴하였다. 1592년(선조 25) 임진왜란이 일어나자 5월에 조종도(趙宗道), 곽준(郭), 문위(文緯) 등과 함께 거창과 고령에서 거병하였다. 금산과 개령 사이에 주둔한 일본군과 우지(牛旨)에서 대치하다가 진주목사 김시민(金時敏)과 함께 지례(知禮)에서 적의 선봉을 역습하여 크게 승리를 거두었으며, 이 공으로 합천군수에 제수되었다. 그 뒤 무계(茂溪)에서도 승리를 거두어 9월에는 첨지사(僉知事)에 임명되고, 11월에는 의병대장의 교서를 받았다. 이후 고령·지례·금산·의령 등을 수복하였다. 1593년 1월 경상우도 병마절도사가 되어 충청도 병력과 함께 금산에 주둔하며 선산(善山)의 적을 격퇴시킬 준비를 갖추던 도중, 갑자기 병에 걸려 사망했다.

** 정인홍(鄭仁弘, 1535~1623)은 경남 합천 출신으로 1573년(선조 6) 학행으로 천거되어 6품직에 오르고, 1575년 황간현감에 나가 선정을 베풀었다. 이듬해 지평을 거쳐 1581년 장령에 승진하였다. 1592년 임진왜란이 일어나자 합천에서 성주에 침입한 일본군을 격퇴하고, 10월 영남의병장의 호를 받아 많은 전공을 세웠다. 이듬해 의병 3,000명을 모아 성주·합천·고령·함안 등지를 방어했으며, 의병 활동을 통해 강력한 기반을 구축하였다. 1602년 대사헌을 거쳐 우의정과 좌의정을 지내다가, 1618년 인목대비 유폐사건에 가담하여 영의정에 올랐다. 그 후 1623년 인조반정으로 참형되었다.

래, 유장군이 어떤 식으로 전투를 하신다고
하던가?"

"예. 기습작전을 주로 쓰신다고 합니다. 경
상우도로 진출하는 적의 부대를 매복하고 있
다가 기습공격을 하는 방식입니다. 지금까지
는 기습이 잘 먹혀들어 상당한 전과를 내고
있답니다."

김면

"그렇다면 실제로 수복한 고을도 있는가?"

"예, 나리. 영구적으로 고을을 수복한 것은
아니지만 일시적으로나마 진해와 창원 일대
를 수복하기도 했답니다."

정인홍

"보기 드문 장수로군. 전쟁 준비도 철저히
했고, 어려운 시기에 홀로 사지를 뚫고 있다니."

이때 정선비가 손을 들고 목사에게 말하고자 청했다.

"제가 최선달에게 몇 가지 질문을 하고자 합니다."

"하게."

"최선달님. 유장군께서는 본거지를 어디로 하신답니까?"

"본거지가 뚜렷하게 있지는 않은 듯합니다."

"그렇다면 매우 위험해 보입니다. 함안에는 대군을 방어할 만한 마땅
한 성이 없습니다. 제 말의 뜻은 유장군께서 지금은 소규모의 왜적 부대
를 맞아 선전하고 계시지만 추후에 대규모의 왜적 부대가 몰려올 경우
대단히 위험한 상황을 맞게 될 수도 있다는 말씀입니다."

"거기까지는 생각을 하지 못했군요. 하지만 현재로서는 유장군의 분전
으로 인해 인근 백성들의 사기가 많이 올라갔다고 합니다."

"그 부분에 대해서는 저도 유장군께서 큰일을 하셨다고 생각합니다.

왜적이 침범하여 한 달 이상이나 패전 소식만을 접하던 차에 지난번 이순신 장군의 해전 승리에 이어서 이번 유장군의 육지 전 승전 소식은 매우 값진 소득입니다. 이제 우리도 싸워 승리할 수 있다는 자신감이 생겼습니다. 하지만 아직은 소규모 부대와의 전투에서 승리한 것에 지나지 않습니다. 적의 대부대를 물리칠 수 있는 방책이 필요합니다."

"잘 보았소. 정선비. 그러면 선비는 우리가 무엇을 어떻게 준비해야 할 것인지를 상세히 설명해볼 수 있겠소?"

"예, 나리. 왜적은 큰 전투에 2만 명 이상의 병력을 동원하는 것으로 알고 있습니다. 부산진성, 동래성, 밀양성, 상주, 탄금대 전투 등 대부분의 큰 전투에 2만 명 이상의 병력을 동원하여 압도적인 병력으로 일시에 밀고 들어와 초기에 전투의 주도권을 잡았고, 계속 밀어붙여 전투를 조기에 끝냈습니다. 초기에 전투의 주도권을 잡게 되면 전투를 하고 있던 양쪽 부대의 사기는 극단적으로 갈라집니다. 승기를 잡은 부대의 사기는 충천하는 반면, 패배한 쪽은 전의를 상실합니다."

"그렇지. 그렇다면 결국 우리가 왜적을 물리치려면 소규모 전투를 생각할 것이 아니라 대규모 전투를 감당해낼 수 있는 능력을 미리 가져야 한다는 말이로군."

"예, 나리. 저는 나리께서도 이미 그것을 염두에 두시고 준비해 오신 것으로 알고 있습니다."

"자네의 말을 듣고 보니 이제 전쟁을 어떻게 종결시켜야 할 것인지가 보다 명확해지는군."

"이선달입니다. 그렇다면 왜적의 대규모 부대가 진주성으로 쳐들어 올 때를 대비하는 것이 순서이겠군요."

"그렇다네. 그것이 우선일세. 왜적이 3만 명 이상의 병력으로 몰려오더라도 방어해 낼 수 있는 능력을 갖추어야 해. 방어 능력을 갖춘 후에 인근 고을에 주둔하고 있는 소규모 왜적을 공격하여 우리의 존재를 알려야 하네. 그래서 왜적의 대규모 병력을 진주성으로 불러들여 결전을 치를 생각이네."

"이제야 이해가 됩니다. 지난번 사천 전투에서 목사께서 두 명의 왜적을 살려주고 진주목사라는 글을 주었는지 말입니다."

"그렇지. 그런데 아직 때가 아니었다는 생각이 드는군. 방어준비를 철저히 하세. 화포를 비롯한 무기를 준비하고 군사를 훈련시켜야 하네. 3만 명 이상 대부대가 쳐들어올 것을 대비해 어떻게 방어할 것인가를 철저히 준비하도록 하세."

목사의 말이 끝나자 장수들은 한 동안 말이 없었다. 그리고는 한 장수의 말을 시작으로 모든 장수들이 일제히 목소리 높여 외쳤다.

"왜적을 격퇴하자. 왜적을 격퇴하자. 왜적을 격퇴하자."

왜적에게도 약점이 있다

김시민 목사는 이른 아침 이광악 곤양군수와 성수경 부장, 이일갑 선달과 최풍헌 선달, 그리고 정영식 선비를 비롯하여 10여 명의 장수들을 동헌으로 불렀다. 미리 준비한 조반을 함께 마치고 둘러앉았다.

"최선달. 어제 내가 말한 대로 전투경험이 있는 병사들을 한데 모았는가?"

"예. 대기하고 있습니다."

"몇 명이나 되는가?"

"부대장급 진주 관군만 70명 정도 됩니다. 이외에도 진주 관군과 함께 전장에 나가겠다고 몰려온 타 지역 병사들이 300명이 넘습니다."

"수고가 많았네. 오늘 타 지역에서 전투를 경험한 병사들을 따로 모은 것은 이들과 함께 우리 진주성의 방어에 대해 함께 논의하고자 함이네. 자네들도 병사들에게 질의하고 싶은 것들을 생각해두게."

"예. 잘 알겠습니다."

목사는 이들과 함께 최선달에게 안내를 받아 동문으로 향했다. 동문 누각 위에는 건장한 장정들이 모여 있었다. 이들은 목사 일행이 오자 일어나 인사를 하였다.

"자, 모두들 자리에 앉게. 오늘은 각지에서 전투를 치른 경험이 있는 병사들과 함께 진주성 방어에 대해 논의하려 하네. 우선 각자가 본 왜적의 전투능력과 방법에 대해 말을 해 주었으면 하네."

"예. 나리. 제가 먼저 말씀드리겠습니다. 저는 부산에서 온 박포수입니다. 저는 경상좌수영에서 화포 주조를 담당했습니다. 제가 본 것은 왜적의 숫자가 엄청나다는 것입니다. 그래서 좌수사께서는 왜적이 우리의 함선을 납포하게 되면 적에게 우리의 무기가 가게 되고, 그렇게 되면 적을 돕게 되는 격이 되니 함대를 불에 태우고 무기를 모두 바다에 수장하라는 명령을 내리셨습니다."

"알고 있네. 그런데 왜 싸울 생각을 전혀 하지 않았는가? 내가 알기로는 경상좌수영에 있는 함대는 각 수영 중에서 가장 잘 갖추어진 것으로 알고 있는데."

"그것까지는 잘 모르겠습니다. 적의 배가 가까이 오니 당황하였고, 갑작스런 상황에 대처할 수 있는 훈련이 평소에 없었기에 그럴 수밖에 없었던 것으로 생각됩니다."

"그랬군. 무기와 병력을 가지고 있으면 뭣 하겠는가? 평소에 훈련을 하지 않았다면… 지난번 전라좌수영의 함대가 왜적의 함대를 일방적으로 파괴한 것은 명백하게 훈련의 중요성을 말해주는 것 아니겠나? 또 다른 장정은 무엇을 보았나?"

"예, 제가 말씀드리겠습니다. 저는 부산진성 전투를 경험한 이중천이라고 합니다. 활을 다루는 궁수입니다."

"말해보게."

"예. 왜적의 수는 정말 많았습니다. 그들은 장수의 지시를 잘 따랐고, 제가 보기에도 정말 용감했습니다. 모두 죽음을 두려워하지 않았습니다."

"부산진성 전투가 어떻게 진행되었는지 순서대로 말해보게."

"예, 나리. 장수로부터 공격하라는 명령이 떨어지자 3열 횡대로 성 둘레를 따라 늘어섰습니다. 이들은 차례로 총을 쏘아대자 성 위의 병사들이 총을 맞고 쓰러졌습니다. 우리는 멀리서 쏜 총에 성 위의 병사들이 맞아 죽게 되리라고는 미처 몰랐습니다. 그리고는 바로 사다리를 타고 성벽을 기어 올라오더군요. 성 아래에서는 계속 성 위를 향해 총을 쏘았습니다. 그래도 우리 관군도 용감히 싸웠습니다. 총을 맞더라도 기어오르는 적을 향해 활을 쏘았고, 돌을 던졌으며, 가까이 다가오는 적은 창으로 찔러 죽였습니다."

"그렇다면 성이 함락된 결정적인 이유는 무엇인가?"

"예. 두 시간 정도 전투를 치르고 있는데 적 진영으로부터 신호가 울려 퍼지면서 적들이 물러나더군요. 우리는 승리한 것으로 잠시 착각했습니다. 그런데 두 시간 정도 후에 다시 적이 전열을 가다듬고 몰려왔습니다. 우리도 이에 맞서고자 병력을 한데 모아 전투에 대비하였습니다. 그런데 성 후문으로 적이 들이닥쳤다는 말이 돌더군요. 우리가 앞에 있는 왜적에 신경을 쓰는 사이 뒤로 돌아 우리 배후로 들이닥친 것입니다."

"그래도 성 안에서 전투를 벌였을 것 아니던가?"

"예. 성 안에서도 치열한 전투가 벌어졌습니다. 그러나 백병전에서는 싸움이 되지 않았습니다. 왜적들은 칼을 잘 썼고, 모두 펄펄 나는 듯 했습니다. 우리는 거의 손을 쓰지 못하고 밀렸습니다. 성 위에서 아래를 보며 싸울 때는 그래도 해 볼만 했었는데 평지에서는 감당이 되지 않았습니다."

"알겠네. 많은 참고가 되었네. 혹시 이 중에 동래성에서 전투를 한 경험이 있는 병사가 있으면 경험담을 말해보게."

"예. 나리. 제가 동래성에서 왔습니다. 마정열이라고 합니다. 부산진성 전투 이야기를 들으니 부산진성과 동래성 전투의 양상은 다소 차이가 있습니다."

"그래? 잘 되었군. 어떤 차이가 있었나?"

"예. 나리. 부산진성이 함락되었다는 소식을 듣고 동래성에서는 전투준비를 하였습니다. 왜적들이 총을 쏜다는 소식을 들었기에 모두 총을 막을 판자를 준비하였습니다. 보통 집 대문을 뜯어와 성벽 사이에 걸쳐 놓았습니다. 왜적들의 수가 많기는 했습니다. 송상헌 부사께서 모두 함께 죽을 때까지 항전하자고 하시어 우리 군의 사기도 높았습니다. 그러나 일단 적들이 전열을 갖추고 총을 쏘아대니 나무판자는 무용지물이었습니다. 적의 총이 나무판을 뚫어버린 것입니다. 그리고 동래성에서는 왜적들이 처음부터 나무로 만든 높은 누각 10여 개를 밀고 오더군요. 그 누각은 성보다 높았습니다. 나무 누각 위에는 총병이 있었고, 이들은 성을 아래로 보고 총을 쏘아댔습니다. 그러니 성벽가까이에 있는 우리 병사들이 제대로 싸울 수가 없었습니다. 아군의 피해가 늘면서 성벽을 왜적들이 하나, 둘 넘으면서 삽시간에 밀려버렸습니다. 이중천 장정이 말했듯이 왜적들의 칼솜씨는 매우 놀라웠습니다. 하나 같이 칼을 잘 썼습니다."

이때 정영식 선비가 나섰다.

"질문이 있네. 왜적들이 화포를 사용하지는 않던가?"

부산진성과 동래성에서 온 두 장정 모두 답했다.

"화포는 보지 못했습니다."

"그럼 이곳에 있는 장정 중에 왜적들이 전투에서 화포를 사용하는 것을 본 사람이 혹시 있는가?"

모여 있는 장정 모두 좌우로 고개를 저으며 대답했다.

"화포는 본 적이 없습니다. 왜적들은 화포를 사용하지 않는 것으로 알고 있습니다."

"알겠네. 고맙군. 매우 중요한 것을 알았어."

목사가 말을 이었다.

"오늘의 대화는 많은 소득이 있었다. 혹시 이 중에 밀양성에서 전투를 벌인 경험이 있는 사람은 없는가?"

"예. 제가 밀양에서 왔습니다. 저는 밀양부사 밑에서 기병으로 있었던 기석진이라고 합니다."

"오, 그래. 우리 최선달이 좋은 인재를 여러 곳에서 많이도 모았군. 다행이야. 하늘이 우리를 돕는 것이야. 말씀해 보게."

"예, 나리. 박진 부사께서는 부산진성과 동래성 전투소식을 소상히 들으시고는 밀양성에서는 왜적을 맞아 싸울 수 없다고 판단하시고 작원관에다 방어진을 쳤습니다. 작원관 앞의 도로는 좌측으로는 낙동강이 흐르고 우측은 험준한 벼랑이 있기에 벼랑 위에서 진을 치고 적을 기다렸습니다. 그런데 적들은 부산에서 밀양성으로 직통하는 작원관길로 오지 않고 우회하여 북진하였습니다. 이들은 이미 작원관길에 조선군대가 매복하고 있으면 위험하다는 것을 알고 있었던 것으로 보입니다. 그래서 부사께서는 황급히 군사를 돌려 북진하는 왜적의 앞을 막았지만 워낙 수적으로 부족하여 밀리고 말았습니다. 그러니 부사께서는 밀양성으로 후퇴하여 성 안의 무기와 군량창고를 불태우고 도주할 수밖에 없었습니다."

"그렇군. 왜적은 우리의 강점과 약점을 이미 모두 파악하고 있었어. 적은 치밀하게 전쟁을 준비하고 쳐들어온 것이야."

이후에도 대화는 날이 저물 때까지 이어졌다. 이로써 목사는 지금까지의 전투가 어떤 방식으로 이어졌는지를 파악했다. 목사는 대화가 종료되자 300명이 넘는 장정 모두를 일일이 손을 잡고 그간의 고생을 달래주었다. 그들은 목사에게 충성을 서약했다. 목사는 그들과 헤어지면서 그날 저녁식사를 후하게 내리라고 당부했다. 함께 한 10여 명의 장수와 동헌으로 다시 들어와 둘러앉았다.

"정선비. 자네가 오늘 느낀 소감을 정리하게."

"예. 나리. 아주 소중한 시간이었습니다. 왜적과 어떻게 싸워야 할지를 알게 되었습니다."

"좋은 말이군. 말해보게."

"우리가 지금까지 함께 들은 바와 같이 왜적은 전투에 능합니다. 하지만 저들도 약점이 있습니다."

"그래? 왜적의 약점은 무엇인가?"

"가장 큰 약점은 전선이 확대되어 있다는 점입니다. 저들은 대병력이 되면 큰 힘을 발휘합니다. 그런데 지금은 조선 전체가 전투지입니다. 왜적은 보급을 받기 위해서는 뱃길을 열어야 하고 부산에서 한양으로 이어지는 보급로를 확보해야 합니다. 그런데 서해로 돌아 한양으로 이어지는 뱃길은 전라도 수군에 의해 철저히 차단당했습니다. 그리고 부산에서 한양으로 이어지는 육로는 너무 길고 험합니다."

"그러면 현재 우리의 각급 부대들이 왜적을 공격하는 것은 매우 효과적이라고 보는군."

"일단 그렇습니다. 하지만 왜적들은 필요하다면 언제든지 대군을 모집하여 집중 공격할 가능성이 있습니다."

"그땐 어떻게 방비하는 것이 좋겠나?"

"예, 나리. 나리께서 현재 진주성에서 준비하고 계신 듯이 성곽전으로 물리치는 것이 가장 효과적이란 생각입니다."

"성곽전에서 적의 약점이 있다면?"

"예. 적에게는 화포가 없습니다. 해전에서 저들이 우리 수군에 밀리는 첫째 이유는 저들의 함대에 화포가 없기 때문입니다. 따라서 성곽전에서도 화포가 없는 왜적은 그리 큰 적수가 되지 않을 것으로 사료됩니다."

"그러게 말일세. 총이 있다면 화포도 능히 제작할 수 있을 터인데. 아무튼 왜적이 화포를 사용하지 않는 것은 우리에겐 하늘이 돕는 기회야. 적의 대군을 이곳 진주성으로 오게 하여 우리의 한을 푸세."

㉖
선조 임금은 결코 무능하지 않았다

박교수와 장박사는 평소에 만나던 장소에서 다시 만났다. 박교수의 표정이 다소 심각하였다. 장박사가 먼저 말을 시작했다.

"교수님, 오늘 조금 편찮아 보이십니다."

"그렇게 보이는가? 별일은 없네. 다만 아무리 생각을 전환해도 끝이 없을 것 같다는 생각이 자꾸 드네."

"교수님 감각은 조금 특별한 점이 있으십니다. 교수님께서 처음 말씀하실 때는 다소 의아한 적도 있지만 결국 저는 교수님의 의견을 따랐습니다. 교수님께서 생각하시는 바를 말씀해 주시지요."

"선조 임금에 대한 우리의 인식을 생각하고 있었네. 결론부터 말하자면 선조 임금을 무능하다고만 생각하던 우리의 생각마저도 일제에 의해 만들어진 역사라는 생각이 들거든."

"백성을 버리고 혼자만 살겠다고 도망갔다는 선조 임금에 대한 평가가 일제의 역사왜곡의 산물이란 말인가요? 생각을 바꾸기가 쉽지 않겠군요. 저 역시 순간 멍 합니다."

"그렇지? 그런데 잘 생각해보세. 일제가 조선을 병합하기 위해서는 나름의 명분이 있어야 하지 않겠나? 지금도 일본인들이 생각하는 것은 일제가 조선을 발전시켰다는 논리로 일제강점을 정당화 하고 있지 않은가? 일제가 조선을 병합한 이유가 조선을 발전시키고 백성을 보살피기 위해서라면 충분한 명분이 되지 않을까? 이 명분을 뒷받침하기 위해서는 조선정부의 무능, 특히 조선정부가 백성을 위한 정부가 아니라 임금 개인의 안위만을 위해서 존재하다는 점을 증명할 필요가 있는 것이지."

"그렇지 않아도 일제강점기 동안 조선이 얼마나 발전했는가는 우리 역사학계의 잠재된 논란거리이지요."

"말이 다른 곳으로 새지만, 일제가 조선을 발전시켰고, 조선의 백성을 위하여 일하였다는 것은 말이 안 되지. 하나의 분명한 통계가 이를 뒷받침하네. 1945년 해방 당시 한국인의 80%가 문맹자였고, 초등학교 교육을 받은 한국인은 전체인구의 14%에 지나지 않았거든. 당시 일본인의 문맹률은 거의 없었단 말이네. 모든 일본인이 정규교육을 받았단 말이지. 이런 차별로도 발전을 시켰다고?"

"예, 일본이 얼마나 한국인을 차별했는지를 알 수 있군요."

"자네에게 한 가지 지표를 더 말해주어야겠군. 1948년 한국정부가 수립되고 10년이 지난 1959년의 통계에 따르면 한국인의 문맹률이 22.1%, 의무교육자가 95%에 이르렀네. 한국인에 의한 독립정부가 얼마나 중요한지를 명백하게 말해주지 않는가."

"그렇군요. 일본으로서는 조선정부의 무능과 무책임이 가장 큰 홍보수단이 되겠군요. 조선정부가 무능하여 백성이 고생하였으니, 오히려 조선을 일본이 통치하는 것이 조선백성에게 더 유리하다는 것을 홍보해야겠군요."

"그렇다마다. 그러니 조선과 일본이 첫 대면한 임진왜란 때 조선정부가 무능했고 선조 임금이 백성을 버리고 도망갔다고 홍보하는 것은 일본 역사가들에게는 대단히 중요한 수단이 되지 않겠나? 그런데 우리 역사에서도 임금과 정부가 무능하다고 적어 놓고 있으니 우리 스스로 일본역사가를 돕고 있는 게지. 아니 저들이 만들어 놓은 덫에 걸려들어 나올 생각을 하지 않고 우리 스스로를 옭매고 있는 형국이랄까?"

"무시무시합니다. 교수님."

"일본역사가들의 정교한 역사왜곡에 나도 몸서리가 쳐지네. 그리고 아직까지도 이렇게 잘 먹혀들고 있다는 것이 신기할 따름이고."

"또 다른 문제는 없습니까?"

"그렇지. 임진왜란 당시 임금과 조정이 무능해서 전쟁준비를 하지 않아 백성들이 고생했다는 점을 설득력 있게 반박해야지."

"어떻게 반박이 가능할까요?"

"우선, 임진왜란이 일어날 것인지 아닌지 갈등했다는 학설은 사실이 아니라는 점을 명백히 해야 할 것이야. 임진왜란이 일어나기 2년 전에 이미 도요토미 히데요시가 선조 임금께 보낸 서신에서 일본이 명나라를 쳐들어갈 것이고, 조선이 앞장서라는 선전포고를 한 것이 분명하지 않은가. 이 서신을 받고도 쳐들어올 것인지, 말 것인지에 대해 이견이 있었다는 것은 분명한 역사왜곡이지. 둘째, 선조 임금은 임진왜란 발발 1년 전에 이일과 신립 두 장수를 영남과 호남, 그리고 경기와 해서로 각각 보내 병기와 시설을 점검하였다는 사실이 역사에 남아 있네. 선조 임금은 임진왜란 이전에 전쟁준비를 한 것이지. 예를 들어 수군이 계속 선박과 무기를 건조한 점, 특히 이순신 장군이 군사훈련을 한 것도 모두 어명에 의한 것이고. 진주대첩 기록에서 나오듯 진주성에서 화포와 화약을 준비하고 성곽을 보수한 것도 모두 임진왜란에 대비하라는 어명에 의한 것이라는 점도 분명히 지적해야 하겠지."

"이렇게 확실한 자료가 있음에도 불구하고 일본역사가들은 왜 사실을 왜곡하려 했을까요?"

"중요한 질문이네. 결과적으로 일본역사가들의 역사왜곡이 아직까지는 먹히지 않았나. 나 역시 이번에 임진왜란을 자세히 보기 전까지는 선조 임금과 조정의 문제점을 이야기하곤 했으니 말일세. 기왕에 말이 나왔으니 임진왜란 때 관군이 우리 생각처럼 무능하지 않았다는 데 자네

『조선왕조실록』

동의하나?"

"그것도 문제가 있나요? 저 역시 교수님께서 생각하시듯 초기 전투에서 관군이 맥없이 무너진 것으로 생각하는데요."

"그러게 말일세. 원래 국가 간 전투에서 기습하는 쪽이 초기 전투에서 우세한 것은 당연한 것 아닌가? 정유재란을 빼고 임진왜란만 4년 1개월이지. 4년 1개월 동안 일본군이 우세한 기간은 개전 초기인 2개월뿐일세."

"그렇습니까? 그런데 왜 우리는 일본군이 전투를 압도한 것으로 알고 있었지요?"

"그것도 역사왜곡에 의한 것 아닐까? 초기의 2개월을 확대하여 전체 국면으로 보게 만든 것이라 생각하네."

27
왜적의 힘이 약해졌다

　목사는 하루 종일 각 부대를 시찰한 후 저녁을 먹고 동헌에 앉아 병서를 보고 있었다. 목사는 병서를 보다가 가끔은 생각에 잠기기도 하였고, 때로는 메모를 하였다. 목사는 동헌 밖에 인기척이 나자 문을 열고 나갔다.

　"누구인가?"

　"예. 최충헌입니다. 정영식 선비와 함께 나리를 뵙고자 합니다."

　"밤이 깊은데 무슨 일인가?"

　"예. 나리께서 평소에 바쁘시기에 늦은 밤이지만 말씀드릴 것과 논의할 일이 있기에 찾아왔습니다."

　"잘 왔네. 그렇지 않아도 내가 자네들을 조만간 부를 참이었네. 요즘 전황이 어떤가?"

　"예. 저희들도 그 일로 나리를 찾아 뵈려했습니다."

　"마음이 통하는군. 들어와 앉게."

　"예, 나리."

　"우선 자네들이 내게 해주고 싶은 말부터 하게."

　"전투상황이 새롭게 전개되고 있습니다. 왜적의 선봉이 평양까지 들이닥쳤다고 합니다. 그리고 함경도와 강원도도 거의 왜적의 수중에 떨어졌다고 합니다."

　"그래? 왜적의 진격속도가 참으로 빠르군. 그럼 전하께서는 어디 계시다고 하는가?"

"전하께서는 의주로 피신하셨다고 합니다."

"그럼. 의주는 안전하다고 하는가?"

"예. 안전하다고 할 수 있습니다."

"평양에서 의주는 그리 멀지 않은데. 안전하다니 이해가 잘 되지 않는군."

"예. 나리. 평양이 적의 수중에 들어가기는 했지만 평양성을 우리 관군이 포위하고 있다고 합니다."

"그것이 어찌 된 사정인가? 전후사정을 상세히 이야기 해보게."

"예. 왜적이 평양성을 함락한 것은 6월 14일이라고 합니다. 그런데 평양성을 함락한 적은 더 이상 북상하지 않고 평양성에 머물고 있다 합니다. 평양성 밖으로 진출하는 일본군이 있기는 하지만 소규모 부대이고, 우리 관군이 이들을 공격해도 일본군은 더 이상 많은 수의 병력을 보내지 않고 있다고 합니다."

"정선비는 이 일을 어떻게 생각하시오?"

"예, 나리. 현재 평양성에 들어가 있는 일본군은 선봉부대입니다. 선봉부대의 임무는 최전선에서 주된 목표를 노리는 것이지요. 일본군 선봉대의 목표는 전하입니다. 그런데 전하께서 계시고 있는 코앞에서 공격을 하지 않고 있다는 것은 분명히 이유가 있을 것입니다."

"그 이유를 무엇이라 생각하시오?"

"예, 나리. 제 생각으로는 두 가지 정도로 생각됩니다. 하나는 일본군 선봉대의 힘이 빠졌기 때문이지요. 일본군 선봉대는 지금까지 숱한 전투를 치렀습니다. 아군의 사상자가 많은 만큼 저들도 사상자가 속출한 것이지요. 따라서 병력을 보급 받을 때까지 쉬겠다는 생각이 있을 것입니다."

"병력의 감소가 커서 더 이상 전투를 하기 어렵다는 말이군. 두 번째 이유는?"

"예. 무기와 병량의 문제가 발생한 것입니다."

"자세히 말씀하시게."

"예. 이제 왜군 선봉대가 이 땅에 온지 두 달이 지났습니다. 전투지에서 두 달이 지나면 무기와 병량이 떨어질 때가 되었습니다. 특히 선봉대의 경우 많은 전투를 치러야 했기 때문에 무기와 병량이 쉽게 고갈됩니다. 그런데 지금까지 우리 관군은 전투에서 지더라도 병량을 일본군에게 넘겨주지는 않았습니다. 그러니 왜적은 왜국으로부터 직접 보급을 받아야 합니다. 부산에서 한양을 지나 평양까지 보급품을 받기 위해서는 많은 시간이 걸립니다. 또한 현재 일본군 보급로는 각 지역에서 일어난 중·소규모의 우리 부대로부터 공격을 받고 있습니다. 일본군은 지금까지와 달리 원활한 전투를 수행하기 어려울 것으로 보입니다."

"왜적은 왜 육지 보급로만 고집할까? 평양으로는 해상보급이 더 용이할 터인데."

"예, 그 점에 대해 말씀드리자면 이 달 초에 큰 해전이 또 있었다고 합니다. 이순신 장군이 이끄는 전라도수군이 진해, 당항포, 율포 등 경상도 바다로 와서 또다시 일본수군을 쓸어버렸다고 합니다."

"그래? 전라도수군의 능력은 어찌 그렇게 뛰어나더란 말인가?"

"지난번에 말씀드린 바와 같이 이순신 장군의 전술이 화포중심으로 이루어졌기 때문으로 생각됩니다. 적선과 거리를 둔 상태에서 화포로 적을 공격하는 전술을 사용했다고 합니다."

"그렇군. 그럼 왜적은 화포가 없다는 것을 다시 확인한 결과로군."

"그렇습니다. 나리. 왜적은 화포를 사용하지 않는 것이 분명합니다."

"알겠네. 그렇다면 평양에 있는 왜적 선봉은 아무리 기다려도 뱃길로 보급을 받기는 틀렸군."

"예. 현재 상황에서 뱃길이 막히면 한양 이북의 왜적은 보급품 없이 싸

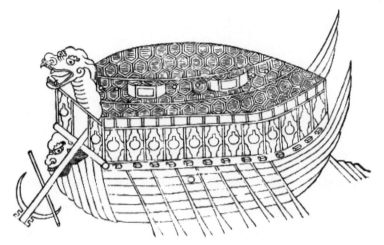

거북선(『충무공 이순신과 임진왜란』, 문화재청)

워야 할 것입니다.”

“왜적의 점령지역이 늘어나기는 했지만 전투력은 감소할 것이라는 말로 들리는군.”

“예, 그렇습니다.”

“그렇다면 이제 우리도 출정할 때가 왔다는 말이로군.”

“그렇습니다. 또한 우리 진주성은 이제 방어력을 갖추었습니다.”

“나도 동감일세. 오늘 훈련하는 것을 보니 이제 아무리 많은 수의 적이 쳐들어오더라도 능히 물리칠 준비가 되어 있더군. 내일부터 출정준비를 하게. 이제 우리 진주 관군의 실력을 발휘해보세. 자네들 많이 기다렸네.”

진해성을 수복하라

　동이 틀 무렵부터 동헌 앞 광장에 기병들이 속속 모여들었다. 진주성 관군이 출정을 준비하고 있다. 김시민 목사는 부하 장수들과 동헌에서 출정준비와 출정할 장소에 대해 대화를 나눈 후 병사들 앞으로 나섰다.

　"병사들은 듣거라. 오늘 진주성 밖으로 출정을 떠날 것이다. 모두들 평소의 기량을 발휘하여 왜적을 물리치자."

　병사들은 우레와 같은 함성으로 목사에게 답하였다.

　기병으로 이루어진 진주 관군은 서두르지 않았다. 말에게 무리가 되지 않을 정도의 속도로 행군하였고, 틈틈이 쉬면서 말은 항상 최고의 상태를 유지하게 하였다. 점심시간이 되자 함안에 도착하였다. 목사는 점심시간을 이용해 병사와 말을 쉬도록 하고, 함안군 동헌으로 사람을 보내 진주 관군이 함안에 도착했음을 알리도록 했다. 얼마 후 함안군으로 보낸 전령이 한 사령과 함께 말을 타고 도착했다.

　"나리. 인사 올립니다. 저는 함안군의 이방을 맡고 있는 장충방이라고 합니다."

　"진주목사 대리를 맡고 있는 김시민이오. 반갑소. 유장군께서는 안녕하시오?"

　"예, 나리. 유장군께서는 현재 창원에 계실 것입니다."

　"창원이라. 우리는 지금 진해로 출정 중이오. 창원을 지날 터이니 창원에서 유장군께 인사를 올리겠소. 혹시 일이 있어서 유장군을 만나지 못하면 이방께서 대신 내가 인사 올렸다고 전해주시오."

"예, 나리. 그렇게 하겠습니다. 또 다른 하문할 것은 없습니까?"

"그렇소, 혹시 유장군께서 이번에 몇 번째 출동인지 말해줄 수 있소?"

"예, 나리. 유장군께서는 이번 출동이 일곱 번째입니다."

"벌써 그렇게 되었소? 유장군의 충성심은 대단히 놀랍구려. 참, 병력은 얼마나 이끌고 계시오?"

"전투 초기에는 기병만 1,000기가 넘었습니다. 출동이 잦아지면서 지금은 세가 많이 줄어 기병이 한 500기 정도 됩니다. 부족한 수는 보병으로 채우고 있습니다."

"그렇군. 살림살이 하는 자네가 수고가 많구려."

"아닙니다. 저야 집안에서 살림살이 하는 주제인걸요. 밖에 나가 싸우시는 분도 계시는데요. 그래도 싸우겠다고 나서는 장정들이 많이 몰려와 요즘은 일할 맛이 납니다."

"그것은 참으로 다행이오. 고맙소."

목사는 이방을 보내고 말 위에 올랐다. 멀리서 척후병이 달려왔다. 척후병은 함안에서 창원에 이르기까지 왜적이 보이지 않는다고 전갈을 주었다. 진주 관군은 말을 재촉해 창원 변두리에 도착했다. 해가 서산에 기울기 시작했다. 진주 관군은 나지막한 야산 중턱에 진지를 구축하고 하룻밤을 묵을 채비를 하였다.

다음 날 동이 트기 전에 진주 관군은 조반까지 마치고 출동준비를 하였다. 임시진지로부터 진해까지는 한 시간 거리. 진주 관군이 진해성 앞에 도착하니 아침햇살이 초여름임을 알려주고 있었다. 목사는 성문 앞에 50여 기의 기병을 2열 횡대로 늘어서게 하여 진주 관군이 진해성 앞에 진출하였음을 왜적들이 볼 수 있도록 하였다. 그리고 100기의 기병을 성문 좌우의 야산에 매복시켜 놓았고, 다른 250기의 기병을 진해성 후문에 배치하였다.

한 시간이 지나자 성문이 열리고 왜병들이 대오를 갖추고 나타났다. 왜적은 100여 명 쯤 되었다. 왜병은 3열 횡대로 진영을 갖추었다. 왜적의 장수로 보이는 자가 기병에게 들어오라는 신호를 보냈다. 진주 관군은 미동도 하지 않았다. 한참을 대치하고 있다가 왜장의 신호로 왜적들이 열과 오를 맞춘 채 기병들에게 천천히 다가왔다. 적들이 다가오는 만큼 조선 기병들은 뒤로 물러났다. 왜적의 조총 사거리를 주지 않기 위해서였다. 적들이 거리를 좁히면 기병을 그만큼 물러나기를 한동안 반복하자 왜적들이 성문으로부터 500미터 이상 벗어났다.

쌍방 간 신경전을 벌이고 있던 도중에 조선군의 배후에 있는 야산에서 붉은 깃발이 솟아올랐다. 붉은 깃발은 좌우로 흔들렸다. 이것을 신호로 성문 좌우에 매복하고 있던 기병들이 함성을 울리며 성문으로 돌진하였다. 왜병들은 조선기병들이 배후에서 나타나 성문으로 돌진하자 대열이 흩어지며 우왕좌왕하며 뒷걸음치기 시작했다. 그러자 왜적 앞에 있던 50여 기의 기병이 앞으로 돌진하였다. 왜적은 당황하면서도 방어를 위해 작은 원 모양의 대열을 만들기 시작했다. 그러나 기병이 빨랐다. 왜적들이 방어를 위한 대열을 채 만들기도 전에 기병이 왜적에게 돌진하여 창과 칼을 휘둘렀다. 왜적은 대열을 갖추지 못하여 총을 사용하지 못하였고, 칼을 빼어 들었어도 적의 보병은 조선기병의 상대가 되지 못했다. 순식간에 승부가 끝났다. 100여 명의 왜적은 모두 목이 잘렸다. 완승이다. 이번에도 조선기병의 피해는 거의 없었다.

승리가 확인되자 목사의 음성이 들려왔다.

"성을 점령하라."

명령이 떨어지자 200기의 조선기병들이 성문으로 달려 들어갔다. 목사는 성 밖에서 왜적의 시체를 정리한 후 성 안으로 들어갔다. 목사가 성 안으로 들어가니 진해성 안이 모두 평정된 후였다. 목사가 진해성 동헌에 이르자 이선달이 왜적 포로 두 명을 포박하여 목사에게 다가왔다.

"이선달. 후문에서는 전과가 있었는가?"

"전과는 크지 않았습니다. 후문에서 기다리고 있자니 10여 명의 적들이 후문에서 나오는 것을 대부분 목을 베고 이 두 놈은 그물을 씌워 산 채로 포박해왔습니다."

"두 놈 모두 부상을 심하게 입었군. 놔 주어도 해가 별로 되지 않을 듯하니 풀어주게. 그리고 '진주목사'라고 써 놓은 내 서명을 저들에게 주게. 내가 진해성을 평정하였노라고."

"예. 알겠습니다."

"정선비는 이번 전투를 어떻게 생각하시오?"

"전투는 목사님의 계획대로 진행되어 완승으로 끝났습니다. 그럼에도 불구하고 왜적은 강한 부대라는 생각이 들었습니다."

"왜 그렇게 생각하시오?"

"예, 나리. 전투가 끝나고 보니 이곳 진해에 주둔했던 왜적은 100여 명에 불과합니다. 우리 기병이 적보다 적은 수이지만 성문 앞에 나타났다는 것은 싸우겠다는 의지를 보인 것입니다. 그런데 왜적들은 상대방이 싸우고자 하니 기꺼이 싸우겠다고 성문 밖까지 나와 우리를 맞이했습니다. 성을 방패삼아 자신을 지키기보다 드러내놓고 싸우겠다는 의지를 보인 것이지요. 그것도 거의 모든 병력을 동원했고요."

"아직 조선군에 대해 과도한 자신감에 충만해져 있기 때문이 아닐까?"

"그럴 수도 있을 것입니다. 저들은 우리 조선군에게 패배한 기억이 별로 없으니까요. 하지만 이곳 진해성 만큼은 다릅니다. 이미 진해성은 유숭인 장군에게 함락당한 경험이 있습니다. 그럼에도 불구하고 저들은 우리를 보자 싸우겠다고 몸을 드러냈습니다. 왜적들은 지금까지 평지에서의 싸움을 좋아합니다. 평지에서 몸을 드러내고 싸우는 것은 저들의 전

김시민 증시교지(贈謚敎旨)

투방식인 것으로 사료됩니다."

"그렇군. 정선비는 항상 내게 새로이 생각할 화두를 던져주는군. 저들의 전투방식을 역이용해야겠어."

"과찬이십니다. 나리."

진해성이 수복되자 인근 농가에 숨어 지내던 진해군수가 동헌으로 목사를 찾아와 노고를 치하하고 군정을 회복시켰다. 새로이 병사들을 모아 진해 방어력도 갖추었다. 목사는 사흘 동안 진해가 제 모습을 갖추도록 도와주고, 병력을 이끌고 창원으로 향했다.

왜적을 물리친 주인공은 조선관군이다

임진왜란 시기에 선조 임금의 역할에 대해 의견을 주고받던 박교수와 장박사는 조선관군의 역할에 대해 논의를 이어갔다.

"교수님, 선조 임금이 임진왜란 때 적절한 리더십을 발휘했다면 관군 역시 그에 상응한 역할을 한 것으로 보아야겠네요."

"관군의 역할에 대해서도 조사해보았네. 우리 역사교과서에 기록되어 있듯이 관군이 그렇게 지리멸렬하였다면 조선이 보존될 수가 없겠지. 우선 우리가 알고 있던 관군의 이미지는 어떤 것이지?"

"예. 교수님께서 말씀하신대로이지요. 지리멸렬과 패배. 명나라가 원조하지 않았다면 조선은 망했다. 그나마 의병과 이순신의 수군으로 버텼다는 정도 아닙니까?"

"우선 명군의 역할부터 생각해보기로 하지. 1592년 4월 13일 임진왜란의 시작부터 1596년 5월 일본군이 물러간 4년 1개월 동안 명군과 일본군과의 실질적인 전투는 2회에 그치네. 1593년 1월에 있었던 평양성전투와 벽제관전투. 평양성전투는 명군이 이긴 전투이고, 벽제관 전투에서는 명군이 패퇴했지. 이 두 전투를 보면 명군이 임진왜란 때 어떤 역할을 했는지가 분명하게 나타나네."

"예, 말씀하시지요."

"고니시 유키나가가 지키던 평양성을 명군은 4만 5천명을 동원하였고, 조선관군과 승병도 1만 명 이상이 동원되었지. 당시 고니시 유키나가의

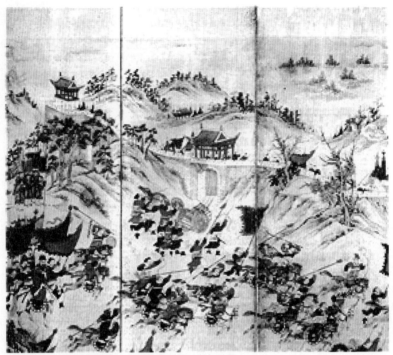
조 · 명 연합군의 평양성 탈환 모습을 묘사한 병풍

1번 대는 병력이 얼마나 있었는지 알고 있나?"

"예. 지난번에 교수님께서 말씀하셨듯이 당시 일본군 1번 대의 병력은 8천명 이하로 알고 있습니다."

"잘 알고 있군. 따라서 명군이 나타나자 고니시 유키나가는 황해도에 주둔하고 있던 오오토모 요시무네(大友吉統)에게 병력을 보내 함께 싸우자고 했지. 오오토모 요시무네는 이를 거절했고."

"그렇다면 평양성에 있던 고니시 유키나가가 의주를 공격하지 못한 이유와 평양성 전투에서 쉽게 무너진 이유 역시 절대 병력의 부족 때문으로 생각해도 되겠군요."

"그렇지. 명군은 이미 약화될 대로 약화된 일본군을 공격하여 승리를 쉽게 쟁취한 것이지. 또한 명군은 초기부터 싸울 의지가 그리 강하지는 않았네."

"그것은 당연해 보입니다. 타지에 와서 다른 나라를 위해 목숨을 바칠 이유가 없지요."

"이여송의 행태를 보면 확연해지네. 명군이 평양성을 넘었을 때, 일본군이 최후의 방어선을 치고 발악을 하면서 명군과 일본군 쌍방의 희생자가 커졌지. 이때 이여송은 고니시 유키나가에게 물러나라고 서신을 보냈다네. 물러나라고. 그러자 고니시 유키나가는 후방을 터주면 물러나겠다고 화답을 했어. 이여송은 바로 고니시 유키나가의 요구를 들어주겠다고 하였다네. 후방을 터줄테니 물러나라고. 이 결과 고니시 유키나가는 안전하게 병력을 이끌고 평양성을 빠져나갔지. 조선군이 일본군을 뒤쫓으려 하자 명군이 조선군의 길을 막아섰어. 이로 인해 일본군은 큰 희생 없이 한양성까지 후퇴하지."

"그렇다면 평양성전투가 그리 치열하지는 않았겠군요."

"그렇지. 사망자수가 말해주는 것 아니겠나? 평양성 전투 종료 후 이여송이 전과를 명나라 황제에게 보고한 일본군 사망자수가 구체적으로 적혀있네. 목을 잘린 일본군 수는 1,285명, 불에 타 죽은 일본군 수백 구로 전해지고 있지. 그러니 평양성 전투에서 사망한 일본군 수는 1,500명 정도에 불과해. 더 중요한 것은 명군이 실질적인 전투에 의해 일본군을 패퇴시킨 것이 아니란 점이야."

"그렇다면 실질적으로 명군과 일본군이 싸운 전투는 벽제관 전투이겠군요?"

"벽제관 전투 역시 양 군대가 철저하게 부딪힌 것은 아니고 명군의 선봉대를 일본군이 패퇴시킨 전투이지. 아무튼 일본군을 얕본 이여송이 일본군에게 제대로 당한 전투지. 중요한 것은 벽제관 전투 이후 명군은 개성까지 물러났고, 임진왜란이 종료될 때까지 일본군과 제대로 싸운 적이 없는 것이지. 그럼에도 불구하고 이런 명군이 조선을 구했다고 하는 것은 어불성설이야."

"그런데 왜 역사에 마치 명군이 조선을 구한 것처럼 서술되었을까요?"

"그러니 역사왜곡 아닌가? 일본군이 조선군에 쫓겨 물러났다고 하면 조선의 독립성을 인정하는 격이니 일본이 일시 물러난 이유를 조선의 힘이 아닌 다른 데서 찾으려고 하다 보니 명군에게 그 공을 돌리는 것이지."

"교수님. 그래도 의병의 공적은 크지 않나요?"

"의병의 공적은 크지. 그런데 문제는 아주 묘해. 의병을 폄하하겠다는 것이 아니라 실질적으로 관군의 역할이 더 크다는 것이야. 우선 병력 수만 비교해도 임진왜란 때 동원된 관군의 수는 총 16만 명에 이른 반면, 의병 수는 모두 합쳐봐야 3만 명을 넘지 않아. 또한 일본군과 대규모 전투를 치른 당사자는 대부분 조선관군이고, 의병이 일본군을 상대로 한 전투는 소규모이거든. 전투의 수만을 비교해도 관군 대 일본군의 전투는 총 31회였던 반면, 의병 대 일본군의 전투는 11회에 불과하지. 결론적으로 관군이 지리멸렬했다면 조선은 임진왜란을 극복할 수 없었어. 물론 의병이 많은 힘이 되긴 했지만."

"예. 알겠습니다. 일본군을 맞아 싸운 당사자는 관군이고 의병이 보조적인 역할을 한 것인데, 상대적으로 의병의 공적만을 역사에 표현한 이유 역시 조선정부의 무능을 부각시키려는 일제의 술책으로 보아야 한다는 말씀이시군요."

"바로 보았네."

"그러면 이순신 장군의 수군에 대해서는 어떻게 생각해야 하나요?"

"불패의 해전. 성웅 이순신. 이순신 장군께서 들어야할 당연한 수식어이지. 그러나 수군이 아니었다면 전라도도 보전하지 못했을 것이라는 말은 조선 육군에 대한 비하로 이어지지."

"예, 그렇습니다. 전라도로 침입해오는 일본군을 수군이 육지전투에서 막지는 못했을 테니 말입니다."

"일본 역사가들도 이순신 장군의 해전에 대해서는 더 이상 깎아 내릴 수가 없었겠지. 그러니 조선의 함선은 해전용도로 만들어졌고, 일본의 함선은 해전이 아니라 병력과 물자수송을 위해 만들었기 때문에 해전에서는 조선 수군이 우위를 점한 것은 당연하다고 스스로 패전의 이유를 찾은 것이지. 그리고 조선 수군이 전라도를 방어했다는 허무맹랑한 말로 조선의 육군을 또다시 비하하고."

"예. 제가 생각해도 논리에 맞지 않는군요. 만일 일본 수군이 해전을 대비하지 않았다면 정유재란 때의 칠천량 해전은 무엇이란 말입니까?"

"그러게 말일세. 일본 수군이 패할 때는 수군이 해전을 대비하지 않아서이고, 이겼을 때는 수군이 우월했다는 것이고. 이런 앞뒤가 맞지 않는 역사를 자신의 입맛에 맞게 이용하고 있고, 이러한 그들의 왜곡이 아직도 이 땅에 먹힌다는 점이 놀라울 따름이네."

㉚ 훈련한 대로 전투에 임하라

김시민 목사는 기병을 이끌고 함안으로 향했다. 항상 그래왔듯이 목사는 한 시간 거리 앞에 소규모 선두부대를 세우고, 그 앞 한 시간 거리에 척후병을 앞세우고 진격하였다. 이번엔 선두부대를 최풍헌 선달에게 맡겼다. 진해에서 출발한지 한 시간 쯤 지나 진해와 창원 경계에 도착했을 때 선두부대 전령이 목사에게로 달려왔다.

"나리. 저는 최충헌 선달의 명을 받고 달려왔습니다."

"무슨 일인지 고하게."

"예. 나리. 전방에 왜적의 부대가 나타났으니 준비하시라는 전갈입니다."

"그래? 병력은 얼마나 된다던가?"

"예. 한 200명 정도 된다고 합니다."

"그럼 지금 최선달은 어디에 있는가?"

"최선달께서는 전방 한 시간 거리에서 왜적 부대의 행동을 주시하고 계실 것이라고 합니다. 나리께 그대로 부대를 이끌고 전진하시면 최선달이 맞이하겠노라고 하셨습니다."

"잘 알았다고 전하게."

"예, 나리. 전 바로 출발하겠습니다."

기병은 목사에게 인사를 끝내자마자 왔던 길로 쏜살같이 달려갔다. 진주 관군이 한 시간 경 앞으로 나아가자 최선달이 기다리고 있었다. 최선달은 목사를 보자 목례를 하고 다가왔다.

"수고했네. 왜적의 동태는 어떤가?"

"예, 나리. 30분 후에는 저희와 마주칠 겁니다."

"주변 지형은 살펴두었는가?"

"예, 나리. 이 주변은 매복지로는 적격입니다. 그리고 지금 막 지나쳐 온 들판이 격전지로는 안성맞춤으로 판단됩니다."

"오면서 나도 그런 생각을 했네. 이 주변은 길 양편이 산이어서 매복하기 좋겠고, 산이 끝나는 지점은 낮은 언덕과 평지로 연결되어 있어서 기병을 운용하기 좋을 것이라 생각했네. 왜적의 병력이 200명 정도라고 했나?"

"그렇습니다. 나리."

"그렇다면 300명은 길 양편 언덕에 매복하고, 기병 200은 평지에서 기다리는 것으로 하면 되겠군."

"매복 인원이 많지 않습니까?"

"조금 많기는 하겠지. 그런데 우리 병사에게 모두 실전 경험이 필요하네. 지금까지 말 위에서 싸웠으니 이번에는 말을 두고 매복해보는 것도 좋을 것이야."

목사는 주변에 모여 있던 장수들에게 일일이 매복지점과 병력 및 신호체제를 설명해주었다. 그리고 기병 200명은 따로 이선달에게 맡기었다.

병력을 요소에 배치하고 잠시 쉬고 있으려니 왜적의 선두가 나타났다. 척후병으로 보이는 5명의 왜적이 총을 들고 두리번거리며 다가오고 있었다. 10분 정도 지나자 적의 부대가 대오를 형성하며 걸어왔다. 목사는 기수에게 손짓으로 명령을 내렸다. 인근에서 가장 높이 보이는 산봉우리에서 붉은 깃발이 오르더니 좌우로 흔들렸다. 공격신호가 떨어지자 길

양옆의 언덕 위에서 바위덩어리가 굴러 떨어졌다. 그리곤 천지를 흔드는 함성소리와 함께 화살이 쏟아졌다. 왜적들은 우왕좌왕하다가 현장에서 절반 이상이 매복병사에게 사살되었다. 장수로 보이는 자가 명령을 내리니 행군하던 길로 내달렸다.

목사는 매복하여 공격하고 있던 병사들에게 모두 말을 타고 천천히 적을 뒤쫓도록 하였다. 진주 기병이 달아나는 왜적의 후방을 잡을 때 왜적들은 기다리고 있던 조선 기병 앞에 있는 너른 평지에 도착했다. 왜적들은 평지에 도착하자 대오를 갖추고 앞에 있는 진주 기병을 공격하려고 하였다. 이때 왜적의 뒤에서 말발굽 소리가 울려 퍼졌다. 그러자 왜적을 기다리고 있던 이선달의 200 기병이 왜적을 향해 돌진했다. 양편에서 조선 기병이 들이닥치자 왜적은 대항할 수가 없었다. 조선 기병은 한껏 그동안 준비했던 무예를 뽐냈다.

전투가 끝나자 목사 앞으로 세 명의 포로를 잡아왔다. 그 중 한 명은 왜장으로 보였다. 목사는 왜장과 필담을 나누었다.

"어디로 향하는 길인가?"

"진해성으로 향하는 길이다."

"무엇하러 가는가?"

"진해성이 진주 관군에게 함락되었다고 들었다. 진해성을 다시 수복하러 가는 길이다."

"진해성이 진주 관군에게 함락되었다는 소식은 누구에게 들었나?"

"진해성을 지키던 일본군으로부터 들었다."

"진해성을 공격한 조선 관군이 얼마나 되더라고 들었나?"

"200명 정도 된다고 들었다."

"현재 창원에는 일본 병력이 얼마나 되는가?"

"우리 부대는 총원 500명이다. 현재 창원에는 300명 정도 남아 있다.

나는 200명을 이끌고 진해성 수복 임무를 받았다."

"내가 누구인지 아는가?"

"알 것 같다. 진주 목사 아닌가?"

"그렇다. 살려주면 또 싸울 것인가?"

"그렇다. 살려주면 또 싸우겠다. 다음엔 내가 네 목을 벨 것이다."

"용기가 가상하구나. 살려줄 테니 몸조심해라. 다음엔 살려주지 않을 것이다."

목사는 세 명의 포로를 놓아주었다. 세 명의 왜적은 예의를 표하고는 부산진성 방면으로 향했다.

㉛
왜적의 목을 쳐라

목사는 전투를 끝내고 함안으로 향했다. 함안을 거쳐 진주로 갈 생각이었다. 저녁 무렵 함안 인근에 이르자 함안으로부터 말이 달려왔다. 장충방 이방이었다.

"장충방 이방 아니신가? 어떻게 여기까지 왔는가?"

"예, 나리. 소인의 이름까지 기억하시니 황공합니다. 나리께 부탁을 드리고자 합니다."

"내게 부탁할 것이 있소? 어디 들어봅시다."

"예, 나리. 지금 유숭인 장군께서 창원 인근을 평정하고 계십니다. 유장군께서는 왜적이라면 물불을 가리지 않고 공격하십니다. 그런데 왜적의 수가 꽤 많습니다. 지난번에 창원을 수복하였는데 이번에는 왜적의 병력이 추가되었습니다. 나리께서 창원 인근에 있는 왜적 부대를 공격해 주시면 왜적의 병력이 분산되어 유장군의 어깨를 덜어드릴 수 있을 것으로 사료됩니다."

"충직한 이방이로군. 지난번에 나를 만난 것도 그 말을 하고 싶었던 것이로군."

"예, 그렇습니다. 그런데 지난번 나리를 뵐 때 나리께서 진해로 출정한다고 하시기에 부탁을 드리지 못했습니다."

"알겠네. 그럼 자네가 길을 안내할 수 있는가?"

"예, 나리. 물론입니다. 일단 함안 시내로 들어가시어 병사들에게 휴식

을 주는 동안, 제가 창원 인근의 고을과 왜적의 상황을 소상히 알려드리
도록 하겠습니다."

"여보시게. 장수들. 자네들은 어떻게 생각하는가?"

"저희들은 나리의 명령에 따르겠습니다. 하오나 적을 두고 그냥 지나
치기는 어려움이 있습니다."

"그런가? 나도 그렇게 생각하네. 우리 함안에서 하루 쉬고 내일 다시
왜적을 소탕해보세."

목사 일행은 장충방 이방의 안내로 함안으로 들어갔다. 함안은 큰 규
모의 성은 아니지만 꽤나 건실한 성채를 보유하고 있었고, 인구도 많았
다. 성내 사람들의 모습만으로는 전쟁을 치르고 있는 것 같아 보이지 않
았다. 병사와 말을 동헌 앞 숙소에서 쉬게 하고, 목사와 장수들은 이방의
안내를 받아 동헌에 들어갔다. 준비된 저녁 식사를 마치고 모여앉아 함
안의 주변 상황에 대한 설명을 들었다.

"함안과 진해를 포함한 창원지역은 들판이 넓어 곡창지역으로 알려져
있습니다. 왜적도 이 점을 간파했는지 왜란이 일어난 지 얼마 되지 않아
바로 왜적의 대군이 밀려들어왔습니다. 다른 지역도 그렇듯이 전쟁준비
가 되어 있지 않았던 창원부사는 적과 싸우다 전사하였고, 병사들도 뿔
뿔이 흩어졌습니다. 다행스러운 것은 유숭인 장군께서는 전란이 일어나
기 전부터 왜적에 대비하여 군대를 훈련하고 무기를 만들어 놓고 계셨습
니다. 함안을 방비하던 유장군께서는 창원이 함락되자 부대를 출동시켜
왜적을 소탕하고 계십니다."

이방의 말을 듣던 정선비가 질문을 하였다.

"그러면 창원 인근 왜적의 병력은 어느 정도나 됩니까?"

"예. 700여 명 정도입니다."

"그러면 어제 주살된 왜적이 200명이니 이제 500명 정도 남았군요."

"그럼 왜적은 어디에 배치되어 있습니까?

"예, 말씀드리지요. 이 지도를 보시기 바랍니다. 여기가 창원성이고, 왜적의 한 부대는 창원성에 300명 정도 웅거하고 있고, 다른 부대는 북쪽과 서쪽에 있는 고을에 200명 단위로 배치되어 있습니다. 그런데 창원성 외곽의 왜군 부대는 병량을 모으기 위해 작은 고을을 돌아다니며 노략질을 하고 있습니다."

"알겠습니다. 그렇다면 왜적들의 동태는 항상 파악하고 있습니까?"

"예. 왜적의 한 부대가 창원에서 이곳 함안으로 북상하고 있다고 합니다. 이곳에서 출동하여 두 시간이면 왜적의 부대를 만나실 수 있습니다."

"유장군은 지금 어디 계십니까?"

"예. 유장군께서는 창원성을 공격 중인 것으로 알고 있습니다."

"유장군께서 출동하신지 벌써 닷새가 지났지 않습니까?"

"맞습니다. 왜적이 창원성에서 나오지 않아 성을 두고 계속 공방 중이신 것으로 알고 있습니다."

"그렇다면 아군의 피해도 클 것 아닙니까?"

"예, 그렇습니다. 유장군께서 적을 앞에 두고는 참지 못하시는 성격이라 왜적도 많이 무찔렀지만 아군의 피해도 큽니다."

"잘 알겠고. 이방. 이 정도 상황설명이면 충분하오. 내일 아침 일찍 출동할 테니 이방은 준비를 해주시고, 내일 출동에도 길 안내를 부탁하오."

"철저히 준비하겠습니다. 나리. 감사합니다."

다음 날 이른 아침. 목사는 진주 관군을 거느리고 창원으로 향했다. 평소와 같이 최풍헌 선달을 소규모 병력과 함께 선봉에 세웠다. 장충방 이방은 최선달과 동행하도록 했다. 목사는 30기의 기병을 단위로 소규모 부대로 재편성하였고, 각 장수들에게 3개의 부대를 지휘하도록 하였다.

한 시간 쯤 말을 달리자 최선달 부대가 기다리고 있었다.

"무슨 일인가?"

"예, 나리. 산 아래 보이는 저 고을에 왜적들이 노략질을 하고 있다고 합니다."

"알겠네. 왜적의 규모는 어느 정도인가?"

"한 200명 정도 됩니다."

목사는 장수들을 불러 모았다. 장수별로 진격할 위치와 신호방식을 정해주었다. 부대배치가 끝나자 목사는 왜적들의 노략질이 끝날 때까지 기다렸다. 왜적들은 노략질이 어느 정도 끝나자 삼삼오오 모여 점심식사 준비를 하였다. 고을 여기저기에서 연기가 피어올랐다. 목사는 뒷산 마루에 있는 기수에게 신호를 보냈다. 그러자 뒷산 마루에서 붉은 깃발이 솟았고, 깃발이 펄럭였다. 이를 신호로 고을 외곽에 숨어 있던 진주 관군이 동시에 고을 안으로 쏟아져 들어갔다.

사방에서 말굽소리가 들리자 왜적들도 뛰어다니며 소속부대별로 전투 진영을 갖추려고 하였다. 그러나 기병이 빨랐다. 전투 진영을 갖추지 못한 왜적들은 바로 목이 잘려나갔고, 기병에 의해 대오가 흩어졌다. 진주 관군 한 부대가 공격을 하고 사라지면 바로 다음 부대가 나타나 왜적들을 쓸었다. 좌측에서 치고 간 후 바로 우측에서 공격을 하였고, 또다시 위에서, 그리고 아래에서 쉴 틈 없이 공격을 퍼부었다. 30명으로 이루어진 소규모 부대들이 고을 곳곳을 누비고 다녔다. 전투는 1시간도 지나지 않아 종료됐다.

전투가 끝나자 고을에서 가장 큰 저택 앞마당에 진주 관군이 모여들었고, 포로로 잡힌 20여 명의 왜적들이 머리를 숙인 채 무릎을 꿇고 앉아 있었다.

"오늘은 포로가 많군. 이들은 어디에서 잡았나?"

"예. 나리. 혼자 떨어져 개인행동을 하다가 붙잡힌 자들입니다."

"개인행동이라니? 전투 중에 어떤 개인행동을 했단 말인가?"

"혼자 떨어져 남의 물건을 갈취하거나 부녀자를 희롱하던 자들입니다."

"가치가 없는 인간들이로군. 모두 목을 베어 버려라."

목사의 말이 떨어지기가 무섭게 이들을 지키고 있던 병사들이 칼을 뽑아 목을 쳤다. 그리고는 모두 승리의 함성을 외쳤다.

조선군이 전쟁의 주도권을 잡았다

박교수와 장박사가 계속 대화를 나누고 있다. 지난번 대화는 임진왜란 때 일본군을 물리치는 데 있어 조선 관군의 역할이 컸고, 의병은 관군의 보조역할을 하였으며, 명군은 형식적인 참여에 그쳤다는 것이다. 이번 대화는 임진왜란에서 누가 전투의 주도권을 가지고 있었느냐에 관한 것이다.

"자네는 임진왜란 때 대부분의 전투를 누가 주도했다고 생각하나?"

"저 역시 일본군이 전투를 주도했다고 배웠지요. 그래서 저도 그렇게 생각하고 있었습니다."

"그렇겠지. 나도 얼마 전까지 그랬으니. 우리 한국인은 임진왜란 전 과정에서 일본군이 전투를 주도한 것으로 알고 있지. 그런데 이성적으로 생각해보세. 처음부터 끝까지 일본군이 전투를 주도했다면 왜 일본군이 물러났겠나?"

"생각해보니 그렇습니다. 무심코 지나가던 많은 역사가 우리도 모르는 사이에 왜곡된 인식에 젖어 우리 스스로를 폄하한 것이군요."

"그렇지? 임진왜란 역사가 특히 그렇지. 그러면 일본군이 얼마 동안이나 임진왜란을 주도하였을까?"

"명군이 참전하였을 때까지 일본군이 전라도 지역을 제외한 거의 대부분의 조선을 점령한 것으로 우리나라 사람들이 생각한다고 봐야죠."

"우리의 역사인식의 문제점이 한두 가지가 아닐세. 한 가지씩 논리적으로 따져보기로 하지. 우선 명군이 참전할 때까지 일본군 세상이었다는 것. 일본군이 1592년 4월 13일 부산 영도에 도착해서 14일 부산진성 전투로부터 6월 14일 평양성을 함락시킬 때까지 육지에서 각종 전투의 주도권을 쥔 것은 인정해야겠지. 그러나 제1차 평양성전투 이후로부터는 일본군은 수세에 몰렸어. 명군이 조선에 출정한 것은 1593년 1월이니, 명군이 참전하기 훨씬 이전, 정확히 6개월 전부터 전투의 주도권을 조선군이 일본군으로부터 빼앗은 것이야."

"그 상황을 어떻게 설명하면 될까요?"

"임진왜란 초기 전투 2개월 즉, 1592년 4월부터 6월까지 기록에 남아 있는 전투는 모두 18건이네. 이 중에서 해전이 8건. 육지 전투는 10건. 이 중에서 일본군이 조선군을 공격하여 승리한 전투는 모두 7건일세. 조선군이 승리한 전투는 해유령 전투, 정암진 전투, 그리고 무계 전투일세. 조선군이 승리한 전투는 규모가 매우 작으니 대규모 육지 전투에서 실질적으로 일본군이 주도권을 잡았다는 것을 인정해야겠지. 그러나 이 두 달이 지나면서 상황은 반전되네. 1592년 7월부터 9월까지 3개월 동안 19건의 전투 중에서 일본군이 조선군을 공격하여 승리한 전투는 전라도를 공격하기 위한 웅치 전투와 이치 전투, 강원도에서 벌어진 영원산성 전투 등 3건에 불과하네. 황해도 연안성 전투는 일본군이 조선군을 공격하였으나 패배한 전투이고. 반면 조선군이 일본군을 공격한 건수가 15건으로 크게 증가하네. 일본군은 더 이상 진출하지 못하고, 조선군이 일본군을 공격하는 것으로 상황이 반전되었어."

"교수님. 어디에서 그런 자료를 모으셨나요? 고생 정말 많으셨습니다."

"이 정도는 고생이 아니야. 이미 우리 역사학자들이 임진왜란 때 누가 어느 전투에서 어떻게 싸웠는지 연구가 많이 쌓여 있더군. 나는 이를 바탕으로 임진왜란 역사를 재해석해 본 것이네."

"교수님 말씀을 듣다보면 왜 역사학자들은 이렇게 중요한 사항을 지금까지 덮어두었을까 하는 생각이 많이 듭니다."

"나도 생각을 해 보았는데, 우리나라 역사학이 너무도 과거의 연구결과에 천착하는 것 아닌가 하는 생각이 많이 들더군. 전체적인 통계를 나열해보면 이렇게 확연하게 보이는데도 전체적인 것은 보지 않고 한 사건을 세밀히 들여다보는 데 관심을 집중하기 때문이 아닐까? 그나저나 내가 하려던 말을 더 해야지."

"예. 말씀하시지요."

"1592년 10월, 즉 임진왜란이 발발한지 6개월이 지나면서는 전쟁의 주도권이 완전히 조선군에게 넘어오지. 이 기간 동안 6건의 큰 전투가 치러졌네. 그 중 일본군이 이긴 전투는 명군을 상대로 한 벽제관 전투 1건뿐이야. 진주대첩을 비롯하여 북관대첩, 독성산성 전투, 행주대첩 등 조선군이 일본군을 크게 무찌른 전투가 모두 이 시기에 있었어. 명군 주도로 일본군을 물리친 제4차 평양성 전투는 이 시기에 벌어진 대규모 전투 중의 하나일 뿐이네."

"예. 확실히 이해가 됩니다. 나무만보다가 숲을 보지 못했네요."

"이 시기에 가장 먼저 벌어진 전투는 진주대첩이야. 진주대첩이야 말로 육지에서 일본군의 1만 명 이상의 대병력을 물리친 임진왜란의 첫 전투란 말일세. 3,800명의 진주 관군이 3만 명이 넘는 일본군을 맞아 4박 5일 동안 10회의 전투를 모두 물리친 전투."

"예. 전투가 얼마나 치열했을지 이해가 갑니다. 성을 점령하기 위해 성벽을 오르는 일본군. 그리고 이를 저지하는 진주 관군. 성벽을 오르다 후퇴명령이 떨어지면 도망가다가 죽어가는 일본군. 생각만 해도 치열합니다. 그런 전투를 10회를 벌이고도 결국 포기할 수밖에 없었던 일본군."

"그러게 말이야. 자네는 3만 명 중에 얼마나 죽었을 것 같나?"

"반 이상이 죽었을 것으로 생각됩니다."

"음… 정확한 기록이 없더군. 하지만 자네와 같이 추정할 수는 있겠지. 도요토미 히데요시에게 보고를 올린 전투이니 진주대첩에서 전투를 치른 일본군 장수입장에서는 아무리 희생이 많더라도 진주성을 함락했어야 해. 임진왜란 전투에서 항상 승리했던 대규모 전투에서 실패한 첫 전투에 자신의 이름을 남기고 싶지 않겠지. 내 생각으로는 거의 절반 이상이 희생되어었기에 더 싸우면 자신을 포함해 모두 죽을 것이라는 두려움에 물러서지 않았을까?"

"그렇겠지요. 그러면 이 시기 이후는 어떻게 보십니까?"

"나는 진주성 2차 전투에 주목하네."

"또 진주성이군요. 교수님께서 왜 진주성에 대한 말씀을 많이 하실 수밖에 없는지를 이제야 이해하겠습니다."

"1593년 1월 말 벽제관 전투에서 일본군이 명군을 물리쳤네. 그럼에도 불구하고 1593년 3월부터 일본군은 한양성에서 나와 부산으로 후퇴하지. 이것을 어떻게 설명해야 할까?"

"예. 우리가 해야 할 일이 참으로 많습니다."

"진주성 2차 전투를 생각해보자고. 진주성 2차 전투에 일본군은 도요토미 히데요시의 직접 명령으로 9만 3천명을 동원하네. 그 전에 일본군은 하나의 전투에 많아야 2만 명 또는 3만 명 정도를 동원했어. 그런데 진주성 2차 전투에는 9만 3천명을 동원한 것이야."

"왜 그렇게 많은 병력을 동원했을까요?"

"진주성 1차전에서 3만 명을 동원했음에도 불구하고 완패했으니 승리를 위해서는 훨씬 많은 병력을 투입해야 했었지. 남부의 핵심지역에 진주 관군이라는 불패의 군대가 있는 한 도요토미 히데요시가 희망했던 한강이남 지역을 통치하기는 불가능했던 것이고."

"예. 알겠습니다."

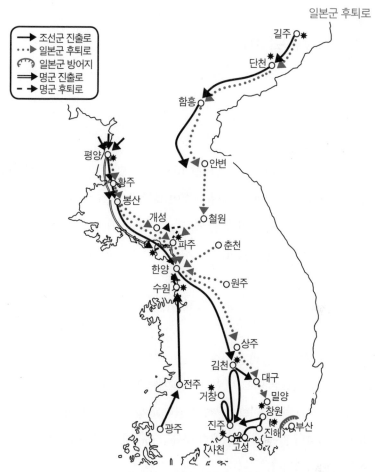

일본군 후퇴로

길주

단천

함흥

안변

철원

개성

파주

춘천

원주

상주

김천

대구

밀양

창원

부산

진해

고성

진주

사천

거창

전주

광주

수원

한양

봉산

황주

평양

범례	
→	조선군 진출로
···►	일본군 후퇴로
⌒	일본군 방어지
⇒	명군 진출로
⇢	명군 후퇴로

『교과서가 말하지 않은 임진왜란 이야기』(논형, 2014).

　"진주성을 점령한 이후에도 일본군은 점령지를 확대하지 못하고 부산 지역으로 후퇴하였지 않은가? 진주성을 함락시키기는 했어도 결국 일본 군은 또다시 후퇴한 것이지."

　"예. 전투의 주도권을 일본군이 행사한 시기는 초기 2개월이고 그 후는 조선군이 일본군을 압도한 것이군요. 그렇다면 일본군이 승리하고 조선 군이 패주한 것으로 알려진 역사는 분명 수정되어야 합니다."

33

창원성을 넘어라

목사는 왜적의 무기를 수습하고 시체를 한 곳에 모아 묻고 나서 부대를 재정비하였다. 그 때 정충방 이방이 목사에게 달려왔다.

"자네 내게 보고할 일이 있는가?"

"나리. 사태가 화급합니다."

"무슨 일인가?"

"어제 저희 유숭인 장군께서 창원성을 공격 중이라고 말씀드렸지 않습니까?"

"그렇게 들었네. 달라진 사태가 있는가?"

"예. 지금 보고에 따르면 인근 고을에서 노략질을 하던 왜적 200명의 부대가 유장군의 배후로 접근하고 있다고 합니다. 현재 상태로도 창원성 공격이 여의치 않은데 다른 왜적 부대가 유장군의 배후를 공격한다면 사태가 심각해집니다."

"그렇겠지. 유장군이 계신 곳이 지금 이곳에서 얼마나 멀리 떨어진 곳인가?

"걸어서 세 시간 쯤 되는 거리입니다."

"자네. 지도를 가지고 있는가?"

"예. 나리. 여기 있습니다."

"자. 장수들은 모두 이리 모이게."

목사는 장수들에게 지도를 보여주며 부대를 셋으로 나누라고 작전지시를 하였다. 좌군은 이일갑 선달에게 맡기고, 우군은 정영식 선비에게 맡겼다. 중군은 성수경 부장에게 맡겼다. 목사는 100기의 기병으로 배후를 맡았다. 최풍헌 선달에게는 20기의 병력을 주어 미리 약속한 지역에 가서 왜적의 동태를 살피도록 했다.

최선달은 척후부대를 이끌고 창원성을 향해 달려갔다. 다른 부대도 곧바로 예정된 지역으로 달려갔다. 목사도 부대를 이끌고 창원성으로 내달렸다. 한 시간 정도 말을 달려가자 창원성 인근에 도착했다. 목사가 도착하니 이미 모든 부대가 공격준비를 완료하고 목사의 명령을 기다리고 있었다.

창원성 북문 밖에서 공격하고 있던 유숭인 장군의 부대는 후방에서 밀려오는 일본군을 맞아 싸우고 있었다. 그리고 그 때까지 성문을 걸어 잠그고 수비를 하던 창원성 내의 일본군들이 북문을 열고 성 밖으로 나와 조선군을 공격하였다. 유숭인 부대는 앞뒤의 협공을 받는 격이 되었다. 그러나 유숭인 부대는 양쪽의 협공을 잘 막아내고 있었다.

김시민 목사가 공격명령을 내렸다. 성수경 부장의 중군이 배후에서 공격하던 일본군 부대의 뒤를 공격하였다. 또한 창원성 북문의 좌측에 진을 치고 있던 이선달 부대와 우측에 있던 정선비의 부대가 성문을 열고 나온 일본군의 좌우를 공격했다. 지원하러 온 조선 기마부대를 본 유숭인 부대의 사기도 올라갔다. 유숭인 장군 부대만 상대하면서 전투를 치르고 있던 일본군 보병들은 조선 기병의 출현에 어쩔 줄 몰라 당황하면서 조선 기병의 칼에 쓰러져갔다.

목사의 공격명령이 내려졌다. 목사가 지휘하고 있던 100명의 후방 기병들까지 전투에 투입했다. 적의 저항이 거센 곳에 추가병력을 투입한 것이다. 드디어 적의 진영이 무너졌다. 왜적은 더 이상 싸움상대가 아니었다. 도망가는 왜적을 끝까지 쫓아가 목을 베는 조선 기병. 창원성 안에 있던 왜적이 성을 빠져나가 조선군을 공격할 때부터 전투장면을 지켜보던 창원성 주민들은 이를 지켜보며 응원의 함성을 질렀다. 그들도 조선 관군이 왜적을 철저하게 물리치는 장면을 확실히 보고 있었다.

전투가 끝났다. 유숭인 장군 부대와 진주 관군이 한데 어우러졌다. 서로를 껴안기도 하고 어깨를 부여잡고 춤을 추는 이도 있었다. 김시민 목사가 유숭인 장군을 찾아가 인사를 건넸다.

"장군. 인사드리겠습니다. 진주 목사 대리를 맡고 있는 김시민입니다."

"오, 김시민 목사. 고맙소. 목사께서 이곳까지 원정오지 않았으면 많은 손실이 있었을 것이오."

"장군의 용맹에 항상 감탄하고 있습니다. 이렇게 미력하나마 장군을 돕게 되어 영광입니다."

"나도 목사의 활약을 잘 알고 있소. 그런데 어떻게 알고 여기까지 이 많은 병력을 이끌고 온 것이오."

"장군께서 남해안 일대를 평정하고 계신다는 소식을 듣고, 힘을 보태기 위해 진해성을 수복하려고 나섰습니다. 임무를 마치고 돌아가던 참에 정충방 이방이 장군의 소식을 알려주어 달려왔습니다."

"그랬군. 이제 창원성으로 함께 듭시다."

"예, 장군. 성내를 평정하라고 미리 부대를 보냈습니다. 성 안에 있는 잔병들도 말끔히 소탕했을 것입니다."

"내가 해야 할 일을 목사께서 먼저 하셨구려. 전투를 치르는 안목이 대단하시군요."

"과찬입니다. 저는 다만 우리 병사의 피해를 줄이기 위해 사전지시를 했을 뿐입니다."

유장군과 목사는 함께 창원성 안으로 들어갔다. 창원성의 주민들이 모두 나와 두 장군과 부대를 맞이했다. 모두들 감격의 눈물을 흘리고 있었다.

기필코 왜적을 몰아내겠습니다

34

김시민 목사는 창원성을 평정한 다음 날 부대를 이끌고 진주로 향했다. 일행은 해가 질 때쯤 진주성에 도착했다. 목사가 진주성 동헌에 들어가자 초유사 김성일이 목사를 맞았다.

"오, 김시민 목사. 고생이 많소."

"대감마님이시군요. 여기까지 어쩐 일이십니까?"

"목사의 활약을 내가 잘 알고 있소. 전하께서 목사의 벼슬을 올려주셨소. 김시민 목사대행은 어명을 받으시오."

동헌에서 어명을 받는 의식이 진행되었다. 김성일 초유사가 김시민 판관을 진주목사로 임명한다는 어명을 읽어 내려갔다. 주변에서는 환호하는 소리가 울려 퍼졌다. 목사임명 첩지를 받은 김시민 목사는 북쪽을 향해 절을 하고는 다짐했다.

"성은이 망극하옵니다. 전하. 제가 기필코 왜적을 물리치겠습니다."

임명식을 마치고 김시민 목사의 안내로 김성일 초유사는 동헌으로 들었다. 진주성 관원과 장수들이 뒤를 따랐다.

"이번엔 어디를 다녀오셨소?"

"예, 대감. 이번에는 진해와 창원 출정을 다녀왔습니다."

"전과는 어땠소?"

"예. 진해성에서 200명의 목을 베었습니다. 진해에서 창원 가는 길에 200명, 그리고 창원성에서 유숭인 장군과 500명의 왜적을 소탕하였습니다."

"김목사. 훌륭하오. 내가 전하께 바로 장계를 올리겠소. 이제 전국에서 목사와 같은 장수들이 일어나면 곧 왜적을 물리칠 것이오."

"대감. 현재 북쪽의 전황은 어떻게 돌아가고 있습니까?"

"평양성을 왜적에게 내주었다는 소식은 들었을 것이오. 현재 왜적은 평양성 북쪽으로는 더 이상 진출하지 못하고 있소. 우리 병사들이 평양성을 에워싸고 있어서 왜적이 평양성 밖으로 나오지 못하고 있소."

"그만하기 다행이군요. 다른 지역의 사정은 어떻습니까?"

"수군의 분전으로 바다에서 연일 승전보가 보고되고 있소. 바다는 경상도 앞바다까지 완전히 우리 수군이 통제하고 있다는구려. 또한 각 지역에서 거병한 부대가 계속 늘어나고 있어서 전투 분위기가 많이 달라지고 있소."

"알겠습니다. 저도 주변에서 거병하고 있는 부대가 많다는 이야기를 듣고 있습니다. 우리 진주 관군은 가급적 많은 곳에 출정하여 왜적에게 본때를 보여주려고 합니다."

"든든하오. 김목사. 부디 승승장구하길 빌겠소."

"예. 대감마님. 감사합니다. 성은에 보답하겠습니다."

"우선 목사께 의논드릴 것이 있소."

"하문하십시오. 대감."

"지금 경상도 왜적의 중심 근거지는 상주와 김산*이오. 상주는 부산에서 낙동강을 거슬러 올라올 수 있는 나루터의 종점이오. 상주나루에서 왜적의 보급품이 도착하여 김산을 거쳐 한양으로 운송되고 있소. 낙동강 수로는 낙동강변 주변의 각 고을의 부대들이 공격할 준비를 마쳤소. 그런데 김산에 있는 왜적들의 수가 많아 공격이 쉽지 않소. 목사께서 김산을 공격하여 왜적들이 날뛰지 못하게 하였으면 하오."

"알겠습니다. 대감. 차질없이 준비하여 출동하도록 하겠습니다."

* 김산은 경북 김천의 옛 지명.

"고맙소. 목사. 김산 주변의 부대에 목사와 연락하여 협력할 수 있도록 하겠소. 그럼 나는 목사를 믿고 물러가겠소. 장수들과 잘 의논해보시오."

초유사는 동헌에서 나와 거처로 향했다. 목사는 초유사를 배웅한 뒤 동헌에 다시 들어가 장수들과 회의를 하였다.

"모두 초유사 대감의 말씀을 들었으니 사태를 파악하고 있을 것으로 생각하오. 각자 의견을 말해주시오."

"예. 제가 먼저 말씀드리겠습니다."

"그래. 정선비가 먼저 말해보오."

"예. 영감마님. 이곳에서 김산까지는 말을 타고 이동해도 사흘이 걸립니다. 낙동강 서편은 아직 왜적들이 오지 못하고 있으니 우리가 김산으로 출동해도 왜적의 공격을 받을 일은 없을 것으로 사료됩니다. 하지만 김산 주변의 지형에 밝은 부대와의 연합이 필요합니다."

"알겠소. 내가 내일 아침 초유사 대감을 다시 만나 누구와 연합하면 좋을지 의논해보겠소."

"다음으로 우리 병력으로는 김산에 있는 왜적을 직접 공격할 수는 없습니다. 김산에 있는 왜적의 부대가 최소한 5천 명 이상이 넘을 것입니다."

"그렇게 왜적의 수가 많은가?"

"예, 그렇습니다. 왜적의 거점지역에는 5천 명 이상이 있습니다. 인근 고을이 공격당하면 언제든 출동할 병력을 보유하고 있습니다."

"그렇군. 그러면 오히려 잘 되었군. 김산 주변에 있는 작은 부대를 공격하여 김산에 있는 왜적들이 함부로 날뛰지 못하게 하고, 우리의 존재를 알려 이곳으로 대병력이 공격하게끔 하세."

"예. 영감마님. 좋은 계획이십니다."

"참. 이제 판관과 부장을 임명하겠네. 지금 부장을 맡고 있는 성수경 부장이 판관을 맡아주게. 그리고 정선비가 부장을 맡아주고."

"감사합니다. 영감마님. 성심으로 보답하겠습니다."

연합에 의해 전라도를 지켜내다

일본의 역사왜곡에 대해 대화를 나누고 있는 박교수와 장박사는 밤늦도록 토론을 이어갔다. 오래간만의 만남인데다 주제 자체가 자못 엄숙한 기운이 감돌았다.

"한 가지 더 짚고 넘어갈 것이 있네. 일본군이 전라도를 제외한 조선 전역을 점령하였다는 것도 사실이 아닐세."

"그렇군요. 역사왜곡이 도를 넘습니다."

"전라도는 왜 일본군이 들어가지 못했는지 자네 알고 있나?"

"저는 우리 역사책에서 이순신 장군의 활약에 의해 전라도가 보전되었다고 알고 있습니다."

"음… 이순신 장군이 수군인데 육지로 넘어오는 일본군을 어떻게 막지?"

"그렇지요! 저도 그것이 항상 의문이었습니다. 교수님께서 알아보신 내용은 어떤 것입니까?"

"도요토미 히데요시는 조선 8도를 점령하기 위해 각 부대에게 각각 한 개의 도를 점령하라고 명령했지. 고니시 유키나가의 1번대는 평안도, 가토 기요마사의 2번대는 함경도. 이런 식으로 조선 8도를 8개 부대에 맡기고, 한양성을 담당할 1개 부대를 보내 모두 9개 부대로 편성했지. 전라도는 고바야카와 다카카게(小早川隆景)가 지휘하는 6번대에게 맡겼어. 일본군 6번대는 현재 충청남도 금산에 주둔하면서 전라도 공격준비를 한 것이야."

"그렇다면 금산에서 남하하였을 텐데 그 부대는 어떻게 저지했나요?"

"금산에 있던 일본군 6번대는 병력이 모두 1만 5,700명이네. 전라도 공격을 위해 1만 4천 명을 동원하였을 것으로 추정할 수 있지. 금산에서 전주로 가는 길은 두 방향이네. 1592년 7월 7일 일본군 6번대 1만 4천 명은 1만 명과 4천 명으로 나누어 두 방향으로 전주를 향해 군대를 이동시켰지."

"그러면 조선군은 어떻게 대응했습니까?"

"당시 조선군도 일본군이 전라도를 공격할 것을 예견하고 있었지. 전라도 각 고을의 수령들이 전주성으로 모였어. 광주목사 권율이 임시 도절제사를 맡아 조선군 전체를 지휘하였어. 전주성에 모인 조선군은 7천에서 8천 명 정도였던 것으로 추정되네. 그래서 조선군도 남하하는 일본군을 맞아 방어하기 위해 웅치*와 이치**를 선택했고, 각각 3천 명의 군대를 파견했지. 7월 7일과 8일 웅치에서 치열하게 싸웠으나 수적 열세로 인해 밀렸고, 이복남 나주판관이 남은 군대를 이끌고 전주성으로 후퇴했어. 이치에서는 권율과 황진이 방어해 주었고. 그런데 7월 8일 전주성 앞에 도착한 일본군이 갑자기 금산성으로 후퇴했네."

"왜 그랬나요?"

"이유가 있었지. 광주와 장흥에서 군사를 일으켜 한양성으로 향하던 고경명 부대가 금산성에 주둔하고 있던 일본군이 전주성으로 향했다는 소식을 듣고 금산성을 공격한 것이지. 일본군은 자신들의 본진이 있는 금산성이 함락되면 포위되는 격이 되니 전주성에서 황급하게 금산성으로 돌

---

* 웅치(熊峙)는 전라북도 진안군과 전주를 이어주는 고개이다. 이 고개에서 1592년(선조 25년) 7월 7일 김제 군수 정담(鄭湛)과 휘하 방정영과 박석, 의병장 황박과 이광, 나주 판관 이복남(李福男), 해남군가 변응정(邊應井) 등이 일본군의 진출에 맞서 싸웠으나 4명의 장군들과 군사 1,000명이 전사하고 패배했다.

** 이치(梨峙)는 전라북도 완주군 운주면과 충청남도 금산군 진산면 경계에 있는 고개 이름이다. 이 고개에서 1592년 7월 8일 임시 전라도절제사 권율(權慄)과 동복현감 황진(黃進)이 이끄는 1천여 명의 조선군이 고바야카와 다카카게(小早川隆景)가 이끄는 일본군 2천여 명과 맞서 싸워 승리를 거두었다.

웅치, 이치전투와 제1차 금산성전투

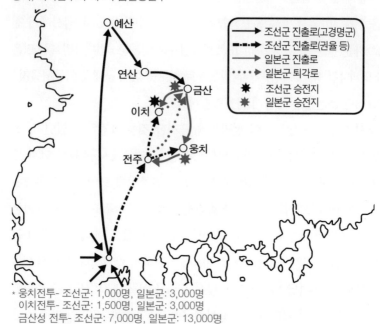

* 웅치전투- 조선군: 1,000명, 일본군: 3,000명
  이치전투- 조선군: 1,500명, 일본군: 3,000명
  금산성 전투- 조선군: 7,000명, 일본군: 13,000명

『교과서가 말하지 않은 임진왜란 이야기』(논형, 2014).

아간 것이지."

"당시 조선군의 연락체계가 아주 잘 되어 있었군요."

"그렇다마다. 임진왜란 발발 초기부터 전투소식이 다른 지역까지 아주 잘 전달되었던 것을 보면 조선군은 긴밀한 연락체계를 유지하고 있었던 것은 분명하네. 심지어 부산에 일본군이 도착했다는 소식을 여수에 있던 이순신 장군이 원균으로부터 이틀 후에 연락받았으니 말일세."

"예, 알겠습니다. 그러면 금산성의 고경명 부대는 어떻게 되었습니까?"

"금산성을 포위한 고경명 부대는 약 7천 명 정도로 추산되네. 일본군 6번대는 1만 5천 명. 결과는 어떻게 되었겠나?"

"조선군이 패배했겠죠."

"그렇지. 수적 우세가 확실한 일본군은 금산성 문을 열고 밖으로 나와 평지에서 조선군과 맞붙었지. 평지에서의 싸움은 일본군이 확실히 우세했지. 하지만 고경명 부대도 용감했네. 당시 참전한 조선군 지휘관들이 모두 전사했으니까. 고경명도 아들과 함께 전사했고."

"그러면 금산성에 주둔하고 있던 일본군은 또다시 전주성을 공격하지 않았나요?"

"금산성에 주둔하고 있던 일본군이 재차 전주성을 공격했다는 기록은 없네. 아마도 일본군도 금산성 전투에서 타격을 많이 받았겠지. 그리고 웅치와 이치를 또 넘으려면 조선군의 치열한 방어도 뚫어야 하니 준비를 더 해야 했을 것이야. 오히려 금산성을 조선군이 계속 공격했어. 충청도 각지에서 조헌과 영규를 비롯한 장수들이 부대를 일으켜 보은과 청주를 함락한 후 금산성을 재차 공격했거든."

"아, 그것이 그 유명한 조헌*의 700의총** 이야기 이군요."

"그렇지. 기록을 보면 청주를 수복한 조선군의 수가 그리 많지 않더군. 약 1,000명 정도이니. 그럼에도 불구하고 조헌은 금산성에 있는 일본군을 공격하자고 하였고, 적은 수로 많은 수의 일본군을 공격하는 것이 어렵다고 한 장수도 있었던 모양이야. 그러자 조헌은 죽음이 두렵지

* 조헌(趙憲, 1544~1592)은 경기도 김포 출신으로 1565년 성균관에 입학했으며, 1567년 식년문과에 병과로 급제하였다. 1568년(선조 1) 처음으로 관직에 올라 정주목·파주목·홍주목의 교수를 역임하였다. 1575년부터 호조좌랑·예조좌랑·성균관전적·사헌부감찰을 거쳐, 1582년 보은현감을 지냈다. 1591년 일본의 도요토미(豊臣秀吉)가 겐소(玄蘇) 등을 사신으로 보냈을 때, 옥천에서 상경하여 대궐문 밖에서 3일간 일본사신을 목 벨 것을 청했으나 받아들여지지 않았다. 1592년 4월 임진왜란이 일어나자 옥천에서 문인 이우·김경백·전승업 등과 의병 1,600여 명을 모아, 8월 1일 영규(靈圭)의 승군(僧軍)과 함께 청주성을 수복하였다. 그 후 700명의 병력을 이끌고 금산으로 행진, 영규의 승군과 합진해서, 전라도로 진격하려던 고바야가와(小早川隆景)의 왜군과 8월 18일 전투를 벌인 끝에 전사하였다.

** 임진왜란 당시 청주성을 함락한 기세를 몰아 금산성에 주둔하고 있는 일본군을 공격하다 장렬히 전사한 조헌을 비롯한 700명의 조선군 시신을 한데 모아 묻은 무덤.

않다고 하면서 일본군을 공격하자고 종용하였지. 결국 영규[*]를 비롯한 700명의 열사들이 조헌을 따라 금산성으로 출전했어. 금산성에 주둔하고 있던 일본군은 1만 명. 결과는 확연할 수밖에. 예상했던 대로 700명의 열사가 모두 죽을 때까지 싸운 것이야."

"그렇다면 전라도는 확실하게 조선군이 지켜낸 것이군요."

"그렇지. 그것도 목숨을 바친 치열한 전투 끝에 지켜낸 것이고. 방어에 급급한 것이 아니라 일본군을 적극적으로 공격함으로써 쳐들어올 엄두를 내지 못하게 한 것이야."

"그리고 전라도 방어에 전라도 병력뿐만 아니라 충청도 병력이 가세했다는 것도 상징적인 의미가 큽니다."

"전라도 방어에는 경상도 부대도 큰 몫을 해. 낙동강 서쪽의 경상우도에서 경상도 부대가 일본군의 진출을 막고 있었으니 전라도가 보전된 것이야. 그러니 전라도 보전은 전라도, 충청도, 경상도 3도의 부대가 합작으로 일구어낸 성과인 것이지. 그리고 전라도만 일본군이 점령하지 못한 것이 아니라 정확하게 말하면 경상도도 경상우도는 일본군이 진출을 시도했지만 번번이 실패하였다네."

"그런데 왜 우리 역사에는 전라도만 보전되었다고 했을까요? 아, 이것도 역사왜곡이겠군요."

"일본군 점령지에서 많은 어려움을 겪은 사실을 더 정확히 말해주는 문헌이 있네."

---

[*] 영규(靈圭, ?~1592)는 충청도 공주 출신으로 계룡산 갑사에 들어가 출가하였고, 휴정(休靜)의 문하에서 법을 깨우쳐 그의 제자가 되었다. 1592년 임진왜란이 일어나자 승려 수백 명을 규합하여 관군과 더불어 청주성의 일본군을 공격한 끝에 8월초 청주성을 수복하였다. 이어 조헌이 전라도로 향하는 고바야가와(小早川隆景)의 일본군을 공격하고자 할 때, 그는 관군과의 연합작전을 위하여 이를 늦추자고 하였다. 그러나 조헌이 말을 듣지 않고 금산성으로 향하자 조헌을 혼자서 죽게 할 수는 없다고 하면서 조헌과 함께 금산전투에 참가하였고, 결국 전사했다.

루이스 프로이스의 『임진난의 기록』

"그런 것도 있습니까?"

"루이스 프로이스*라고 하는 포르투갈인이 쓴 『임진난의 기록』이라는 책에서 보면 알 수 있네. 프로이스는 일본에 있던 포루투갈인 선교사인데 고니시 유키나가를 따라와 당시 상황을 적었고, 후에 책으로 펴냈지."

"뭐라고 기록되어 있습니까?"

"일본군이 부산진성에서 한양성까지의 진로에 12km에서 16km의 거리마다 성을 축조하고 병력을 주둔시켰다는 것이지. 일본군이 주둔하고 있는 주요도시 이외의 지역은 모두 조선인들이 차지하고 일본군을 공격하고 있기에 일본군에게는 매우 위험했다고. 그래서 부산진성에서 한양성까지는 일본군이 최소한 300명, 한양성에서 평양성까지는 500명 이상이어야 이동이 가능했다고."

"그렇다면 일본군이 점령한 지역은 매우 한정적이겠군요?"

"그렇지. 지역별로 소수 거점도시만을 점령한 것에 불과하네. 부산과 한양을 잇는 축선에 있는 도시, 한양성에서 평양성, 그리고 한양성에서 함경도로 이어지는 축선에 있는 소수 도시만을 점령한 것에 불과한 것이야."

* 루이스 프로이스(Luis Frois, S. J.)는 일본에 파견된 포르투잘 선교사로 일본군과 함께 조선에 들어와서 임진왜란을 보며 겪은 경험을 일본사 (Historia de Japan)으로 펴냈으며, 이 책은 『임진난의 기록』이라는 제목으로 한글로 번역되었다. 이 책에서는 임진왜란 때 조선과 일본 사정을 서양인의 눈으로 보여주고 있다.

36
기병과 보병의 연합작전을 펼치다

목사는 장수회의를 소집했다. 회의에는 성수경 판관, 정영식 부장 등을 비롯해 20여명의 장수들이 참석하였다. 장수들이 동헌으로 모두 모이자 목사가 입을 떼었다.

"모두들 모였군. 오늘 하루도 수고가 많았소. 현재 조선 각지에서 왜적과 맞서 싸우기 위해 거병이 줄을 잇고 있다 하오. 방금 전에 고령에서 거병한 김면 장군의 부장이 우리에게 도움을 청하기 위해 이곳에 왔소. 장수들도 주변상황이 어떻게 돌아가는지를 알고 있는 것이 좋을 것이라는 생각이 들어 함께 논의하고자 모두 모이라고 하였소. 우선 고령에서 온 김 부장의 이야기를 함께 들어 봅시다. 김 부장은 조금 전에 내게 한 말을 우리 장수들에게 다시 한 번 말씀해 주시오."

"예, 영감마님. 저는 고령에서 온 김기표라고 합니다. 김면 장군의 부장을 맡고 있습니다. 제가 이곳에 온 이유는 우리에게 병력을 보내줄 것을 요청하러 왔습니다."

"나는 목사영감의 부장을 맡고 있는 정영식입니다. 우리 병력을 어디에 사용하고자 합니까?"

"예. 김면 장군께서는 고령에서 거병하였고, 경상우도 전 지역에서 병력을 모았습니다. 현재 군사가 3,000명 정도 됩니다. 우리는 현재 왜적이 모여 있는 김산으로 출정하고자 합니다. 현재 김산에 있는 지례성에 왜적 1만 5,000명이 모여 있습니다. 우리 병력으로는 중과부적입니다.

또한 우리 부대는 보병으로 이루어져 있기 때문에 군사작전을 펼치기에 용이하지 않습니다. 우리는 진주 관군이 기병을 보유하고 있고, 창원과 진해 등지에서 효과적으로 왜적을 진압한 것을 듣고 있습니다. 따라서 우리 부대와 진주 관군이 힘을 합쳐 왜적을 물리치고자 이렇게 도움을 청합니다."

"김면 장군 부대는 전투경험이 있습니까?"

"예. 많은 경험을 하고 있습니다. 현재 상주에서 지례로 이어지는 길은 왜적들이 보급품을 가지고 빈번히 이동하고 있습니다. 우리 부대는 이들을 수시로 공격하면서 전과를 쌓아가고 있습니다."

말이 이어지자 목사가 나섰다.

"이제 김부장이 우리가 무엇을 논의해야 할지를 충분히 설명한 것으로 판단되오. 김부장은 내일 임지로 떠나야 할 테니 물러가 쉬시오. 내가 오늘 논의를 정리해서 내일 아침 김부장이 떠나기 전에 답을 주겠소."

"감사합니다. 영감마님. 부디 함께 싸우게 되길 바랍니다."

"알겠소. 좋은 소식 전하리다."

김부장이 물러간 후 논의는 오랜 시간이 필요하지 않았다. 모인 장수들이 모두 전투참여를 자원하였고, 목사는 지난번 창원과 진해 전투에 참여한 장수들 중에서 꼭 필요한 인원을 제외한 대부분을 교체 출전하는 것으로 결정했다. 또한 병사들도 전투에 참여하지 못한 병사들을 중심으로 부대를 재편하였다. 모두에게 고르게 전투경험을 시키려는 배려였다.

목사는 다음 날 이른 아침 김부장을 동헌으로 불러 성판관, 정부장과 함께 아침상을 같이 하였다. 그리고 김면 장군 부대와 합류할 날짜와 지점에 대해 의견을 나누었다. 김부장은 진주에서 상주까지는 왜적이 출몰하지 않는 지역이기 때문에 안내자가 필요없다고 하였다. 따라서 진주 관군과 고령에서 하루 후에 만나자고 하였다.

진주 관군은 다음 날 고령에 도착했다. 고령에 입성하니 김부장이 5명의 병사를 대동하고 진주 관군을 맞이하였다. 진주 관군은 고령으로 들어갔다. 그리고 목사를 비롯한 장수들과 김부장은 고령 동헌으로 들어갔다.

"하루 만에 만났는데 참 오랜만에 본 것 같구려. 잘 지냈는가? 김부장."

"예, 영감마님. 직접 기병을 이끌고 오시는 모습에 감동했습니다."

"그런데 이곳 고령 현감과 나졸들이 보이지 않네. 그 이유를 알고 있는가?"

"예, 영감마님. 왜란이 발생하자 많은 고을의 현감들이 나졸과 식솔을 거느리고 산 속에 숨었습니다."

"아, 그렇구려. 우리 진주 관군도 초기에 지리산으로 대피했었지."

"예. 아직 고령 현감에게 이곳이 안전하다는 말이 전해지지 않은 모양입니다. 어제 주민들에게 들자니 곧 돌아온다고 합니다. 저는 김면 장군께서 진을 치고 계신 곳으로 먼저 가 있겠습니다. 영감마님께서는 내일 군대를 이끌고 오시면 제가 중간에 마중 나와 있겠습니다."

"알겠네."

말을 마친 김부장은 두 명의 부하를 이끌고 바로 출발했다.

하루를 고령에서 쉬고 아침식사를 한 진주 관군은 바로 지례로 향했다. 두 시간 쯤 행군하던 차에 목사를 향해 김부장이 말을 타고 달려왔다.

"아니, 김부장 아닌가?"

"예, 영감마님. 김면 장군의 말씀을 영감께 전하고자 이렇게 왔습니다."

"뭐라고 하시던가?"

"예. 왜적의 부대가 지금 상주로부터 지례로 이동 중이라고 합니다. 현재 김면 장군께서 미리 매복하고 계시니 진주 관군이 도와주실 것을 청하십니다."

"김 장군께서 매복하고 계신 지점은 이곳에서 얼마나 떨어져 있는가?"

"말로 달리면 두 시간 정도 걸릴 것입니다."

"왜적 부대가 매복지점에 도착하려면 얼마나 걸리려나?"

"그들은 보급품을 싣고 이동하고 있으니 네 시간 쯤은 족히 걸릴 것입니다."

"아주 잘 되었군. 준비할 시간이 있어. 그러면 왜적 부대의 병력은 얼마나 되는가?"

"예. 400명 정도 된답니다."

"그러면 김 장군의 병력은?"

"예. 500명입니다."

"병력이 충분하군. 앞장서게. 바로 따라 갈 테니."

김부장은 왔던 길을 말을 타고 다시 돌아갔다. 목사는 장수들을 불러 상황을 설명하고는 선두에서 김부장이 향한 길을 달려갔다. 두 시간쯤 달려가자 김부장이 김면 장군과 함께 진주 관군을 맞이하였다.

"김면 장군님. 인사 올립니다. 진주 목사 김시민입니다."

"어서 오십시오. 목사영감. 내 목사의 명성은 익히 들었습니다. 이곳까지 오시어 정말 고맙습니다. 곧 왜적들이 지나갈 터이니 대화는 추후에 더 하기로 하고 일단 이리로 오십시오. 부대배치와 지형을 말씀드리겠습니다."

김장군은 목사 일행을 안내하였다. 산을 오르니 발아래로 넓은 길이 보였다. 길은 좌측으로는 산이 있고, 우측으로는 낙동강변의 모래사장이 넓게 펼쳐져 있었다. 목사는 지형을 살펴보고는 김장군을 향해 고개를 끄덕였다. 김장군이 이곳에 매복을 왜 했고, 진주 관군에게 왜 원병을 청했는지 이해가 간다는 신호였다.

"한 가지만 여쭙겠습니다. 저 앞의 백사장을 점검하셨는지요? 기마전을 펼치기에 충분히 땅이 굳은 상태인지요?"

"그렇습니다. 점검하였지요. 멀리서 보기에는 모래로 된 땅으로 보이지만, 실제로는 모래와 작은 자갈이 적당히 혼합되어 있는 땅입니다. 말이 달리기에 아주 적당합니다."

"아주 좋습니다. 장군. 장군의 보병이 공격을 시작하면 우리 기병도 출격준비를 하도록 하겠습니다. 우리 병력을 둘로 나누면 되겠습니다."

"백사장 북쪽과 남쪽으로 부대를 나누어 계시다가 공격이 시작되면 적당한 시기에 왜적의 배후를 쳐주시기 바랍니다."

"알겠습니다. 바로 말씀대로 시행하겠습니다."

목사는 500명의 보병이 매복한 지점을 중앙으로 하여 부대를 둘로 나누었다. 한 부대는 성시경 판관과 이일갑 선달, 정영식 부장에게 맡기어 북쪽을 담당하게 하였고, 목사는 최풍헌 선달과 함께 한 부대를 이끌고 남쪽으로 향했다.

두 시간쯤 후에 적이 나타났다. 선두에 150여 명 정도의 병력이 경계를 하며 지났고, 중앙에 소와 말이 끄는 마차에 각종 보급품을 가득 싣고 따랐으며, 후미에 150명 정도의 병력이 이들을 엄호했다. 얼마 지나지 않아 징소리와 꽹과리 소리가 나면서 김면 장군 부대가 왜군을 공격했다. 왜적은 습격을 받았지만 한동안 길에서 버텼다. 그러나 길게 늘어선 적은 산 위로부터의 파상적인 공격을 받고는 물러설 수밖에 없었다. 끝내 왜적들은 대오를 잃고 강변 모래사장으로 후퇴하기 시작했다.

이때를 맞추어 남쪽 강변에 있는 작은 언덕 위에서 붉은 깃발이 솟았다. 깃발은 바로 좌우로 흔들렸다. 모래사장 남쪽과 북쪽에서 기병들이 중앙에 있는 왜적을 향해 내달렸다. 이때를 맞추어 언덕 위에서 활을 쏘고 있던 김면 장군의 보병부대도 강변을 향해 소리를 지르며 달려 나갔다.

넓은 백사장에서 진영을 갖추지 못한 보병은 기병의 기습에 대응을 하지 못했다. 더욱이 매복공격을 하던 조선군들이 백사장으로 밀려들어오니 일본군의 방어선이 무너졌고 이내 일본군은 도망가기 시작했다. 많은 일본군들이 조선군의 칼을 피해 낙동강으로 뛰어들었는데, 그 마저도 대부분은 멀리 도망가지 못하고 기병들의 칼에 목이 잘려나갔다. 그야말로 완승이다.

전투가 종료되자 조선군은 일본군 포로와 보급품을 한 곳에 모으고 사체를 수습하였다. 일본군 포로 중에서 글을 아는 자와 목사가 필담을 나누었다. 그들은 예상한대로 상주까지 배를 이용하여 보급품을 싣고 왔으며, 상주에서 지례까지 육로로 이동 중이라고 했다. 목사는 진주 목사라고 쓰인 종이를 포로에게 건네며 누구인지 알겠느냐고 했다. 일본군 포로는 알고 있다고 대답했다. 목사는 2명의 포로를 풀어주었고, 다른 포로는 김면 장군 진영으로 압송하였다. 김면 장군은 진영에 도착한 후 바로 두 부대의 장수회의를 소집했다.

김면 장군이 먼저 말을 꺼냈다.

"모두들 수고했소. 내가 예상한대로 보병과 기병의 연합작전이 성공했소. 진주 관군 덕에 승리를 쉽게 쟁취했소. 다음 전투에서도 우리의 연합작전은 진가를 발휘할 것이오."

목사도 화답했다.

"과찬이십니다. 저 역시 김장군께서 말씀하신 바와 같이 연합작전의 중요성을 깨달았습니다. 매우 소중한 경험을 하였습니다. 앞으로도 힘을 합쳐 왜적을 소탕하길 바랍니다."

목사의 말이 끝나자 병사들이 환호로 답했다. 김면 장군의 부대는 이렇게 큰 전과를 거둔 것이 처음이었던 만큼 감회가 컸고, 진주 관군도 대부분 처음 출전한 병사들이 많기에 승리에 대한 자신감이 충만해졌다.

이기는 맛을 알다

지례 전투를 정리한 후 김면 장군 부대와 진주 관군은 함께 거창으로 들어갔다. 거창은 김면 장군 부대가 지례에 있는 일본군을 공격하기 위해 임시로 부대를 주둔시킨 곳이다. 거창 주둔지에 도착하여 김면 장군과 목사, 그리고 휘하 장수들이 본부에 모였다. 김면 장군이 말을 시작했다.

"장수들 모두 수고 많이 하였소. 이제는 앞으로 우리가 어떻게 전투를 치러야 할지에 대해 논의를 해봅시다."

"예. 제가 한 말씀 올리겠습니다."

"아, 목사영감. 말씀하시지요."

"지례성에는 왜적이 1만 명이 넘는다고 들었습니다. 우리 병력은 모두 2,500명. 우리가 지례성을 공격해도 승산이 없습니다. 하지만 왜적들도 겁을 먹어서 우리를 공격하지 못할 것입니다. 이미 왜적들도 상주나루와 지례 길목에서의 전투소식을 접했을 것으로 보입니다. 그리고 아직 지례성에 있는 대병력이 우리를 쫓지 않는 것을 보면 웅크리고 사태를 지켜보고 있는 것으로 판단됩니다."

"나 역시 그렇게 생각합니다. 그러면 우리도 여기서 이렇게 적들이 오기만을 기다릴 수만은 없지 않겠소?"

"예, 그렇지요. 하지만 왜적들은 보급품을 부산진성에서 한양성으로 날라야 합니다. 한양성 이북에 있는 왜적들은 보급품 없이는 버틸 수 없을 테니까요. 그런데 우리가 지례 인근에 있는 왜적을 공격하지 않았습니까? 왜적은 이번에 대규모 공격을 처음 받았습니다. 그러니 우리가 어디에 주둔하고 있든 간에 우리에게 올 것입니다."

"옳은 말씀이오. 그러면 방어하기에 좋은 길목을 선택하여 기다리고 있으면 되겠구려. 그러면 우리는 사랑암 근처에서 진을 칩시다."

"예, 좋은 생각이십니다. 다음으로 김장군께 제가 왜적을 살려주고 제 이름을 알려주는 이유를 말씀드리겠습니다."

"그렇소. 목사. 목사께서 진주 목사라는 글을 왜적에게 주며 살려 보냈는지가 궁금했소."

"그 이유는 왜적을 부르기 위함입니다. 이렇게 우리가 왜적의 소규모 부대를 공격하면 왜적은 우리의 중심부로 대규모 부대를 보내 일거에 우리의 중심세력을 와해시키려고 할 것입니다. 저는 왜적의 대규모 병력을 물리칠 수 있는 가장 좋은 장소는 진주성으로 생각하고 있습니다. 언젠가 왜적의 대병력이 진주성으로 몰려올 때 한꺼번에 왜적을 소탕하려고 합니다."

"아. 그렇군. 목사영감. 장하시오. 말만 들어도 든든합니다."

하루를 쉬고 김면 장군 부대와 진주 관군은 사랑암으로 출발했다. 사랑암으로 부대를 이동시키는 데 하루가 걸렸다. 두 부대는 사랑암으로 들어가기 전에 있는 길목 옆의 야산에서 하루를 지냈다. 이른 아침 척후병의 보고가 들어왔다. 일본군의 보급품이 500명의 호위를 받으며 오고 있다고 했다.

김면 부대는 들판에서 5분 정도 산길을 오르는 지점 길 양편에 매복을 하였다. 진주 기병은 둘로 나뉘어 한 부대는 들판에서 산이 시작되는 지점에 매복을 하였고, 다른 부대는 언덕 마루에서 아래를 내려다보는 지점에 진을 쳤다.

얼마 지나지 않아 왜군 부대가 평지를 지나 산길로 들어서기 시작했다. 왜군의 병력은 500명이 넘고 수송하고 있는 보급품이 많아 행렬이 꽤나 길었다. 왜군 부대 모두가 산길에 들어설 무렵 왜군 부대 선두가 가던 길을 멈추었다. 앞에 진주 관군이 나타났기 때문이다. 기병과 보병으로 이루어진 진주 관군은 진주 목사라고 크게 쓴 휘장을 두 개의 긴 장대에 들고 서서 왜군의 앞길을 막아섰다. 글을 읽을 줄 아는 왜군이 '진주 목사'라는 휘장을 보자 아연실색하였다. 왜군들도 진주 목사가 누구인지를 익히 알고 있었다.

목사가 칼을 빼들었다. 이를 신호로 왜군 앞을 가로막은 진주 관군들이 활을 쏘았다. 길 양편 산 위에서 바위돌이 굴러 떨어졌고, 화살이 쏟아졌다. 왜군들은 저항할 엄두도 내지 못한 채 뒤로 밀렸다. 선두가 뒤로 밀리자 왜적은 달아나기 시작했다. 왜군의 후미에서도 바로 사태를 알아차렸다. 왜적의 후미는 바로 후퇴하여 평원에서 산 위를 보고 진을 구축하기 시작했다. 후퇴하던 왜군들은 진영 뒤로 숨었다. 하지만 이미 왜군의 절반 이상이 희생된 뒤였다.

왜적들이 산 아래로 쫓겨난 뒤로 진주 관군의 기병이 나타났다. 목사가 칼을 흔들자 목사 옆에 있던 기수가 붉은 깃발을 높게 올리더니 좌우로 흔들었다. 이를 신호로 왜군의 진영 뒤를 성수경 판관과 정영식 부장이 이끄는 기병이 들이쳤다. 곧바로 왜적의 진영이 무너졌다. 이를 지켜보던 전방에 있던 기병이 돌진했다. 기병이 돌진하자 김면 장군의 보병 부대도 함성을 지르며 기병을 따랐다. 왜적은 대항할 생각을 하지 못했다. 칼을 들고 우왕좌왕하다가 기병의 칼에 목이 잘렸고, 보병의 창에 찔려 죽었다. 많은 수의 왜적이 무릎을 꿇은 채 손을 들고 항복했다.

전투가 종결되자 김면 장군이 목사에게 다가와 말을 건넸다.

"왜 목사의 명성이 높은지를 이제 알겠소. 이렇듯 왜적이 어떻게 나올 것인지를 꿰뚫고 전략을 짜다니. 모든 전투가 목사가 예견한대로 진행되었소."

"저들도 사람이고 우리도 사람입니다. 이기면 사기가 높고, 지면 사기가 떨어지게 되어 있지요. 이번 전투에서 저들도 우리 공격에 겁을 먹고 있다는 것을 알았다는 점이 소득입니다. 이제 겁을 먹었으니 전투력도 떨어질 것이고, 그러다보면 마지막 발악을 할 것이고, 발악이 먹히지 않으면 물러가겠지요."

"마지막 발악이라고 했소? 마지막 발악을 어떻게 한단 말이오?"

"예. 장군. 저들은 제가 누구인지 알고 있습니다. 최근 몇 번의 전투에서 저들에게 제가 누구인지를 알려주었기 때문이지요. 이제 저들은 제가 있는 진주성으로 몰려올 것입니다. 저는 이제 진주성으로 가 저들을 맞이해야 하겠습니다."

"그럼, 목사는 저들에게 진주성으로 오라고 지금까지 원정을 나와 전투를 한 것이란 말이오?"

"그렇다고 보시면 됩니다. 이렇게 원정 출정으로는 적의 대병력을 물리칠 수가 없습니다. 그래서 불러들이려는 것이지요. 장군. 이제 한시가 급해졌습니다. 저는 부대를 이끌고 진주로 돌아가겠습니다. 전투의 마무리는 장군께서 맡아주시기 바랍니다."

"아니. 저 많은 적의 물품까지도 다 두고 가렵니까? 우리 함께 전투를 하였으니 물품의 반은 챙겨 가야지요."

"아닙니다. 장군. 길이 멉니다. 짐이 많으면 오히려 방해만 될 뿐입니다. 이곳은 적들과의 잦은 전투로 물품이 필요할 테니 적의 물품은 이곳에서 요긴하게 사용하시기 바랍니다. 진주에는 물자가 풍족합니다."

"알겠소, 목사. 고맙소. 그리고 생각하신대로 적을 무찔러 주기 바라오."

"예. 장군. 장군께서도 옥체 보전하시기 바랍니다."

목사는 부대를 정리하고 바로 떠났다. 김면 장군은 진주 관군이 떠난 길을 오랫동안 주시하였다. 그리고 무엇인가를 깨달았다는 듯이 고개를 끄덕였다.

38
황강 나루를 공격하다

목사는 이른 아침 사랑암에서 진주성을 향해 남하했다. 해질 무렵에 합천에 이르렀다. 눈앞에 황강이 흐르고 있었다. 목사는 황강을 건너기 전에 초계에서 하루를 묵기로 결정했다. 초계로 전령을 보내니 초계현령 으로부터 답변이 왔다. 병사들이 묵을 만한 곳을 준비해 놓겠다는 전갈 이었다. 초계에 도착하니 초계현령이 목사를 마중 나왔다.

"어서 오십시오. 목사영감. 초계현령 장충민입니다. 수고가 많으십니다."

"고맙소. 장현령."

"누추하고 좁기는 하지만 동헌으로 안내하겠습니다. 이곳 사정에 대해 설명 드리겠습니다."

초계 현령은 목사를 비롯한 장수들을 동헌으로 안내했다. 동헌의 벽 한편에 초계지도가 걸려있었다.

"어찌된 일입니까? 장현령. 우리가 올 것을 미리 아는 듯이 준비를 한 것 같습니다."

"예. 영감마님, 진주 관군의 명성을 익히 듣고 있었습니다. 지례와 거창 에서의 전투결과에 대해서도 잘 알고 있습니다. 거창에서 진주로 가시려 면 이곳을 지나가야 하기에 미리 사람을 보내 놓아 기다리고 있었습니다."

"그럼 이곳에까지 왜적들이 출몰한단 말입니까?"

"예. 최근에 들어와 이들이 황강나루를 침범하였습니다."

"그럼 왜적이 어떻게 배치되어 있는지 지도를 보며 설명해 주시겠소?"

"예. 영감마님. 여기 지도를 보시면 낙동강과 황강이 이렇게 흐릅니다. 낙동강 서쪽인 이곳은 왜적들이 들어오지 못하고 있었습니다. 왜적들이 들어온 바는 있습니다만 바로 조선군에 의해 쫓겨났지요. 그런데 사흘 전에 왜적이 황강나루를 침범하였습니다. 알아보니 상당수의 왜적이 주둔하기 시작했습니다."

"왜적의 수가 얼마나 되는가?"

"예. 300명 정도는 될 것입니다."

"그러면 내일 황강나루를 공격해 봅시다."

"감사합니다. 영감마님. 저희가 길을 안내하겠습니다."

"내일 해 뜨기 전에 출발하여 바로 황강나루를 공격하도록 합시다."

다음 날 이른 새벽. 동트기 전에 초계 동헌 앞 광장에 모든 진주 관군이 출동준비를 마치고 대기하고 있었다. 목사가 도착하자 전날 계획한대로 부대를 편성하여 황강나루로 향했다. 강변에 도착하자 동이 트기 시작했다. 목사는 부대를 셋으로 나누어 한 부대는 성수경 판관과 최풍헌 선달에게 맡기고, 한 부대는 이일갑 선달과 정영식 부장에게 맡겼다. 자신은 후방부대를 지휘하였다.

동이 튼 지 얼마 되지 않아 지나다니는 사람이 없었다. 장현령이 앞장을 섰고, 진주 기병은 서서히 황강나루를 향해 전진하였다. 드디어 황강나루가 목사의 눈에 보였다. 왜적은 두 척의 배에서 물건을 내리는 작업을 하고 있었다. 작은 언덕 아래에 장현령이 목사를 기다리고 있었다. 목사는 장현령의 보고를 들은 후 곧 바로 기수에게 명령을 내렸다. 기수는 붉은 깃발을 높이 올린 후 좌우로 흔들었다. 강 상류에 배치한 부대에서도 붉은 깃발이 좌우로 흔들었고, 강 하류의 부대 깃발도 흔들렸다.

목사의 공격신호가 떨어지자 황강나루를 향해 3곳에 배치한 기마부대가 내달렸다. 왜적들은 하역작업을 하느라 처음에는 기마병들이 다가오는 것을 알아차리지 못했다. 왜적들이 조선 관군의 공격을 알아차렸을 때는 이미 늦었다. 기병들은 마음껏 왜적을 유린했다. 대부분의 진주 관군들은 전투경험이 충분하기 때문에 장수들의 명령을 효과적으로 이행하였다. 대부분의 병사들이 역전의 용사로 거듭나고 있었다.

승리를 확인하기까지 시간이 많이 필요하지 않았다. 나루터에 대한 사전 숙지가 충분했던 터라 일사분란하게 지휘부와 거점을 점령하였고, 지휘관을 잃은 왜적들은 허둥대다가 빠른 기병들의 습격에 칼을 맞고 쓰러졌다. 전투가 종료된 후 왜적의 주요 무기를 한 곳에 모았고, 체포된 왜적들도 한 데 모았다. 체포된 왜적은 20여 명 되었다. 평소에 그랬던 것처럼 목사는 글을 쓸 줄 아는 왜적 두 명에게 목사의 사인을 주어 풀어주었고, 나머지 왜적들은 줄로 묶어 초계로 압송했다. 왜선에서 빼앗은 물품들도 초계로 보냈다.

그리고 목사는 부대를 이끌고 진주로 향했다.

현재는 과거의 연장이다

오전에 박교수가 장박사에게 전화를 걸었다.

"교수님이시군요. 그렇지 않아도 교수님을 뵌 지가 오래되어서 저도 오늘은 교수님께 전화를 드리려던 참입니다."

"그렇군. 우린 서로 통하는 데가 있나보군. 자네 오늘 저녁에 시간 낼 수 있나?"

"예. 오늘 가능합니다. 제가 댁 근처로 가겠습니다. 6시 퇴근이니 전철 역에서 내리면 전화 올리겠습니다."

"오케이. 그렇게 하자고."

박교수와 장박사는 저녁 7시경 전철역 앞에서 만나 가끔 가는 돼지갈 비 집에 자리를 잡고 마주 앉았다.

"교수님 표정이 평소와 다르십니다. 특별한 일이 있으신가요?"

"요즘 내가 미친 것 아닌가 하는 생각까지 드네. 자네 생각해보게. 내 가 최근 꿈 속에서 김시민 목사를 만나고 있어."

"예? 김시민 목사요? 교수님께서 김시민 목사를 사랑하고 계시다는 것 은 알고 있었지만 꿈 속에서 그분을 만나다니요?"

"놀랍지? 나도 처음에는 임진왜란에 너무 집착하고 있기 때문에 내가 상상하고 있는 것이 현실처럼 느껴지는 것으로 생각했어. 그런데 그 정 도가 아니야. 400년 전의 그분이 내게 자신이 당시 무엇을 왜 그렇게 했 는지를 똑똑히 보여주고 있다는 생각을 하게 돼."

"교수님. 천천히 자세하게 말씀해 주시지요."

"내가 자네와 임진왜란 이야기를 시작한 지 얼마나 됐지?"

"예. 벌써 3개월 가량 되었습니다."

"맞아. 해가 바뀐 지 얼마 되지 않아서 부터였지? 1월 중순 어느 날부터 내가 지금 새로 쓰고 있는 임진왜란 이야기의 연속선상에서 일주일에 한두 번씩 김시민 목사에 대해 많은 생각을 해왔다네. 400년이 지난 지금, 임진왜란 이야기에서 궁금한 점이 있으면 항상 스치듯 생동감 넘치는 아이디어가 떠오르거든."

"일종의 영감으로 김시민 목사를 만나신다는 말이시군요."

"그렇다네. 그분이 내가 평소에 궁금하게 생각한 임진왜란 이야기에 대한 해답을 주시는 것 같아."

"그렇다면 요즘 교수님께서 말씀하시는 임진왜란에 대한 역사왜곡까지도 김시민 목사가 영감을 주시는 것입니까?"

"정확하게 모든 이야기를 해 주는 것은 아닐세. 다만 내가 추리할 수 있도록 역사적 배경이 떠오른다는 것이지."

"예를 들면 어떻게 말입니까?"

"김시민 목사가 진주성에서만 전투를 한 것이 아니고 다른 지역까지 출정을 나가 싸운 이유에 대해 궁금해 하는 경우 목사께서 전투를 하는 장면이 스치듯 지나가는 것이야. 예를 들어 역사에 사천과 창원, 진해, 김천 등지까지 전투를 한 기록이 있는데, 이렇게 외부로 출정을 나간 이유가 무엇인지가 궁금해지면 그 장면이 떠오르는 식이지."

"그럼 교수님께서는 교수님의 느낌을 믿으십니까?"

"믿지 않을 수가 없네. 내가 역사책과 논문에서 본 임진왜란에 대한 여러 가지 기록을 근거로 추론한 것과 스쳐지나가는 영감이 같으니 말일세. 처음 듣는 사람들은 나를 미친놈이라 할 수도 있겠지."

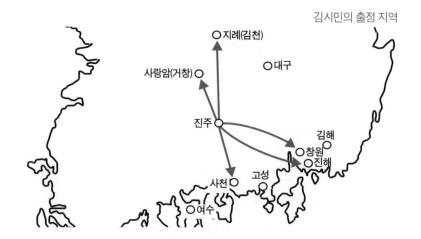

"교수님과 김시민 목사께서 접신이라도 한 듯 합니다. 좀 으스스합니다."

"그래. 처음에는 나도 그랬었다네. 온몸에 소름이 돋기도 했고. 그렇지만 계속 영감으로 느껴지는 장면과 내가 추적하고 있는 역사적 사실이 일치하니 이젠 내가 해야 할 숙명이란 생각도 든다네."

"그러면 앞으로도 계속 영감이 느껴지실 것으로 보십니까?"

"계속 느껴지겠지. 아니 계속 영감이 나타나야 해. 이제 막 클라이맥스에 돌입했거든."

"클라이맥스라니요? 무엇을 말씀하시나요?"

"지금까지는 김시민 목사께서 진주성 외부로 출정을 나가 전투를 하였네. 그런데 곧 진주성전투가 벌어질 예정이거든."

"그렇다면 정말 흥미진진하겠군요."

"역사에는 진주대첩인 진주성 1차 전투가 4박 5일, 10회로 되어 있지. 이긍익의『연려실기술』에 전투장면이 적혀있기는 하지만 워낙 간결하게 되어 있어서 상상이 가지 않거든."

"예. 그런데 교수님. 앞으로의 전투가 무척 기대가 됩니다."

㊵
진해성에서 또 승리하다

　기병들은 빠른 속도로 행군했다. 전투를 치르고 곧바로 출발했기에 피로하기도 했지만 목사의 명령에 묵묵히 따랐다. 진주에 이르니 해가 떨어졌다. 진주성 내에 들어오자 주민들이 병사를 반갑게 맞이하였고, 병사들은 그간의 피로를 잊고 상기되어 있었다. 목사는 인원을 점검하고 각 부대를 자신의 군영으로 해산시켜 쉬게 했다. 저녁을 먹은 후 목사는 장수들을 소집했다.

　"오늘 수고 많았네. 병사들의 수고를 치하하지도 않은 채 해산을 서두르는 것에 대해 이해해주게. 다 생각이 있어서 그런 것이니. 우선 오늘 보고 느낀 것에 대해 돌아가면서 이야기 해보세."

　"누가 먼저 이야기 해 보겠나? 그래. 성판관이 오늘 처음으로 본진을 맡아보았으니 먼저 말해보게."

　"예. 영감마님. 제가 선봉에 섰다고 자랑할 수는 없습니다. 저는 다만 앞만을 바라보고 있던 적의 배후를 친 것이니까요. 하지만 기습의 묘미가 있더군요. 마음먹은 대로 적들을 밟아 보았습니다. 그동안 맺힌 한이 모두 풀리는 느낌입니다. 병사들도 모두 저와 마음이 같을 것입니다."

　"성판관을 포함해 모두들 실전경험을 한 것은 아주 소중한 경험이다. 그럼 정부장도 한 마디 해야지?"

　"예. 영감마님. 저는 영감마님께서 왜 이렇게 서두르시는지를 생각해 보았습니다. 영감께서는 곧 왜적의 대군이 진주성으로 올 것으로 생각하시는지요?"

"이 질문에 대해 최선달은 어떻게 생각하는가?"

"예. 저는 영감마님과 함께 왜적의 선두를 공격했으니 영감마님께서 무엇을 보고 느끼셨는지를 잘 알 것 같습니다. 왜적의 선두가 우리를 보고는 영감마님의 존재를 두려워한 나머지 싸우려고 하지 못하는 것을 느꼈습니다. 저들은 우리의 휘장을 보고 두려움에 몸을 움츠렸습니다. 이제 저들에게 진주목사는 두려움의 대상입니다."

이때 이광악 곤양군수가 나섰다.

"제가 한 말씀 더 드리고자 합니다."

"오. 이군수. 이군수는 이번이 첫 출전이지요? 말해 보시오."

"예. 영감마님. 저도 정부장과 같이 왜 이렇게 서두르시는지가 궁금했습니다. 이제 알겠습니다. 진주목사라고 쓰여 있는 휘장만으로도 왜적들은 두려워하고 있습니다. 이제 우리 진주 관군은 왜적들에게는 반드시 거쳐야 할 관문입니다. 영감마님께서는 곧 왜적의 대부대가 우리 진주성으로 올 것이라고 생각하시는 것 아니겠습니까?"

"이제 그대들의 마음과 내 마음이 같아졌군. 왜적은 지금까지 전투다운 전투에서 모두 이겼네. 우리가 승리한 싸움은 비교적 소규모에 그쳤지만. 이제 정면대결이 남았네. 아마도 저들은 우리가 어느 전투에서 왜적의 목을 얼마나 베었는지까지 알고 있을 것이네. 진주성을 함락시키지 않고서는 경상우도에 진출할 수 없을 뿐만 아니라 저들의 보급로가 위협받게 될 것을 잘 알게 되었을 것이야. 그렇다면 다음 수순은 무엇일까? 조선의 주력부대인 진주성을 점령해야만 경상도를 점령할 수 있고, 자신들의 보급로가 안전해질 것이라고 생각하지 않겠나? 그렇다면 당연히 대군을 이끌고 한 번에 진주성을 점령하고자 할 것이네."

"영감마님. 그럼 왜적들이 얼마나 올까요?"

"최선달은 몇 명이나 올 것으로 생각하나?"

"한 2만 명쯤 되지 않을까요?"

"왜 2만으로 생각하는가?"

"예. 제가 본 전투에서 왜적들은 항상 2만 명 정도 되었습니다."

"자네가 그렇게 알려주었지. 그런데 나는 2만 명이 넘을 것이라고 생각하네."

"영감마님께서 왜 그렇게 생각하시는지 여쭈어 볼 수 있겠습니까?"

"왜적은 항상 큰 전투에서 많은 병력을 동원했지. 한 번의 싸움으로 전투를 끝내야 희생이 작은 법이거든. 우리 진주 관군의 이름이 알려진 만큼 더 많은 병력을 동원할 것이야. 그런데 이번 사랑암 전투에서 보니 왜적들이 우리를 알아보고 꽤나 겁을 많이 먹더군. 그렇다는 것은 우리가 강하다는 것을 알고 있다는 것이고, 왜적으로서는 더 많은 병력을 동원해야 한다는 것이지. 이곳 경상도에 6만 명 이상의 왜적들이 주둔하고 있는 것으로 파악되네. 그러니 이 중 반은 몰려올 것으로 생각하는 것이네."

"정부장이 한 말씀 더 드리겠습니다."

"자네 말을 기다리고 있었네."

"이제 확실히 영감마님의 의도를 알 것 같습니다. 왜적은 이번 지례와 사랑암 전투로 우리 진주 관군이 얼마나 위험한지를 똑바로 알게 될 것입니다. 왜적은 목표가 보이면 바로 실행하지요. 따라서 곧 많은 수의 왜적이 진주성으로 몰려올 것입니다. 그러니 우리가 미리 진주성에 가서 왜적을 맞을 준비를 해야 하는 것이지요. 그리고 이 전투로 왜적의 대군을 소탕하게 되면 경상도가 안전해질 뿐만 아니라 북으로 올라가는 왜적의 보급로가 끊어져 결국 왜적은 물러가게 된다는 것입니다."

"확실히 정부장은 명석해. 모두들 이해하는가?"

모든 장수들이 대답했다.

"예. 잘 알겠습니다."

이때 동헌 밖에서 목사를 찾는 소리가 들렸다.

"누가 나를 찾는가?"

"예, 영감마님. 함안에서 온 장충방이라는 자가 목사님을 뵙겠답니다."

"함안의 장충방? 그래. 함안의 이방 아닌가? 들라 해라."

"영감마님. 함안의 장충방, 인사 올립니다."

"늦은 시각에 무슨 일인가? 자네 행색을 보니 꽤나 급한 모양이군."

"예, 영감마님. 유장군께서 보내서 왔습니다. 지금 왜적들이 또 창원과 진해에 난입했습니다."

"그래? 창원과 진해는 우리가 얼마 전에 수복하지 않았는가? 그런데 왜적들이 다시 들이닥쳤다고?"

"예, 영감마님."

"그렇겠지. 그럼 병력은 얼마나 되던가?"

"병력은 많지 않습니다."

"얼마나 되던가?"

"예, 창원과 진해 각각 한 200명쯤 됩니다."

"왜적이 계속 밀려오지 않던가?"

"그렇지는 않습니다."

"그럼, 유장군께서는 내게 무슨 말을 전하라고 하시던가?"

"예, 영감마님. 유장군께서는 창원을 맡을 테니 영감마님께서 진해를 맡아달라고 하셨습니다."

"알겠네. 그럼, 자네는 물러가 쉬게."

"예, 영감마님. 저는 내일 동이 트면 바로 함안으로 가겠습니다. 영감마님께서 유장군님의 청을 들어주시는 것으로 알고 물러가겠습니다."

"알겠네. 다른 일이 있으면 내가 함안으로 사람을 보내도록 하겠네."

장 이방이 물러간 후 한 동안 침묵이 흘렀다. 목사가 입을 떼었다.

"내일 새벽 출동하세."

목사의 지시에 장수들이 화답하고는 밝은 얼굴로 흩어졌다. 다음 날 동이 트기 전에 모든 병사들은 출발준비를 끝냈다. 병사들 얼굴이 모두 진지한 것으로 보아 이미 목사의 지시가 전해진 것이 분명했다. 모든 병사들이 명령에 빠르고 일사분란하게 움직였다.

전열을 갖춘 기병은 빠른 속도로 진해로 향했다. 저녁이 되기 전에 함안에 도착했고, 장충방은 진주 기병을 맞이할 만반의 준비를 하고 기다렸다. 함안에서 하루를 묵은 목사는 이른 아침 함안에서 출발하니 저녁 무렵 진해성에 도착했다.

목사는 지난번 진해성 수복 때 하였던 것과 같이 성문 앞에 100여 기의 기병을 4열 횡대로 늘어서게 하여 진주 관군이 진해성 앞에 진출하였음을 왜적들이 볼 수 있도록 하였다. 지난번과 같은 작전이었다.

한 시간이 지나기도 전에 성문이 열렸다. 그리고 왜병들이 대오를 갖추고 나타났다. 왜적은 200여 명 쯤 되었다. 왜병은 3열 횡대로 진영을 갖추었다. 한 명의 왜적이 흰색 깃발을 들고 걸어왔다. 그리고 목사에게 서찰을 주었다. 서찰에는 정면승부를 하자고 쓰여 있었다. 한참을 대치하고 있다가 왜장의 신호로 왜적들이 열과 오를 맞춘 채 기병들에게 천천히 다가왔다. 왜적들이 다가오는 만큼 왜적의 조총 사격거리를 주지 않기 위해 조선 기병들이 물러났다. 왜적들이 거리를 좁히면 기병은 그만큼 물러나기를 한동안 반복하자 왜적들이 성문으로부터 500미터 이상 벗어났다.

한 시간쯤 지나자 성 위에서 함성이 들려왔다. 진주 관군과 진해 백성들이 진해성을 장악하고 진해성 위에 나타나 일본군을 압박한 것이다.

진주 관군 뒤에 있는 야산에서 붉은 깃발이 올라왔다. 붉은 깃발은 좌우로 흔들렸다. 이것을 신호로 성문 좌우에서 매복하고 있던 기병들이 함성을 올리며 일본군의 좌우로 돌진하였다. 왜군은 그들이 진을 치고 있던 곳 뒤에 조선군이 나타나자 일단 기가 꺾였다. 그리고 바로 조선 기병들이 좌우에서 나타나 돌진하자 대열이 무너졌다. 이와 동시에 왜군 앞에 있던 100여 명의 기병이 앞으로 돌진하였다. 왜군은 당황하면서도 방어태세를 갖추었다. 그러나 왜군의 노력은 바로 수포로 돌아갔다. 왜군의 방어대열이 정리되기도 전에 압도적인 수의 기병이 순식간에 왜군의 대열을 무너뜨렸다. 왜군은 조선 기병의 상대가 되지 못했다. 전투경험을 쌓은 기병들은 순식간에 승부를 결정지었다. 200여 명의 왜적은 대부분 목이 잘렸다. 완승이다. 이번에도 조선 기병의 피해는 거의 없었다. 이번에는 세 명의 왜군을 생포했다. 장수로 보이는 왜군에게 목사가 물었다.

"네가 이들의 장수인가?"

"그렇다. 두 번이나 똑같은 전투에서 패하다니. 분하다. 어서 내 목을 쳐라."

"또 너로구나. 지난번 내가 네게 말했다. 다음에 잡히면 놔주지 않겠다고."

"알고 있다. 그러니 어서 내 목을 쳐라."

"그렇게는 못하겠다. 너를 행재소*로 보낼 것이다. 전하께 너를 바칠 것이다. 여봐라. 병졸 두 놈은 돌려보내고, 이 놈은 끌고 가자."

목사는 지난번과 같이 왜군 두 명에게 진주 목사라고 쓰인 종이를 주고 풀어주었다. 그리고 왜군 장수는 포박하여 진주로 향하게 했다. 목사

---

* 행재소(行在所)는 왕이 상주하는 궁궐을 떠나 멀리 거동할 때 임시로 머무르는 별궁(別宮).

이광악 선무공신교서(宣武功臣教書)

는 진해성으로 병사를 이끌고 들어갔다. 진해성을 미리 함락한 진주 관군과 진해 백성들이 목사를 환호로 맞이하였다. 목사는 진해성을 정리하고 진주 관군뿐만 아니라 진해 백성을 이끌고 진주성으로 향했다. 다가올 대군의 왜군에게 대항하기에는 진해성으로는 불가능하다는 것을 알기 때문이다. 그리고 진주성을 지키기 위해서는 진주 관군과 함께 싸워본 병력이 필요하기도 하였다.

전투는 우리가 맡는다

진해에서 출발한 진주 관군이 진주성에 도착하니 저녁 해가 졌다. 중간에 말이 피로하지 않도록 쉬기는 했어도 기병이 말을 타고 일사분란하게 움직였기 때문이다. 기병들이 보이자 성을 지키고 있던 병사와 훈련 중인 병사들이 모두 나와 이들을 환호로 맞이하였다. 성 안으로 들어가자 일반주민들도 이들을 보고 손을 흔들며 맞이해 주었다.

목사는 장수들을 이끌고 바로 동헌으로 들어갔다. 그리고 이번 전투에 참여하지 않고 진주성에서 훈련을 하고 있던 장수들도 소집했다. 동헌에 들어가니 목사 앞에 서찰이 도착해 있었다. 서찰을 읽고 나서 목사가 입을 떼었다.

"이선달. 자네도 서찰을 읽었겠지?"

"예. 읽었습니다. 영감마님께서 출정을 떠나시기 전에 모든 권한을 제게 주신다고 하셔서 목사대행으로서 모든 서찰을 읽었고, 전령들도 만났습니다."

"그래. 자네는 어떤 생각이 들던가?"

"지금까지 도착한 서찰들은 모두 왜적의 동태를 알려주는 서찰이었습니다. 전령들도 왜적의 움직임에 대해 알려주었습니다. 곧 왜적의 대군이 이곳 진주성으로 들이닥칠 것으로 생각됩니다. 그래서 저도 영감마님께 급히 오시라는 전령을 진해로 보낼 참이었습니다."

"그래서 이렇게 빨리 달려왔네. 자네 생각으로는 얼마나 많은 왜적이 올 것으로 보는가?"

"서찰과 전령의 보고 내용을 종합해보니 최소한 2만이 넘을 것으로 보입니다. 3만까지 추산하는 것이 옳다는 생각입니다."

"내 생각과 일치하는군. 고맙네."

"황송합니다. 영감마님."

"자, 내가 여러 장수들에게 하고 싶은 말이 바로 이것일세. 이제 왜적의 대군이 곧 우리 눈앞에 나타날 것일세. 우리는 이 날을 기다리며 훈련을 했고, 실전경험도 마쳤네. 우리 군은 사기가 높고 준비가 철저히 되었다지만 저들도 준비하고 올 것일세. 무엇보다도 저들은 우리의 10배에 가까운 대병력이야. 이제 우리가 무엇을 준비해야 할지에 대해 치밀하게 논의해보세."

이 날 회의는 매우 길었다. 장수별로 해야 할 역할이 부여되었고, 부대가 구체적으로 배치됐다. 각종 무기가 점검됐다. 화포와 궁수, 보병, 기병의 배치가 논의됐다. 적의 공격에 따라 어떻게 방어할 것이며, 전투가 길어질 경우에 대비하여 전투하는 병사와 휴식을 취하는 병사를 나누는 방법도 재차 검토되었다. 전투를 하지 않는 주민의 도움을 받을 수 있는 것이 무엇인지, 주민을 언제 어떻게 동원할 것인지도 논의됐다. 모두들 논의에 집중하였지만 크게 긴장하지는 않았다. 그간의 전투경험으로 사기가 높았고, 안방으로 적을 불러 무찌르겠다는 의욕이 불타 오히려 왜적이 나타날 날을 기다리는 분위기였다.

목사는 이른 아침 최선달과 정부장을 동헌으로 불렀다. 최선달과 정부장은 바로 동헌으로 달려왔다. 목사는 아침상을 준비시켰다. 아침상을 물릴 때까지 목사는 아무 말도 하지 않았다.

최선달이 먼저 입을 열었다.

"영감마님. 무슨 일로 저희를 부르셨습니까?"

"자네들은 지금까지 각종 전투를 많이 보았고 실제로 전투경험도 많으니 자네들의 솔직한 마음을 알고 싶네."

"예. 어떤 것을 물으시더라도 솔직히 대답해 올리겠습니다."

"지금 3만 명의 왜적이 올 것이네. 일주일 후에는 우리 앞에 나타나겠지. 자네들도 알다시피 우리 병력은 3,800이야. 3만 명을 3,800명으로 이길 수 있을 것으로 보는가?"

최선달이 대답했다. "쉽지만은 않을 것입니다. 하지만 이길 수도 있을 것입니다."

"이길 수도 있다? 반드시 이길 것이라 하지 않는군. 그럼 어떻게 하면 이기겠나?"

"우리의 장점과 왜적의 단점이 발휘되면 이길 것이고, 우리의 단점과 왜적의 장점이 결합되면 승산이 없겠지요."

"그럼 저들의 장점은 무엇인가?"

"왜적의 장점은 병력의 수가 우리를 압도한다는 것이고, 전투경험 면에서도 우리를 앞선다는 것입니다."

"그럼 저들의 약점은?"

"예. 저들의 약점은 성을 오르기 위해 몸을 노출시켜야 한다는 점이고, 성을 공략할 화포가 없다는 것입니다."

"그럼, 우리의 강점은?"

"군사의 사기가 충천하고 대부분의 병사들이 최근 전투경험을 하였으며, 어떻게 싸우면 이기는지를 알고 있다는 점입니다. 다음으로 우리에겐 화포와 화약이 충분히 있다는 점입니다."

"알겠네. 우리의 약점은 무엇인가?"

"군사의 수가 적다는 것이지요."

"정부장. 자네는 따로 할 말이 있는가?"

"아닙니다. 저도 최선달의 의견에 전적으로 동의합니다."

"우리의 가장 큰 약점은 수가 적다는 것이지. 수가 적으면 결국 충천했던 사기가 꺾이게 되어 있거든. 왜적의 입장에서 보면 상대 수가 적으면 계속 밀어 붙일 힘이 날 테고. 그렇다면 어떻게 하면 군사의 수를 증가시킬 수 있겠나?"

"두 가지 방법이 있을 것으로 사료됩니다."

"그래. 정부장. 말해보게."

"한 가지 방법은 우리 주민을 이용하는 것입니다. 전투가 시작되기 전에 전투에 참여하지 않은 남녀노소 주민 모두에게 병사의 옷을 입혀 우리 군사의 수가 많아 보이게 하는 방법입니다. 두 번째로는 인근 고을에 있는 병사를 모으는 것이지요."

"그렇군. 첫 번째 방안은 바로 시행하세. 주민 모두 붉은 색과 푸른 색, 검은 색으로 된 복식을 갖추도록 하겠네. 복식을 갖추지 못하면 삼색 천을 옷에 두르고 다니라고 하면 되겠지. 그리고 인근 고을의 병사들을 동원하는 것은 좋으나, 성 내로 들어와 함께 싸우는 것은 합당하지 않네."

"함께 싸우지는 않을 것이나 동원은 한다는 말씀이시군요. 무슨 뜻인지 잘 모르겠습니다. 영감마님."

"죽을 위험이 없어야 많은 수가 참여할 것일세. 함께 싸우자고 하면 싸워보지 않은 병력은 겁이 나니 아예 오지도 않을 가능성이 높지. 그러니 우리가 왜적을 맞아 싸울테니 인근 고을에서는 많은 병력을 보내 주변에서 응원을 해달라고 하자는 것이지. 이러한 제의는 쉽게 받아들이지 않겠나? 왜적으로써는 주변에 포진되어 있는 이들 병력도 신경이 쓰일 것 아닌가? 그러면 우리와의 전투에 집중력이 떨어질 것이고."

"동감입니다. 영감마님. 상대방의 심리를 꿰뚫어 보고 계십니다."

"자네는 어떻게 생각하는가? 최선달."

"예. 병사라고 다 용감하지는 않겠죠."

"전투경험이 없고 적과 맞서겠다는 신념이 부족한 병사는 필요 없네. 치열한 전투에 방해가 될 뿐이지. 오히려 우리 진주성 주민들이 더 도움이 될 걸세. 우리 주민들은 우리가 어디에서 어떻게 싸웠는지를 잘 알 테니."

"그러면 우리를 돕겠다고 온 원군은 성 내로 들이지 말라는 말씀입니까?"

"그렇지 나는 지금까지 훈련해온 대로 우리 병력만으로 싸우는 것이 더 효율적이라고 생각하네. 그리고 원군은 직접 전투에 참여하기보다는 다른 방법으로 우리를 도와주는 것이 더 좋겠다는 것이지. 그래야 더 많은 원군이 와주겠지. 그리고 우리가 전투에서 승리했을 때 후퇴하는 왜군을 뒤쫓아 왜적을 격멸하는 임무를 맡기는 것이 좋을 듯하네."

"예. 영감마님의 지략에 감탄할 따름입니다."

"정말인가? 정부장이 그렇다고 하면 내 그렇게 믿네."

"과찬이십니다. 영감마님. 저희가 앞으로 무슨 일을 해야 할지에 대해 하명해 주십시오."

"알겠네. 우선 자네들이 어떻게 생각하고 있는지가 궁금했네. 이제 우리 의견이 일치되었으니 내가 생각한 것을 말하겠네. 이보게. 최선달."

"예. 영감마님."

"최선달이 지역사정에 밝은 병사를 선발하여 인근 고을에 전령을 보내게. 첫째, 왜적의 대부대가 진주성으로 몰려오고 있으니 원군을 요청한다. 둘째, 전투는 진주 관군으로 치를 것이니 원군은 진주성 주변에 배치해 달라. 그리고 우리에게 필요한 무기를 공급하고 후방에서 우리를 응원해 달라. 셋째, 왜적이 후퇴할 때 뒤쫓아 왜적을 격멸해 달라. 이 세 가지를 요청하게."

1차 진주성 전투 군사편성

수성군			외원군			
직함	성명	수성 관련내용	직함	성명	병력수	최근접지
진주목사	김시민	중위장	삼가 의병장	윤탁	200	마현
진주판관	성수경	동문 방어	초계가장	정언충	100	마현
곤양군수	이광악	100을 거느리고 옴	선봉장	심대승	100(200)	옥봉리
전 만호	최덕량	구북문 방어 (수성대장)	전라우도 의병장	최경회	1,000(2,000)	진주 살천창
군관	이눌	구북문 방어	전라좌도 의병장	임계영	1,000	함양
율포권관	이계종	남문 방어	의승장	신열	–	단성
군관	윤사복	–	진주 한후장	정기룡	–	산청 살천
함창현감	강덕룡	–	고성 가현령	조응도	500	진현
			진주 복병장	정유경	300	사천
			고성 의병장	최경	–	망진산
			고성 의병장	이달	–	두골평
			합천 가장	김준민	500	단계, 단성
병력 약 3,800명(진주 주민은 별도)			병력 약 3,700명(4,800명)			

『진주성 전투』(국립진주박물관, 2012).

"예. 분부 받들겠습니다."

최선달은 10여 명의 병사를 선발하여 인근 고을로 전령을 보냈고, 자신도 말을 달려 전라도로 향했다. 이틀 뒤에 최선달이 돌아왔다. 최선달은 10여 고을에서 원병을 보내기로 했다는 소식을 목사에게 전했다. 특히 전라좌의병장 최경회와 전라우의병장 임계영을 만났고 두 의병장이 전라도 병력을 보내기로 했다는 소식을 전했다.

꼭 승리해 주시오

목사는 평소와 같이 동이 트기 전에 일어나 장수들을 동헌으로 소집했다. 목사는 전라도로 원군을 요청하러 다녀온 최풍헌 선달에게 물었다.

"최선달. 멀리까지 다녀오느라 수고했소. 그동안 원군이 어디에서 얼마나 온다고 했는지 상황을 말해보게."

"예. 저는 전라도에서 거병한 최경회, 임계영 두 장군과 만났습니다. 그리고 전령들에게는 영감마님께서 말씀하신 대로 인근 고을에 전하라고 하였습니다."

"잘했군. 우선 전라도의 두 장군은 무엇이라 하던가?"

"예. 흔쾌히 원군을 이끌고 직접 오시겠다고 하셨습니다. 본인들도 싸우겠다고. 그런데 영감마님께서 진주성에 들어와서 함께 싸우자는 것이 아니라 주변에서 진을 치고 있다가 전투가 종료된 시점에서 퇴각하는 적을 쫓아 격멸해 달라고 요청하는 것이라고 말씀드렸습니다. 그러니 뜻을 잘 알겠다고 하셨습니다."

"병력은 얼마나 이끌고 온다고 하시던가?"

"최경회 장군께서는 병력을 모으기는 했지만 아직 병사들을 훈련시키는 중이어서 훈련이 되어 있는 병사 100여 명, 임계영 장군께서는 1,000명을 이끌고 오시겠다고 하셨습니다."

"좋은 징조군. 이기는 싸움에는 서로 오겠다고 하는 것이 당연한 이치. 우리가 이길 준비가 된 것이라 보는 것이오. 그리고 저 먼 전라도 땅에서 병사들이 모여 이곳 진주까지 온다는 것은 우리 백성 모두가 왜적을 물리칠 자세가 되어 있다는 것. 그리고 인근 고을 사정은 어떻소?"

"예. 영감마님. 전령을 보낸 인근 고을에서 대부분 병력을 보내겠다고 하였습니다."

"물론 모든 고을에 내가 직접 전투에 참여하는 것을 원하는 것이 아니라 뒤에서 후원해 달라고 했음을 전했겠지?"

"예. 확실히 전했습니다. 인근 높은 산에서 방책을 쌓아 후원할 것이며 전투에 필요한 물자를 조달하겠다고 하였습니다. 그리고 전투종료 시 후퇴하는 왜적을 쫓아 섬멸하겠다고 하였습니다."

"잘 되었군. 그러면 원군이 총 몇 명이나 되던가?"

"예. 3,000명이 조금 넘습니다."

"3,000명의 응원군이 진주성 근처에 포진하고 있다면 왜적들도 상당히 긴장을 할 걸세. 그러면 우리와의 전투에 집중도가 떨어질 것이야."

"잘 알겠습니다. 우리 진주 관군은 훈련받은 대로 집중력을 가지고 전투에 임하고, 왜적의 집중도는 떨어뜨리겠다는 전략이시군요."

이때 동헌 밖에서 이선달이 뛰어 들어왔다.

"영감마님. 동문으로 와보셔야 할 것입니다."

"무슨 일인가?"

"아직 확인되지 않습니다만 많은 군사가 몰려오고 있습니다. 왜적으로 보이지는 않습니다."

동헌에서 대화를 나누고 있던 목사는 장수들과 함께 동문으로 갔다. 기병과 보병의 혼합부대로 보이는 병사들이 동문으로 가까이 달려오고 있었다. 부대가 식별할 수 있을 정도로 다가오니 조선군으로 확인되었다. 목사는 성을 지키고 있는 진주 관군에게 겨누고 있던 활을 거두라는 명령을 하였다. 부대의 지휘관으로 보이는 장수가 동문 앞에 서서 외쳤다.

"나는 경상우병사 유숭인이다. 성문을 열어라."

"장군이시군요. 성문을 열기 불가합니다. 진주성은 진주 관군만으로 사수할 것입니다. 우병사께서는 부대를 수습하시어 인근에서 후원하시기 바랍니다."

"이보시오. 목사. 왜적의 수가 상상외로 많소. 내 병사들과 함께 싸우는 것이 좋을 듯하오."

"아닙니다. 우병사 대감. 우리는 왜적이 아무리 많이 몰려오더라도 싸워서 이길 방책을 마련해 놓고 있습니다. 우병사께서 성 안으로 들어오시면 혼란이 야기될 수 있습니다."

"알겠소. 나는 밖에서 응원할 터이니 목사께서 잘 지휘하여 꼭 승리해 주시오."

"이해해 주셔서 감사합니다. 장군. 무운을 빕니다."

유숭인 장군은 말이 끝나자 부대를 수습하여 진주성 북문 쪽으로 향했다.

유숭인 장군 부대는 진주성 북쪽에 있는 야산에 올라가 진을 칠 준비를 하였다. 얼마 지나지 않아 왜적의 대규모 부대가 유숭인 장군을 쫓았다. 이들은 바로 야산에 있는 유숭인 장군 부대를 공격했다. 혈투가 벌어졌다. 유숭인 장군은 수적 열세에도 불구하고 전혀 물러나지 않고 용감하게 싸웠다. 그러나 유숭인 장군 부대는 조총을 앞세운 엄청나게 많은 왜적을 감당할 수 없었다. 결국 유숭인 장군을 비롯한 함안 관군은 이 전투에서 모두 전사했다.

유숭인 장군의 전사소식을 들은 목사는 아무 말도 하지 않았다. 다만 입술을 굳게 물었다.

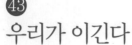

우리가 이긴다

이른 아침 일본군은 진주성 동문 10리 밖에 진을 구축했다. 일본군은 기마병 1,000여 명을 동원하여 성 주위를 돌았다. 군세를 과시하기 위함이었다. 일본군 기마병은 모두 험상궂은 표정의 투구를 썼고, 울긋불긋한 깃발을 등 뒤에 꽂고 있었다. 진주성 안에 있는 조선군과 백성의 기를 죽이려는 것이었다.

목사는 이에 어떤 대응도 하지 말라고 훈령을 내렸다. 화살 하나라도 쏘지 말라고 지시했다. 다만 성중에 있는 노약자를 모아 조선 군사의 복장을 갖추게 하고 성 위를 걷게 하였다. 성 안에 있는 군세가 크다는 점을 일본군에게 과시하기 위함이었다.

목사는 다른 한편으로는 화구를 군데군데 미리 준비하게 하였다. 화구마다 가마솥을 걸고 물을 끓일 준비를 시켰다. 화약을 종이에 싸서 다발로 묶은 후 볏단 뭉치 속에 넣어두고, 성 위에 대포를 10보 간격으로 배치시켰다. 그리고 이들 동원 가능한 인원 모두에게 지휘에 따라 행동하도록 명령하였다.

이날 진주성 밖에 있던 삼가의병장 윤탁과 초계가장 정언충이 이끄는 조선군 300여 명이 진주성을 응원하기 위해 마현까지 진출하였다. 왜군은 즉시 군대를 파견하였고, 조선군과 왜군 간에 접전이 이루어졌다. 그러나 늘 그렇듯이 평지에서 벌인 전투는 왜군이 우세했고, 조선군은 패배하여 후퇴하였다.

목사는 동문에서 함께 지휘하고 있던 이광악 곤양군수와 함께 북문의 방비상태를 최종 점검하기 위해 나섰다. 가장 먼저 성시경 판관이 지휘하고 있던 동문 우측으로 향했다. 성판관이 목사를 보자 앞으로 다가와 목례를 취했다.

진주성 동문 촉석루

　"성 판관. 준비는 잘 되어 있는가?"

　"예, 대감마님. 대감마님의 명령대로 철저하게 준비하고, 반복훈련을 하였습니다. 아무 문제가 없습니다."

　"이제 우리는 일주일 동안 밤낮으로 싸워야 할 걸세. 성 위에서 싸우고 있는 병사, 뒤에서 언제든 빈 공간을 메울 준비를 하는 병사, 충분한 수면과 휴식으로 기력을 회복하는 병사로 구분하여 언제든 최강의 전력을 유지하도록 해야 하네."

　"예. 분부하신 대로 부대를 3개 조로 나누어 그렇게 실시하고 있습니다. 또한 전투에 참여하지 않는 부녀자와 노약자들에게는 불을 때고 물을 끓이는 것을 맡겨 항상 전투지원이 되도록 하고 있습니다."

　"그래. 잘 하고 있군. 그런데 자네, 성판관 옆에 있는 병사는 무엇을 담당하고 있는가?"

"예. 저는 화포장입니다. 세 명이 화포를 맡고 있습니다. 저는 화포 한 대의 모든 책임을 맡고 있습니다."

"그렇군. 항상 화포를 쏘지는 않을 텐데, 화포를 사용하지 않을 때는 무엇을 하는가?"

"예. 무기를 제공하는 역할을 맡고 있습니다. 화약을 말아주고, 화살을 가져다줍니다. 성을 넘어 들어오는 왜적이 있을 때는 긴 창으로 왜적을 찌를 준비도 하고 있습니다."

"많은 역할을 하는군. 자네 말 하는 것을 보니 다른 곳에서 전투경험이 있는 것으로 보이는군."

"예. 그렇습니다. 저는 밀양성 전투에서 박진 부사와 함께 싸운 경험이 있습니다. 그리고 진주성에서 전투경험이 있는 병사를 모집한다는 소문을 듣고 진주성에 왔습니다. 지난번 지례와 황강 전투에도 영감마님과 함께 싸운 경험이 있습니다. 영감마님의 명령만 따르면 항상 이긴다는 것을 알고 있습니다. 다른 병사에게도 말을 하고 있습니다. 이번 전투도 끝내 이길 것이라고 말입니다."

"믿고 따라주니 고맙네. 자네 말대로 우리가 이길 것일세. 그 어느 전투에서보다도 확실히 이길 것일세."

이 말을 듣고 있던 주변 병사들이 술렁거렸다. 조금 있으려니 모두 입을 맞추어 함성을 질러댔다.

"이기자. 이긴다. 이겼다."

"우리가 이긴다."

"사수. 진주성."

한 부대가 외치자, 외침이 곧 온 성에 퍼졌다.

함께 싸우겠습니다

동헌으로 돌아온 목사는 목욕을 하였다. 목욕을 한 후에 후원에 있는 삼신당으로 갔다. 조상신께 내일부터 예정된 전투에서 최선을 다할 것임을 다짐했고, 최선을 다한 만큼의 복을 달라고 정성껏 빌었다. 군사들과 백성들의 안녕을 빌었다. 삼신당에서 기도를 마치고 거처로 내려오니 날이 저물었다. 이미 소쩍새가 울고 있었다.

방으로 들어오니 호롱불이 은은하게 켜져 있었고, 잠자리도 말끔하게 정돈되어 있었다. 목사는 갓과 도포를 벗고 앉았다. 머릿속에는 온통 내일 치를 전투에 대한 생각뿐이었다. 그 때 밖에서 여인의 목소리가 들려왔다.

"영감마님. 소인 산월입니다."

"산월이? 산월이라면 내 밥상을 차려주는 처자가 아니더냐? 아, 저녁 상을 차려오는 것이구나. 그런데 오늘 밖에서 저녁을 먹었다. 상 차려올 필요 없다."

"저녁상이 아닙니다. 주안상을 차려왔습니다."

"주안상이라고 하였느냐? 그러고 보니 요즘 내 도통 술 한 잔을 한 적이 없구나. 그렇지 않아도 머리가 복잡한데 잘 되었구나. 들어오너라."

산월이 주안상을 들고 방으로 들어왔다. 평소에 많이 보아왔건만 눈여겨보지 않았다. 목사는 산월을 가까이에서 처음 본 듯 느꼈다. 방문을 열고 들어와서 주안상을 내려놓는 산월을 지켜보고 있자니 정신이 맑아지는 것 같았다. 산월은 주안상을 내려놓고 서 있었다. 평소라면 주안상을 내려놓고 인사를 한 후 방문을 열고 다시 나가는 것이 상례였건만 산월은 마치 앉으라는 말을 듣고 싶은 듯이 주안상 앞에 서 있었다.

"밖에 일이 없거든 게 앉아라."

기다리던 목사의 말이 떨어지자 산월이 주안상 앞에 다소곳이 앉았다.

"그래. 피로가 몰려오는구나. 내게 술 한 잔 따르겠느냐?"

"예. 영감마님. 고맙습니다."

"고맙다? 네가 내게 술을 따르니 내가 고맙다고 해야지 왜 네가 내게 고맙다는 것이냐?"

"예. 영감마님. 마님께서는 이곳 진주의 어버이이십니다. 그리고 마님의 한 마디 한 마디가 우리에게는 큰 의지가 됩니다. 그러니 제가 마님께 술 한 잔을 올리는 것은 한없는 영광이지요. 제가 마님께 무엇 하나라도 바칠 것이 있으니 그것이 감사할 따름입니다. 술 한 잔 더 올리겠습니다."

산월이 목사에게 술을 따랐다.

"그래. 오랜만에 마시는 술이 맛이 있구나."

목사는 술을 따르는 산월을 보았다. 그리 눈에 띄지 않는 외모이지만 얼굴과 손이 백옥 같았다. 얼굴이 갸름했고 눈매에 깊이가 있었다.

"산월아. 나이가 몇이냐?"

"예, 영감마님. 스물 한 살입니다."

"이제 보니 너는 부엌에서 심부름만 할 아이가 아니구나. 네 출신은 어떻게 되느냐?"

"예. 제 고향은 사천입니다. 제 아비는 사천군수를 지내셨습니다. 박자 병자 석자를 쓰십니다. 왜적들이 사천에 들이닥쳤을 때 부친께서 적들과 싸우시다가 전사하셨고, 오빠 두 분도 부친과 함께 돌아가셨습니다. 모친 역시 왜적의 칼에 맞고 돌아가셨지요. 저는 왜적들이 지나가고 난 후 부모와 형제의 시신을 거두어 장사를 지냈습니다. 그리고 진주에서 군사를 모집한다는 말을 듣고 이곳에 왔습니다. 왜적을 쳐부수는 데 제 한 몸 바칠 마음으로 왔습니다."

"그래도 양반집 규수가 부엌일을 자원했다는 말이더냐?"

"예. 영감마님. 여자의 몸으로 칼과 활을 들 수는 없는 일이라, 왜적을 몰아내는 분들께 힘이 될 수 있도록 맛있는 음식을 만드는 일이 으뜸이라 생각했습니다. 아주 만족하고 있습니다."

"그러면 오늘 내게 저녁상과 술을 가져다 준 것은 너만의 뜻이더냐?"

"제가 자원했습니다. 부엌의 다른 참모들 모두 제게 영감마님을 오늘 잘 모시라고 응원하셨습니다."

"모두들 함께 미리 계획했다?"

"한 잔 더 올리겠습니다. 영감마님."

"그래라. 그리고 너도 한 잔 하거라."

"고맙습니다. 영감마님."

목사와 산월은 함께 술을 마셨다. 흔들리는 호롱불에 비친 산월의 모습이 더욱 예뻐 보였다.

목사는 잠시 눈을 감았다. 내일의 일을 생각했다. 생각의 꼬리를 물다가 잠시 잠이 들었다. 느닷없이 왜적의 장수가 칼을 들고 나타났다. 왜적 장수는 산월에게 달려들었다. 산월도 칼을 들고 왜적에 대적했다. 목사가 황급히 산월을 돕기 위해 몸을 일으켰다. 그러나 목사의 몸이 움직이지 않았다. 애가 탔다. 목사는 다급히 산월의 이름을 불렀다.

산월이 목사를 흔들어 깨웠다.

"영감마님. 꿈을 꾸셨나 봅니다."

"그렇구나. 네가 위험에 빠져있는 꿈을 꾸었다. 내가 뭐라 하더냐?"

"예. 제 이름을 다급하게 부르셨습니다."

"그래. 맞다. 꿈 속에서 내가 네 이름을 몇 차례 불렀다."

"세 번 부르셨습니다."

"네가 옆에 있으니 안심이구나. 너를 잃는 줄 알았다."

"감사합니다. 영감마님. 저는 영감마님 곁에 항상 있겠습니다."

"그래라. 나도 너를 끝까지 보호해주마."

"부디 옥체를 보존하시기 바랍니다. 이것은 저뿐만 아니라 모든 진주 백성의 한결같은 뜻입니다."

"진주 백성의 뜻이라? 네가 어찌 백성들의 뜻을 아느냐?"

"마님께서 사천에 출정 다녀오신 후부터 백성들은 모두 마님의 전공을 입에 담기를 기뻐하고 있습니다."

"그래? 백성들이 내가 무엇을 하고 있는지 다 알고 있단 말이더냐?"

"그렇습니다. 사천성에서 있었던 일뿐만 아니라 진해와 창원, 김산에서 있었던 영감마님의 공로까지 소상하게 알고 있습니다."

"누구에게 들었느냐?"

"예. 영감마님과 함께 싸운 병사들이 한결같이 영감마님의 지략과 용감함에 대해 전했고, 이 말을 들은 모든 백성들은 영감마님께서는 하늘이 내리신 분이라고 알고 있습니다."

"그렇구나. 하지만 이번 싸움은 쉽지 않을 것이다. 하지만 이번에도 이길 것이다."

"예. 모두들 그렇게 알고 있습니다. 우리 백성들은 모두 마님을 믿어 의심치 않습니다. 마님께서는 지금 밖에 몰려와 있는 왜적을 모두 물리치실 것이고, 조선 땅에 있는 왜적들도 모두 몰아내실 것입니다."

"백성들이 나를 원망하지는 않더냐? 내가 백성들을 위험에 빠뜨린 것이라고."

"아닙니다. 오히려 영감마님의 뜻에 따라 우리 모두 힘을 보태어 왜적을 물리치자고 하였습니다."

"나는 백성들을 동원하지 않을 것이다. 나는 너를 포함한 모든 백성들을 보호할 것이다."

"잘 알고 있습니다. 영감마님. 하지만 힘없는 저희들이 전쟁터에서 칼과 활을 들 수는 없겠지만 영감마님을 도울 수 있을 것입니다."

"물론 힘없는 백성들이라도 도움이 되겠지. 밥을 하고 물을 길어주고, 물건을 날라주는 일을 해주면 도움이 많이 될 것이다."

"예. 영감마님. 백성들은 모두 참여를 원합니다. 우리에게도 소임을 주시기 바랍니다."

"알겠다. 네 뜻이 그렇고, 백성들의 뜻이 그렇다면 함께 싸워야지. 고맙구나."

"영감마님. 백성들은 오히려 마님의 안위를 더 걱정하고 있습니다."

"내 걱정을? 왜 백성들이 내 걱정을 한다는 말이냐?"

"예. 영감마님과 함께 전투에 참여한 병사들은 언제나 위험을 무릅쓰고 마님께서 앞장서서 전장을 누빈다고 합니다. 전쟁을 이기는 것도 중요하고 마님께서 몸소 용맹을 보여줌으로써 병사들의 사기를 고양시키는 것도 중요하지만 영감마님께서 계셔야 진주를 보호하고 나아가 조선에서 왜적을 물리칠 수 있다는 것이지요. 이 산월이도 영감마님께서 아무 일이 없기만을 기도할 따름입니다."

목사는 아무 대답을 하지 않았다. 그리고 술잔을 기울이며 다가올 전투를 생각했다. 소쩍새의 울음이 더 크게 울려 퍼졌다.

45
어서 오라. 적들이여

10월 6일의 날이 밝았다. 목사는 동문 위 누각에서 상념에 잠겼다.

오라. 어서 오라. 적들이여.
지금까지 너희는 너희들 뜻대로 했다.
너희들은 우리를 짓밟았다.
너희는 기습으로 우리를 능욕했다.
준비 안 된 우리 군사는 일방적으로 밀렸다.
임금께서는 북으로 몽진하셨다.
산천이 울고 백성이 절규했다.
죄 없는 백성은 불구의 귀신이 되었다.
어미 아비를 잃은 아이들은 버려졌다.
산천은 피폐되고 피눈물 강물이 흘렀다.
평온한 세상이 지옥으로 변했다.
그래 이제 때가 되었다.
병사는 창과 검을 갈았다.
백성이 병사되어 일어섰다.
우리도 이제 준비됐다.
이제 우리도 전투를 안다.
오라. 이제 너희들 차례다.

높은 성벽이 너의 앞길을 가로 막는다.

우리의 창검이 너희를 향한다.

우리의 화포가 불을 뿜는다.

우리가 너희에게 알게 할 것이다.

우리의 힘을 알게 할 것이다.

우리는 너희를 거부한다.

산천도 너희를 거부한다.

우리 백성의 환호가 들리는가.

우리 산천의 울부짖음이 들리는가.

역사에 남기리라. 두고두고 말 할 것이다.

오늘의 승리를. 오늘의 한풀이를.

목사가 성 밖을 내려다보고 있다. 성 안에는 창과 칼, 활을 든 병사들이 성벽을 방패로 길게 도열하여 장수의 행동과 성 밖에서 벌어지고 있는 모습을 번갈아 보고 있다. 장수 뒤에는 붉은 깃발, 황색 깃발을 높이 든 병졸 두 명이 장수의 명령을 기다리고 있다.

성 밖에서는 말을 탄 왜적의 장수가 높이 든 칼을 앞으로 휘두르며 진격명령을 내렸다. 3열 횡대로 도열하고 있던 선두부대가 서서히 성으로 다가간다. 그들은 모두 총을 손에 들고 있다.

선두부대 뒤로 또 다른 3열 횡대의 조총부대가 선두부대를 따르고, 그 뒤에 또 다른 3열 횡대의 조총부대가 잇달아 성벽을 향해 진격하고 있다.

성벽 밖에 있는 해자 가까이까지 선두부대가 도달했고, 그 뒤를 두 번째, 세 번째 부대 3열 횡대로 진영을 갖추었다. 모두 9열 횡대. 부대와 부대 간격은 3보. 동문 밖 성벽 가까이에 일본 조총수들이 9열 횡대로 에워싸고 있다. 조총수만 3천 명이 넘는다.

말을 타고 있는 왜군 장수가 명령을 내리자 조총수 선두에 있던 소규모 부대 단위의 지휘관들이 장수의 명령을 반복하였고, 적군 조총수들은 일제히 총을 들어 성 안으로 사격 자세를 취했다.

이를 지켜보던 성 안의 조선 장수 역시 명령을 내렸다. 장수 뒤에 있던 기수들이 높이 들고 있던 붉은 깃발을 좌우로 흔들자 성벽 50보 뒤에 도열하고 있던 기수들이 장수 뒤의 기수들의 행동을 따라 했다. 그러자 성 안의 병졸들이 모두 몸을 성벽 뒤로 숨겼다.

성 밖의 일본 장수가 또 다른 명령을 내리자 조총수 제1열이 일제히 성벽 위로 사격을 가했다. 왜군 조총수는 성 밖 민가의 문짝과 판자 등을 가지고 나와 성으로부터 100보쯤에 늘어놓고 판자 뒤에 엎드려 일제히 사격했다. 총소리가 그칠 때면 조총병 뒤에 도열해 있던 3만여 명의 적군이 일시에 고함질러댔다. 이어 제2열이 사격을 가했고, 곧 바로 제3열도 총을 쐈다. 총소리가 천지를 진동했고, 화약연기가 안개처럼 피어올랐다.

총소리가 그치자 성 안의 조선 장수가 다른 명령을 내렸다. 장수 뒤의 기수는 앞뒤로 붉은 깃발을 흔들었고 간격을 두고 뒤에 있던 다른 기수들도 장수의 명령을 반복하며 붉은 깃발을 앞뒤로 흔들었다. 그러자 성벽 뒤에 몸을 숨기고 있던 병사들이 성벽 사이로 몸을 드러내고 함성을 질러댔다. 북과 징, 꽹과리를 동원하여 잠시 전에 있었던 총소리보다 더 큰 소리를 질러댔다.

왜군 조총수 선두부대는 뒤로 물러났고, 그 자리를 두 번째 조총부대가 차지했다. 곧 이어 총을 성 안을 향해 겨눴고, 성 안에 있던 조선 병졸들은 신호에 맞추어 또다시 성벽 뒤로 몸을 숨겼다. 총소리가 연이어 천지에 진동했고, 총소리가 그치자 성 위의 조선 병사들은 몸을 드러내고 총소리에 맞받아 소리를 지르며 일본군을 조롱했다.

두 번째 조총부대가 뒤로 물러났고, 세 번째 조총부대 역시 성 위로 총을 쏘아댔다. 이어 조선 병사들의 고함과 야유소리가 더 크게 울려 퍼졌다. 조선군은 단 한발의 활도 쏘지 않았다. 단지 북과 꽹과리를 치고 함성을 지르기만 하였다. 또한 성 밖에서도 보이는 곳에 조선군 기병 500기가 내달리며 무력시위를 벌였다.

총을 쏘던 일본군이 갑자기 총 쏘기를 멈추었다. 횡대로 서 있던 일본군 조총수들은 종대로 부대의 편제를 바꾸었다. 그리고는 후방에 있던 보병들이 앞으로 나왔다. 보병들은 대나무로 만든 사다리를 들고 있었다. 보병들이 앞으로 나오자 조총수들은 다시 횡대로 섰다. 조총수들은 다시 성 위로 총을 쏘아댔고, 조총병들의 엄호 아래 보병들이 성벽에 수백 개의 사다리를 놓고 성벽을 기어오르기 시작했다.

왜군이 사다리를 이용해 성벽의 2/3 정도 오를 때까지 성 위의 진주 관군은 전혀 나타나지 않았다. 적군들이 사다리에 개미떼 같이 붙어있을 때 동문 누각에서 붉은 깃발이 솟구쳤고, 이 깃발은 좌우로 휘날렸다. 그러자 성 위에 있던 다른 깃발도 솟구쳤고 동시에 좌우로 휘날렸다. 붉은 깃발이 휘날리자 성 위에서 조선군들이 함성 소리를 지르며 나타났고, 성벽을 기어오르던 적군을 공격했다. 화살이 정조준 되어 왜군을 향해 쏟아졌고, 가마솥에서 끓던 물과 기름을 사다리에 기어오르던 적군에게 퍼부었다. 사다리를 오르던 적군들이 아래로 떨어지면서 그 아래에서 기어오르던 적군을 덮치며 함께 떨어졌다. 이내 불이 붙은 짚단 뭉치가 성 위에서 떨어졌고, 짚단 뭉치 안에 있던 화약이 터졌다. 화약이 터지며 성벽 아래에 있던 적군들이 쓰러졌고, 기름에 옷을 적신 왜군들의 몸에 불이 붙어 순식간에 아수라장이 되었다.

왜군들은 황급히 후퇴하기 시작했다. 성 위에서 정조준된 화살이 후퇴하는 적군을 그대로 돌려보내지 않았다. 이를 바라보고 있던 조총수들도 함께 퇴각했다. 첫 전투가 한순간에 끝난 것이다. 동문 위에서 또다시 붉은 깃발이 솟았다. 그리고 성 위에 여기저기 흩어져 있던 붉은 깃발도 모두 솟아올랐다. 그러자 다시 성 위에 보이던 조선군들의 모습이 사라졌다. 그리고 우렁찬 함성이 울려 퍼졌다.

왜군 보병이 물러나자 바로 조총수들이 나섰고, 이들은 횡대로 도열하여 성 위로 총을 쏘아댔다. 그리고 조총의 엄호를 받으면서 보병들이 성 아래에 있는 부상병과 시체를 후방으로 이송했다. 부상병과 시체의 이송을 마치자 조총수들도 퇴각했다.

첫 전투가 끝나자 해가 지기 시작했다. 해가 진 후 두 시간이 지나자 북문의 북장대를 바라보고 있는 북산 위에 수많은 횃불이 솟아올랐다. 목사는 북장대에서 최선달을 불렀다.

"북산에 있는 부대는 어디 소속인지 아는가?"

"예. 영감마님. 곽재우 부대 소속으로 알고 있습니다."

"저 부대를 이끄는 장수는 누구인가?"

"예. 곽재우 부대 소속의 선봉장 심대승으로 사료됩니다."

"좋은 전략이오. 저들이 볼 수 있도록 북장대 좌우에 우리도 횃불을 밝히시오. 그리고 북과 장구, 꽹과리를 치면서 저들과 호응하도록 하시오."

목사의 명령이 있자 바로 시행하였다. 진주 북장대에서 횃불이 오르고 북과 장구, 꽹과리 소리가 울리자 북산에서도 함성이 울려 퍼졌다. 한참 뒤에 물러나 있던 왜군 기병부대가 소리가 나는 곳으로 접근했다. 그리고 횃불과 소리를 확인하고는 그들 진영으로 물러났다.

46

한 놈도 남기지 마라

전투가 끝나 주변정리를 하고 있을 무렵 목사는 장수들을 북장대로 불러 모았다. 그리고 진주 관군의 피해상황을 점검했다. 피해는 거의 없었다. 다만 10여 명의 병사가 가벼운 찰과상을 입었을 뿐이다. 목사가 말했다.

"오늘 새벽에 왜적들이 침입을 시도할 것이오. 첫 전투로 왜적은 1,000여 명의 선봉을 잃었소. 이를 복수하기 위해 야심을 통해 기습을 감행할 가능성이 높소."

"예. 영감마님. 영감께서 평소에 저희들에게 경계를 단단히 하라고 지시하셨기에 우리도 그렇게 대비하고 있습니다."

"그렇게 이해하고 있다니 좋소. 나는 다만 이번 전투가 하루 이틀이 아니라 일주일 동안 계속 이어질 수 있다는 생각이 들어 장수들에게 다시 말하는 것이오."

"예. 밤낮으로 싸워 이기려면 휴식도 필요하니 전투에 참여한 병사들을 쉬게 하고, 다른 조를 투입하였습니다."

"잘 하고 있소. 안심이오. 푹 쉬어야 전투력이 생기는 것이오. 그리고 장수들도 교대로 철저한 대비를 해주시오. 왜적의 수가 워낙 많으니 한 곳이 뚫리면 그것으로 끝이오."

"예. 분부 받들어 시행하겠습니다."

목사는 동문의 경계를 이광악 군수에게 맡기고 잠시 쉬었다. 이군수에게 적이 출현하면 바로 알리라고 당부를 잊지 않았다. 자시*에 전령이 누워있던 목사를 깨웠다. 목사는 발소리를 죽이며 동문으로 나갔다. 이군수는 목사를 보자 왜적이 야음을 틈타 움직이고 있다고 보고하였다. 목사가 성 아래를 내려다보니 온통 검은 칠을 한 왜적들이 소리를 죽이며 성벽 앞까지 진출하고 있었다. 목사는 성 안에 있는 각 부대에게 전령을 보냈다.

성벽에 사다리가 소리 없이 내걸렸다. 얼굴까지 검은 색을 칠한 왜적들이 사다리를 타고 오르기 시작했다. 성벽 아래 불기둥이 동시에 피어올랐다. 불기둥이 오르자 왜적들은 함성을 지르며 성을 공격하기 시작했다.

이때 동문 누각에서 꽹과리 소리가 우렁차게 울려 퍼졌다. 바로 성 위에 있는 곳곳에서 꽹과리 소리가 퍼져 나갔다. 그리곤 성 위에 엄청나게 많은 수의 횃불이 지펴졌고, 진주 관군의 함성소리가 산과 들을 덮었다. 마치 대낮과 같았다. 야습을 하려던 왜적의 의도는 드러났고, 적의 야습을 알고 기다리던 진주 관군의 사기만 높아졌다. 전날의 전투와 같은 양상이 벌어졌다.

사다리를 이용해 성벽을 오르던 왜군들은 조선군의 활과 돌, 뜨거운 물과 기름을 맞아 아래로 굴러 떨어졌고, 성벽 아래에서 모여 있던 적군들은 성 위에서 떨어진 짚더미 안에 있던 화약이 터지면서 나뒹굴었고, 급기야 몸에 불이 붙어 땅 위를 굴렀다. 얼마 되지 않아 적군 본진에서 퇴각명령이 하달되었고, 살아남은 적들이 죽거나 부상당한 동료를 이끌고 후퇴하였다.

이날 아침부터 왜군의 공세가 또 이어졌다. 동문 밖 드넓은 들판에 적군들이 꽉 들어차 북소리에 맞추어 성으로 진격하고 있다. 왜군은 총과

---

* 자시(子時)는 24시의 첫째 시. 오후 11시 반부터 오전 1시 반까지의 동안을 나타냄.

칼을 뒤로 메고 손에 잡다한 물건을 들고 있다. 대부분 돌과 나뭇가지를 들고 있다. 조선인의 대문 또는 문짝, 심지어는 소달구지를 끌고 오는 병사들도 보인다. 이들은 손에 들고 있던 물건들을 성벽 밖의 해자에 집어 넣었다. 해자를 메우려는 것이다.

성 안의 조선 장수는 기수들에게 명령을 내렸다. 기수들이 황색 깃발을 흔들자 성 안의 조선 병졸들이 분주히 움직였다. 조선 병졸들 뒤에는 군데군데 모닥불이 피어있다. 병졸들은 화약을 베로 만든 작은 주머니에 넣고 그것을 짚으로 싸 한쪽 편에 모아 두었다.

성 밖의 해자가 드디어 메워졌다. 그러자 군영 뒤에 숨어있던 부대가 함성을 지르며 성벽으로 한꺼번에 몰려왔다. 그들은 성벽을 오를 사다리를 들고 왔다. 성벽에 수백 개의 사다리가 걸쳐졌다. 성 아래 있던 일본 군들이 함성을 지르며 사다리를 오르기 시작했다. 또한 한편에서는 조총으로 이들을 엄호할 준비를 갖추었다.

성 위에서는 황색 깃발이 일제히 휘날렸다. 그러자 조선관군이 함성을 지르며 나타났다. 그리고 성 위의 조선 병졸들은 왜군을 향하여 끈적한 액체를 들이부었다. 기름이다. 적들이 기름을 덮어썼다. 뒤이어 성 위에서 불덩어리가 쏟아져 내렸다. 일부 불덩어리는 땅에 떨어지기도 전에 굉음을 내며 폭발하였고, 일부는 땅 위에 떨어지자마자 폭발하였다. 조선군들이 화약과 쇳조각을 기름에 젖은 짚단 뭉치에 싸고 불을 붙여 성 밖의 적을 향해 던진 것이다. 폭발음이 천지를 가르고 성 밖의 해자를 메웠던 나무들에 불이 옮겨 붙어 사방에 불이 붙었다. 적군들은 아비규환에 빠졌다. 화약폭발로 인해 쇳조각에 맞아 죽고 기름에 젖은 옷에 불이 붙자 사다리에 오르던 적들이 땅으로 떨어졌고, 사다리를 받치고 있던 적들은 불바다에서 허둥거렸다. 이와 동시에 성 위에서는 조선군의 화살이 비오듯 쏟아져 내렸다. 적군들은 후퇴하고자 했지만 해자를 가득 메운 나무 더미에 불이 붙어 허둥대다가 화살에 맞아 쓰러져갔다.

오후가 되어 왜군들은 또다시 공격해 들어왔다. 이번에는 조총만을 쏘아대지 않고 불화살까지 쏘았다. 불화살에 진주성 내 성벽 가까이에 있던 민가가 모두 불에 탔다. 그러나 진주성을 넘은 적군은 단 한명도 없었고, 적군의 공격에 의한 진주 관군의 사상자도 거의 없었다. 반면 적군의 사상자 수는 늘어만 갔다.

오전 공격이 끝나자 일본군 진영에서 조선인 어린아이들이 성 아래에 모습을 나타냈다. 이들은 성 주위를 돌아다니면서 "서울이 함락되고 8도가 무너졌는데 바구니만한 작은 성을 어찌 지키겠는가? 오늘 저녁에 장군님이 오면 너희 장수의 머리는 깃대 위에 달릴 것이다."라며 외쳤다. 이 말을 들은 진주 관군과 백성들 중에서 몇몇은 이들을 나무라기도 하였다. 그러나 목사는 아무런 응대를 하지 말라고 명령을 내렸다. 왜군의 심리전에 넘어가 쓸데없이 힘을 낭비하지 말라고 하였다. 목사는 적의

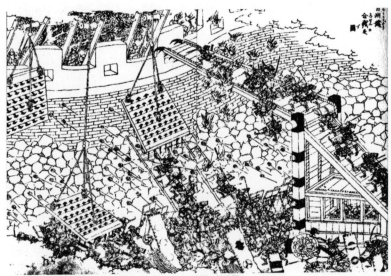

『에혼타이코키(絵本太閤記)』에 묘사된 진주성전투

목적이 무엇인지를 잘 알고 있었다.

밤이 어두워지자 목사는 악공을 시켜 동문 누각에서 피리를 불게 하였다. 성 안이 안정되어 있다는 모습을 보이기 위함이었다. 이러한 목사의 차분한 대처는 적군에게 무언의 압박을 주었다.

이날 밤 왜군은 공성을 위해 새로운 무기를 제작하기 시작했다. 일본군은 대나무와 판자를 이용해 가건물을 지었다. 가건물은 성벽보다 높았고, 가건물 위에는 10여 명의 조총수들이 앉아서 총을 쏠만한 공간이 있었다. 나무로 만든 가건물 아래에는 바퀴를 달아 밀고 갈 수 있도록 만들었다. 일본군은 이런 가건물을 30여 채 준비하여 다음 날의 공격을 준비하였다.

47
170문의 대포가 발사됐다

왜군들은 수레에 흙을 담아와 성벽 밖의 해자를 메우기 시작했다. 성 아래에서 일본군들이 작업하는 동안 성 안의 조선군들은 전혀 동요하지 않았다. 오히려 해자가 메워진 후 전투가 시작되기를 기다리는 듯 보였다. 날이 밝자마자 시작된 작업은 해가 지기 전에야 끝났다.

성 밖이 정리되자 적의 비장의 무기가 등장했다. 전날 만든 성보다 높은 가건물을 성 앞으로 밀고 왔다. 가건물 위에는 널빤지를 깔아 조총수들이 올라가 아래를 보며 사격할 수 있는 발판이 있고, 이 가건물 밑에 도르래를 장착하여 이동할 수 있도록 하였다. 삼십 대가 넘는 가건물이 성벽을 향해 다가왔다. 가건물 옆에는 사다리를 든 적군들이 전진하였다. 가건물이 성벽에 다가갈수록 적군들의 사기는 더욱 높아졌다. 그들은 이미 성을 점령하기나 한 것처럼 환호하며 성에 다가왔다. 가건물이 성벽에 다가오자 보병들도 사다리를 준비하여 성에 오를 준비를 하였다.

성 위에서 이를 지켜보고 있던 목사가 수신호를 기수에게 보냈다. 황색 깃발이 나부꼈다. 조선 병사들은 또다시 일사분란하게 움직였다. 성벽 사이에 금속 물체가 모습을 드러냈다. 대포였다. 170문의 대포는 한꺼번에 발사됐다. 포탄은 가건물에 적중하였다. 포탄을 맞은 가건물은 그 자리에 무너져 내렸다. 가건물 위에서 조총사격 준비를 하던 왜군은 포탄에 맞아 죽거나 다쳤고, 가건물이 무너지면서 땅 아래로 떨어졌다.

적군의 대열은 순식간에 무너졌다. 가건물이 무너지자 화포는 적군 대열에 맞추어졌다. 대열을 갖추고 전진하던 적들은 포탄세례를 받고 우왕좌왕 하면서 쓰러져갔다. 적군 장수는 후퇴명령을 내렸고, 적들은 후퇴하기 시작했다.

이때, 그 동안 굳게 닫혀만 있던 동문이 열렸다. 열린 동문을 통해 조선 기마병들이 쏟아져 나왔다. 조선 기마병은 후퇴하는 왜군의 중앙을 뚫고 전진하다가 좌우 양편으로 갈라져 적군의 배후를 쳤다. 조선 기병들은 뒤로 돌아 후퇴하는 적군의 행렬을 갈랐다. 적은 수의 적군들이 조총을 쏘며 저항하였지만 기병의 속도와 기세를 꺾지 못했다. 기병들은 그 동안 이 시간을 기다렸다는 듯이 일본군을 닥치는 대로 베었다. 이미 사기가 꺾인 적군은 살길을 찾아 도망가기에 바빴다.

이번엔 동문 누각에서 붉은 깃발이 솟구쳤다. 꽹과리 소리도 요란하게 울려 퍼졌다. 그러자 동문 밖에서 왜군 진영을 휘젓던 기병들이 일사분란하게 성으로 돌아왔다. 성 위에서 이를 바라보던 조선 병사들은 모두 환희에 젖어 함성을 지르며 이들을 맞았다.

이날 밤 고성 가현령 조응도와 진주복병장 권유경이 500명의 군사를 거느리고 남강 건너 고개 위에서 십자횃불을 들고 열을 지어 서서 날라리를 불었다. 성중에서도 북을 울리고 날라리를 불어 응답하였다. 왜군 진영은 아무런 움직임이 없었다. 목사는 몸소 물과 먹을 것을 가지고 다니면서 군사들의 허기와 목을 채워주었다. 병사들은 목사의 온정에 같이 죽을 것을 맹세하며 화답하였다.

다시 밤이 찾아왔다. 양진영에 적막감이 돌았다. 양진영 모두 깊은 잠에 빠진 듯 했다. 새벽 1시. 갑자기 동문 밖이 대낮같이 환해졌다. 동문 밖 성 아래 왜군들이 한 손에 횃불을 들고, 다른 손에 총 또는 칼을 들고 나타났다. 적군 전병력이 동원된 것이다. 적군들은 천지를 떠나보내려는 듯 함성을 지르며 사다리를 타고 성벽을 올랐다.

이에 때를 맞춰 성벽 위에도 불이 밝혀졌다. 성 위에는 또다시 170문의 대포가 나타났다. 이번에는 대포의 포신이 성 아래의 왜군을 향해 조준됐다. 대포가 발사됐다. 대포알이 가까이에도 떨어지고 멀리도 떨어졌다. 대포가 터짐과 동시에 수많은 적군들이 쓰러졌다. 대포가 발사된 후 재장전 되기까지는 짚단 뭉치에 쌓인 화약이 불에 붙은 채 성 아래로 떨어졌다. 화약이 터지고 적군의 신음소리가 이어졌다. 성 위에서 화살이 쏟아졌다. 화살은 모두 적군에 정조준하여 바람을 갈랐다. 적군도 이번에 죽기 살기로 달려들었다.

진주 관군도 만만치 않았다. 성 위의 조선군들은 왜군이 사다리 위까지 올라올 때를 기다렸다. 사다리를 올라와 성을 넘기 전까지 화살을 쏘지 않고 기다렸다. 그리고는 긴 동아줄에 낫과 칼, 쇠뭉치를 묶어 일본군을 공격했다. 더 가까이에 온 적군에게는 긴 창으로 공격했다. 화살 한발이라도 아끼겠다는 것이다. 그리고 진주 관군은 적군과 싸우면서 전투에 대한 자신감도 쌓여갔다.

목사를 비롯한 장수들도 선두에서 전투를 지휘하였다. 전투의 양상이 변함에 따라 즉각적인 명령을 내렸다. 그리고 문제가 발생하거나 취약한 곳이 발견되면 즉각 달려가 문제를 해결했다. 성 안의 백성들도 전투에 도움을 주었다. 그들은 돌과 물을 부지런히 날랐고, 불을 지피기 위해 나무를 베어 장작을 만들어 즉시 제공하였으며, 음식을 만들었고 부상병을 치료하였으며, 전투에 지친 병사의 휴식 공간을 마련해주었다.

전투가 사흘째 되자 진주성 외각에 있던 응원군도 움직였다. 정인홍 부대에 소속된 합천가장 김준민이 500여 명을 이끌고 단성현 쪽에 있는 일본군을 기습했고, 진주 한후장 정기룡이 조경형 부대와 합세하여 사천 방향에 있는 왜군을 공격했다. 단성에서 진을 치고 대기하고 있던 전라

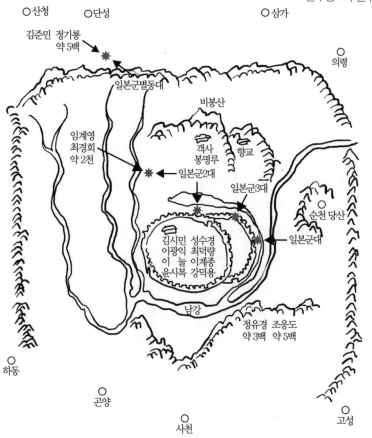

○산청 　○단성 　　　　　　　○삼가

김준민 정기룡
약 5백

의령

일본군별동대

비봉산

임계영
최경회
약 2천

객사
봉명루 　향교

일본군2대

일본군3대

순천 당산

김시민 성수경
이광의 최덕량
이　눌 이계종
윤시복 강덕용

일본군대

남강

정유경 조응도
약 3백 약 5백

하동

곤양

사천

고성

　도 의병장 최경회와 임계영의 군사 1,000여 명은 성을 포위한 적군의 후
면에 진을 치고 일본군을 압박했다.

48
곧 저들이 물러갈 것이다

새벽이 밝아올 때까지 전투를 벌였다. 동이 트자 왜군이 물러났다. 그들은 평소에 물러나면서 전사자를 모두 그들의 진영으로 옮겼다. 그러나 이번엔 전사자수가 엄청나고 부상자수도 많았기 때문에 전사자를 성 밖에 버려두고 물러났다. 날이 밝자 적군의 시체가 성벽에 겹겹이 쌓여 있는 모습이 그대로 보였다. 이번에는 진주 관군의 피해도 적지 않았다. 하지만 조선군의 피해는 적군에 비해 비교도 안 될 만큼 경미한 것이었다.

목사는 장수들과 함께 성을 돌며 전투상황을 점검했다. 목사의 일행이 성 위를 순찰할 때 병사들은 모두 나와 환호로 맞이하였으며, 병사들 뒤에서 일손을 돕던 성민들도 함께 기뻐하며 이들을 맞았다. 목사는 누워 있는 한 부상병에게 다가가 말을 걸었다.

"수고했네. 많이 다쳤는가?"

부상병은 목사의 음성을 듣자 자리에서 일어나 대답했다.

"아닙니다. 적의 총에 다리를 맞아 일어서기 어려울 따름입니다. 곧 회복될 겁니다. 회복되면 다시 전투에 참가할 것입니다."

"자네의 충정이 고마울 따름이네. 모두 이렇게 용감하게 싸우니 이 전투에서 우리는 반드시 이길 걸세."

"모두 영감마님 덕입니다. 저희는 영감마님께서 지시하는 대로 따르면 항상 이겼습니다. 저는 창원 전투에도 참여했습니다. 영감마님은 우리를 위해 산신께서 보내셨습니다."

"이제 하루 이틀만 더 지나면 저들은 물러날 것일세."

목사의 이 말을 듣고는 이일갑 선달이 목사에게 물었다.

"영감마님의 예측은 한 번도 빗나간 일이 없으십니다. 영감마님께서는 어떻게 왜적들이 곧 물러날 것이라고 장담하십니까?"

"병법을 잘 보면 다 나와 있지. 전쟁터에서 한 부대의 전투력이 유지되기 위해서는 사상자가 많지 않아야 하는 법이네. 지금 적은 지금까지의 전투에서 1/3 이상의 희생자가 발생했네. 이제 저들도 알겠지. 진주성을 도모할 수 없다는 것을."

"그렇다면 바로 물러나야 하는 것 아닙니까? 영감마님께서는 하루 이틀 더 공세를 취할 것이라고 하시지 않으셨습니까?"

"전투에서 지더라도 물러나야 할 때가 있는 것이지."

"전투에서 졌으면 바로 물러나는 것 아닙니까?"

"정부장이 이 물음에 답을 해보게."

"예. 영감마님. 영감마님께서 하명을 하셨으니 소인이 생각하는 바를 말씀드리겠습니다. 왜적은 지금까지 수적 우세만을 믿고 밀어붙였습니다. 그러니 사상자가 많이 발생했지요. 사상자가 많이 발생했다고 해서 지금 물러선다면 왜적의 장수는 계책이 없는 자로 낙인찍히게 되어 있습니다. 따라서 저들은 새로운 방법으로 우리 진주성을 공격할 것입니다. 그래도 안 된다면 그 때는 물러날 것입니다. 영감마님께서 하루 이틀 후에 물러날 것이라고 보신 이유는 여기에 있는 것으로 사료됩니다."

"역시 정부장이군."

"그렇다면 적들이 다른 수법으로 공격하겠군요. 어떤 방법이 있습니까?"

"우선 저들의 사상자를 최소화 하는 방법으로 공격해 올 걸세. 왜군들도 우리를 공격하면 희생이 많다는 것을 알고 있을 테니 지금까지의 공격방법과 다르게 공격해 올 것일세. 난 지금 성 앞에 토산을 쌓을 것으로 생각하네. 그리고 우리를 속이는 기만전술을 펼치는 것도 있고."

"기만전술이라니요?"

"예를 들어, 저들이 물러나는 것처럼 보여서 우리가 성문을 열고 저들을 따라가 배후를 치려고 할 때 진을 치고 기다리고 있다가 우리를 기습하는 것이지."

"물러나기 전에 마지막 발악을 하겠다는 것이군요."

"그렇지. 이제 저들의 마지막 발악을 격퇴하면 물러나겠지."

"잘 알겠습니다. 명심하여 저들의 마지막 발악까지도 격퇴하도록 만반의 준비를 하겠습니다."

장수들과 병사, 그리고 백성들 모두 결의에 찬 모습을 보였다. 그리고 모두들 목사의 예측에 대해 대화를 나누며 목사를 칭송하였다.

이때 동문에서 전령이 왔다. 성 밖에 왜적들이 나타났다는 것이다. 목사는 장수들을 대동하고 동문으로 갔다. 왜적들은 무장하지 않고 성벽으로 걸어오고 있었다. 그들 중에는 흰색 천 위에 글을 쓴 것을 들고 있는 자가 있었다. 전사자를 데려갈 테니 공격하지 말아달라는 것이다. 장수들이 술렁거렸다. 말이 되지 않는다는 반응이 다수였다. 그러나 목사는 장수들을 저지하였다. 그리고 크게 글을 써서 왜적에게 보여 주었다. 전사자를 데려가는 동안은 공격하지 않을 것이라고.

왜적들은 한동안 성 밖에 있는 왜군의 사체를 거두어 갔다. 선명한 핏자국이 여러 곳에 남아 있었지만 성벽 앞에 가득히 쌓여 있던 사체들이 말끔하게 치워졌다. 해가 질 때까지 성 밖에 왜적이 나타나지 않았다.

목사는 장수들을 모두 동헌으로 소집하였다. 동헌에는 진주성과 인근에 대한 커다란 지도가 놓여 있었다. 목사는 장수들이 모두 참여하였다는 것을 확인한 후 지도를 가리키며 병력배치에 대해 다시 확인하였다. 지금까지 3교대로 부대를 배치하던 방식에서 전군을 동원하여 부대배치

를 다시 하였다. 목사가 부대배치에 관한 명령을 끝내자 이광악 군수가
목사에게 질문을 하였다.

"영감마님. 전군을 동원하시는 이유가 궁금합니다. 오늘 밤이 마지막
전투라는 뜻이신지요?"

"그렇소. 군수. 내 생각에 오늘 밤과 내일 새벽, 그리고 내일 오전까지
적은 마지막 힘을 다하여 공격할 것으로 보이오. 그리고는 물러갈 것으
로 생각되오."

"그렇다면 이제 우리의 승리가 곧 확인되겠군요?"

"그렇소. 전 병사들과 백성들이 지금까지 잘 버텨주었소. 이제 저들은
물러갈 명분을 찾기 위해 총공세를 펼칠 것으로 생각되오. 이제 우리도
저들의 마지막 총공세를 막아낼 뿐만 아니라 후퇴하는 적을 뒤쫓아 한
명의 적이라도 더 베어야 할 것이오."

"알겠습니다. 모두 명령대로 따르겠습니다."

동문 밖에서 다급하게 전갈이 왔다. 적이 움직인다는 것이다. 목사는
대부분의 장수들을 각자의 위치로 돌려보내고 이광악 군수, 성수경 판
관, 정영석 부장, 최풍헌 선달과 함께 동문 누각에 올라갔다. 왜군들이
흙이 가득 든 짐을 지고 성문 밖까지 와서 흙을 부리고 갔다. 일본군이
흙으로 성을 쌓고 있었다. 정오부터 해가 질 때까지 많은 수의 왜군들이
흙을 나르다보니 해가 질 때 쯤 꽤나 높은 흙산이 만들어졌다. 그렇지만
적군들이 쌓고 있는 흙성은 위협이 되는 수준이 될 수는 없었다. 진주성
벽이 워낙 높은데다가 적군들이 성 위에 있는 활과 포의 사정거리 밖에
서 흙산을 쌓고 있기에 흙산 위에 조총병들이 있다고 해서 성에 직접적
인 위협이 될 수는 없기 때문이다.

하지만 왜군들이 흙산을 미리 쌓는 이유가 결국 밝혀졌다. 흙산 뒤로
왜군들은 나무로 만든 누각을 이동시켰다. 나무로 된 누각을 평지에서

이동시키다보니 성 위에서 발사된 포탄에 의해 성벽 가까이 오기도 전에 파괴되었지만 흙산 뒤에 공성무기를 배치하고 일시에 성으로 쳐들어오겠다는 계략이었다.

목사는 전군에 명령이 있을 때까지 단 한 발의 화살과 화포도 쏘지 말라고 지시를 내렸다. 다만 전군에 출동명령을 내린 상태였고, 성 안의 모든 백성들에게도 임무를 맡겼다. 드디어 왜군들이 공격을 개시했다. 수십 개의 나무누각이 한꺼번에 성 가까이로 들이닥쳤고, 수백 개의 사다리가 성벽에 놓여졌다. 조총소리가 밤하늘을 무너뜨리듯 메아리쳤다. 조총소리가 끊어지자 동문에서 붉은 깃발이 솟구쳤다. 동문에 붉은 깃발이 오르자 하위부대장별로 성 군데군데 놓여 있던 붉은 깃발이 함께 솟구쳤다. 이를 신호로 성 위에 화포 170문이 한꺼번에 나타났다. 화포의 1/3이 불을 뿜었다. 화포가 한 번 불을 뿜으니 적의 나무로 된 누각 대부분이 화포를 맞고 휘청거렸다. 두 번째 화포가 불을 뿜었고, 적군의 나무누각이 무너져 내렸다. 세 번째 화포가 불을 뿜었다. 이제 더 이상 적군의 누각은 그 역할을 다 할 수 없었다.

왜군 누각이 완파되자 성 위에서 뜨거운 기름이 쏟아져 내렸다. 그리고 불에 붙은 짚단 뭉치가 성 아래 적군을 덮쳤다. 짚 뭉치는 땅에 떨어지자 안에 있던 화약이 터졌고, 미리 쏟아져 내린 기름에 불이 붙어 성 아래는 화염이 가득했다. 일본군은 화약이 터지면서 쏟아져 나온 쇠파편을 맞아 쓰러졌고, 뒤집어 쓴 기름에 불이 붙어 우왕좌왕 하였다. 이내 성 위에서 화살이 쏟아져 내렸다. 성 아래에 있던 대부분의 적군들은 사망을 했거나 부상을 입었다. 더 이상 적군들은 성을 향해 돌격하지 못했다.

또다시 성 위의 화포가 불을 뿜기 시작했다. 이번에는 화포가 후방에 있던 조총병과 성으로 돌격하기 위해 대기하고 있던 왜군을 향했다. 한 동안 적군들이 조선의 화포공격을 받고 쓰러졌다. 성 위에 다시 붉은 깃발이 올랐다. 북소리와 꽹과리 소리가 동시에 울려 퍼졌다. 바로 진주성의 동문과 북문이 열렸고, 성문 밖으로 기병이 쏟아져 나왔다. 화포로 전열이 무너진 적군을 진주 기병이 들이닥쳤다. 달 밝은 밤에 쫓는 진주 기병과 달아나는 적군의 모습을 성 위의 군사와 백성들이 똑똑히 지켜보고 있었다.

동문과 북문에서 다시 꽹과리와 북소리가 요란하게 울려 퍼졌다. 이것을 신호로 기병이 성 안으로 들어왔다. 성벽 위에 있는 병사와 백성들은 환호로 진주 기병을 맞이하였다.

49

일본 가부키에서[51] 조선의 목 없는
귀신이 김시민 목사?

박교수는 오래간만에 장박사를 만났다. 늘 가던 남도음식점에서 삼합에 막걸리를 놓고 마주 앉았다.

"장박사. 자네는 김시민 목사에 대해 어떻게 생각하는가?"

"제 생각보다는 일본인들이 알고 있는 김시민 목사에 대해 말씀드리는 것이 좋을 것 같습니다."

"그래. 일본인들은 김시민 목사에 대해 어떻게 알고 있다던가?"

"일본인들이 자랑하는 일본문화의 하나인 가부키*라는 연극에서 한국인이 한 명 등장한다고 합니다."

"그래? 중국인들의 경극에 고구려의 명장 연개소문이 등장하는 것은 많이 들어왔지만 일본 연극에 한국인이 등장한다니 뜻밖이군."

"그렇습니다. 중국 경극에 연개소문이 무서운 악귀로 등장하듯이 일본 가부키에서는 김시민 목사가 등장한다고 합니다."

"그럼 김시민 목사도 무서운 악귀로 등장한다는 말인가?"

"예. 그런 셈이지요. 모쿠소라는 이름으로 조선의 목 없는 귀신이 등장한다고 합니다."

---

* 가부키(歌舞伎)는 음악과 무용, 기예가 어우러진 일본의 전통연극으로 16~17세기 에도시대(江戸時代: 도쿠가와 이에야스가 세이이 다이쇼군(征夷大將軍)에 임명되어 막부(幕府)를 개설한 1603년부터 15대 쇼군(將軍) 요시노부(慶喜)가 정권을 조정에 반환한 1867년까지의 봉건시대)에 서민 예술로 시작되어 오늘날까지 이어지고 있다. 1965년 일본의 중요무형문화재로 지정되었으며, 2008년에는 유네스코 세계무형유산으로 지정되었다.

"목 없는 귀신이라. 김시민 목사가 목 없는 귀신으로 등장한다면 김시민 목사의 목을 그들이 베었단 말인데, 그것은 억지 아닌가?"

"억지이지요. 그런데 나름 논리가 있습니다. 도요토미 히데요시는 1차 진주성 전투, 즉 진주대첩에서 김시민 목사가 전투가 끝날 때 총탄에 맞아 끝내 사망한 것을 몰랐습니다."

"그렇겠지. 진주대첩에서 3만 명의 병력으로 참패를 당했으니 2차 진주성전투에서는 9만 3천 명이라는 병력을 진주성에 집결시킨 것 아니겠나?"

"예. 그렇습니다. 진주대첩 이후 도요토미 히데요시는 진주성에 머물고 있는 모쿠소*(김시민 목사)를 눈엣가시로 생각했지요. 조선 남부의 중심에 있는 진주성에 조선의 맹장이 버티고 있고 각종 전투를 지휘하였기 때문에 남부를 실질적으로 지배할 수 없을 것으로 판단했을 것입니다."

"그렇지. 그러니 결국 한양성에서 부산진성으로 퇴각할 수밖에 없었고 명나라와의 화의협상 과정에서 한강 이남의 조선 땅을 차지하겠다고

---

* 1차 진주성 전투에서 김시민 주도의 조선관민이 보여준 필사의 항전은 적인 왜군에게도 매우 강렬한 인상을 남겼다. 이로 인해 당시 일본군들은 김시민을 모쿠소라고 불렀다. 이때의 모쿠소는 진주목사를 지칭하는 牧使(목사)를 일본식으로 발음이고, 표기는 木曾으로 했다. 도요토미 히데요시의 입신출세를 다룬 작품으로 다이코키(太閤記)가 있다. 이 다이코키에 모쿠소가 실리면서 일본 전역으로 광범위하게 유포됐고, 그 영향으로 가부키에 조선군의 맹장이자 충신이면서, 원한을 품고 일본을 전복하려는 원귀 캐릭터로 그려지게 됐다. 모쿠소가 처음으로 등장하는 가부키 작품은 지카마츠 몬자에몬(近松門左衛門)의 혼쵸산고쿠시(本朝三國志 · 초연 1719년 2월 14일)이다. 여기에서 모쿠소는 조선에서 가장 신뢰받는 장군으로 나중에는 일본군에게 비참히 살해당하는 장군으로 그려져 있다. 또 우메노가후(梅野下風)의 히코산곤겐치카이노스케타치(彦山權現誓助劍 · 초연 1786년 윤10월 18일)에도 모쿠소관이 등장한다. 여기에서 모쿠소관은 환술로써 일본의 신덕(神德)과 대항하지만 패하고 수행자로 변장한다. 이어 마시바 히사요시(眞柴久吉)의 심복 고모리 오토나리를 찾아가 조선이 그려진 거짓지도를 바치며 조선공략의 안내역을 청하지만 때마침 등장한 히사요시에게 정체를 간파당하고 실패로 돌아간다는 내용이다. 최관 교수의 논문(「일본문학에 나타난 임진왜란의 영향」, 1997. 남명학연구 제7권: 103~117)에 따르면 김시민을 지칭하는 모쿠소라는 표현은 종전 후 예술작품이 아닌, 임진왜란 당시의 도요토미 히데요시의 명령서에도 이미 등장했다.

주장하면서도 진주성에 조선의 맹장이 존재하면 현실적으로 한강 이남을 지배할 수 없기 때문에 진주성을 공략해야 한다고 생각한 것이지."

"예. 따라서 도요토미 히데요시는 모쿠소가 지키고 있는 진주성으로 대규모 병력을 파견한 것입니다."

"거기까지는 우리의 견해가 일치하는 것이고. 그럼 모쿠소와 목 없는 귀신은 어떤 관계인가?"

"예. 8박 9일, 25차례의 기나긴 2차 진주성전투 끝에 진주성을 함락하고는 진주 목사의 목을 베어 도요토미 히데요시에게 바친 것입니다."

"알겠네. 당시 진주 목사 서예원의 목을 일본에 가져다 도요토미 히데요시에게 바쳤다는 말이로군."

"정확하게 말해서는 서예원의 목과 당시 진주성 전투를 지휘한 김천일의 목을 베어 일본으로 가져갔다는 것입니다."

"그렇군. 일본인들은 진주성 전투에서도 결국 일본이 조선에게 이겼다는 기록을 남기기 위해 모쿠소의 목에 대해 과장하여 떠벌였을 터이고, 이것이 민간인에게도 알려져 가부키에서까지 모쿠소라는 귀신 이야기가 등장하겠군."

"교수님의 말씀과 일맥상통합니다. 모쿠소라는 귀신, 목 없는 귀신, 조선의 귀신이 떠돌아다닌다는 내용이랍니다."

"그 내면에는 모쿠소라는 맹장에 대한 두려움이 깔려있겠군."

"예. 그런 것 같습니다. 교수님께서 아까 말씀하신 것처럼 중국인에게 연개소문이란 귀신에 대한 두려움이 경극에 등장하는 고구려 귀신으로 나타나듯이, 일본인에게는 모쿠소라는 조선의 맹장에 대한 두려움이 가부키에 등장하는 것으로 보입니다."

"조선의 맹장 모쿠소 역시 결국에는 도요토미 히데요시에게 목이 베었다는 것을 강조하고 싶었겠군."

"예, 그렇습니다."

"내가 언젠가 내 꿈에 김시민 목사가 나타난다는 말을 한 적이 있지?"

"예. 교수님께서 말씀하시지 않아서 매우 궁금해 하던 참입니다."

"요즘 내가 꿈에 진주성 전투를 보고 있지."

"아주 흥미진진합니다. 말씀해 주시지요."

"나는 요즘 임진왜란 때 조선을 지킨 가장 중요한 인물이 김시민 목사라는 생각이 크게 들어."

"알려지지 않은 역사가 드러나는 순간입니다."

"내가 임진왜란을 새로 보면서 밀려드는 것은 김시민 목사와 진주대첩의 중요성을 새로 조명해야 한다는 것이지. 요즘 내 꿈 속에서 생생하게 목격하고 있거든."

"구체적으로 말씀해 주시지요."

"천천히 내가 본 것을 자네에게 말해주지. 그 전에 정리를 하자면 김시민 목사가 임진왜란 이전부터 군사를 조련하고 무기를 보강하여 전쟁준비에 만반의 태세를 갖추고 있었다는 것, 진주성이라는 천혜의 요새에서 일본군을 물리치기 위해 일본군을 진주성으로 불러들였다는 것, 일본군의 주력군을 진주성으로 불러들이기 위해 사천, 진해, 창원 등지의 경남 해안지방뿐만 아니라 경북 김천까지 원정을 가서 전투를 치렀고 모든 전투에서 완벽한 승리를 거두었다는 것, 그리고 진주성으로 몰려든 일본군을 압도적인 화력으로 4박 5일 동안 10회의 전투에서 완벽한 승리를 거두었다는 것이지."

"예. 그러한 것들을 교수님 꿈 속에서 모두 보셨다는 것인가요?"

"그렇다네. 꿈 속에서 김시민 목사의 활약상을 목격하였지."

"김시민 목사의 활약이 가장 중요하다고 보시는 것은 무엇인가요?"

"우리에게 알려져 있지 않은 역사를 보여준다는 점이야. 현재 한국인들이 가지고 있는 역동적 DNA와 임진왜란 때 일본군을 물리친 조선인의 DNA가 일치한다는 점일세. 임진왜란 때 육지 전투에서 모두 승리를 거둔 장수가 존재했다는 것이지. 그리고 조선 백성들 모두가 일본군을 물리치기 위해 각자 역할을 한 것이라는 점. 임진왜란이 자랑스러운 승전이 아니라 부끄러운 패전으로 기록되어 있는 것은 임진왜란 당시 조상들의 역사가 아니라 왜곡된 역사라는 점이지."

"예, 알겠습니다. 그러시면 앞으로 한동안 교수님께서는 이 일을 계속하셔야겠군요."

"해야 하겠지. 내 힘이 닿는 데까지."

박교수와 장박사는 오랫동안 대화를 나누었다. 대화의 대부분은 박교수가 꿈 속에서 본 김시민 목사의 전투장면이었다. 그리고 박교수와 장박사는 다음 날 진주성을 방문하자는 약속을 하고 헤어졌다.

님이시여, 이대로 가지 마소서

10월 10일. 자정이 지나자 일본군은 여기저기 모닥불을 피워 환하게 밝힌 가운데 군막을 철거하기 시작했다. 이제 전투 5일 차 9회의 공격에 모두 실패하자 이제 후퇴하는 것으로 보였다. 성문 위의 조선 병사들이 술렁거렸다. 일부 병사는 환호하고 일본군을 향해 야유를 퍼부었다.

목사는 주요 장수들을 동헌으로 집합시키면서 모든 병사와 백성들에게 자신에게 맡겨진 자리를 지키라는 명령을 내렸다. 또한 특별한 일이 발생하였을 때는 목사에게 직접 보고하고, 명령 없이는 특별한 행동을 자제할 것을 명령했다. 주요 장수들이 동헌으로 모이자 목사가 입을 열었다.

"모두 모였는가?"

"예. 영감마님."

"정부장은 현재 상황을 어떻게 생각하는가?"

"예. 영감마님. 이제 적들의 공격이 곧 끝날 것으로 생각합니다."

"그렇다면 우리가 앞으로 무엇을 해야 할 것인가?"

"예. 주변에 포진하고 있는 응원군들에게 이를 알리고 적들이 후퇴할 때 배후를 치자고 하고, 우리 기병으로 적을 뒤쫓아 후퇴하는 왜적 잔당을 소탕해야 할 것입니다."

"다른 의견이 있는 장수는 없는가?"

"제가 한 말씀 드리겠습니다."

"오. 이군수. 말씀하시게."

"예. 제가 보기에는 곧 왜적의 총공세가 있을 것으로 예상됩니다."

"전혀 다른 의견이군. 어떤 이유로 이군수께서는 적이 물러가는 것이 아니라 오히려 쳐들어 올 것으로 생각하시오?"

"예. 조금 전 기병을 지휘하여 왜적의 잔당을 소탕하면서 느낌이 들었습니다. 왜적들은 아직 힘이 남아 있었습니다. 그럼에도 불구하고 물러나고 있었습니다. 저들은 우리가 자신의 배후를 치는 것을 용인하고 있었습니다. 우리의 공격을 역이용하겠다는 것이지요."

"그렇다면 이 군수께서는 우리가 어떻게 준비해야 한다고 생각하시오?"

"예. 아직 전병사들이 지금과 같이 자리를 지키고 있다가 적의 최종 공세를 막아낸 이후에 적의 전술변화에 따라 대처해야 한다고 생각합니다."

"그렇다면 우리 주변에 와있는 응원군에게는 어떻게 대응하라고 하면 되겠소?"

"저도 곧 왜적이 물러갈 것으로 봅니다. 다만 마지막 한 두 번의 공세가 더 있을 것으로 예상됩니다. 주변의 응원군에게는 왜적이 물러나는 길목에서 기다리고 있다가 왜적이 물러날 때 공세를 취하라고 하면 될 것으로 생각됩니다."

"정부장과 이군수 외에 다른 의견이 있는 장수는 없는가?"

한 동안 침묵이 흐르자 목사가 정부장에게 물었다.

"정부장은 이군수의 의견에 대해 어떻게 생각하는가?"

"예. 영감마님. 이군수의 의견이 더 타당한 것으로 생각합니다. 제가 경솔한 판단을 했습니다. 서둘러 왜적을 쫓는 것보다 왜적이 한두 번 더 공세를 펼칠 것을 예상하고 준비하는 것이 더 현명할 것으로 사료됩니다."

"좋소. 그럼 일단 방비를 더 튼튼히 합시다. 왜적이 공세를 펼친다면 곧바로 올 가능성이 높으니 모두 각자의 위치에서 소리내지 말고 전군을 지휘하시오. 왜적이 급습을 펼칠 가능성이 높으니 적이 들어올 때 한꺼번에 섬멸해버립시다."

"예. 영감마님."

회의가 끝나자 장수들이 모두 각자의 위치로 향했다. 목사는 최풍헌 선달과 성수경 판관, 이광악 군수를 따로 불렀다.

"최선달. 성 외곽에 있는 응원군과는 계속 연락이 되는가?"

"예. 영감마님, 계속 연락을 서로 취하고 있습니다. 응원군들 측에서 매일 남강을 통해 배편으로 화살과 기름 등 무기를 실어다주고 있습니다. 우리의 전투상황을 매번 알려주고 있습니다. 왜적이 곧 물러날 것이라고 이미 전달해 놓았습니다."

"잘 하고 있군. 그럼 오늘 새벽에도 배가 왔다갔는가?"

"자정에 한 편이 오고, 동 틀 때 한 편이 옵니다. 한 편은 다녀갔고, 한 편은 아직 오지 않았습니다. 아마 곧 올 것입니다."

"그러면 배편으로 자네가 직접 응원군에게 전하게. 왜적이 물러날 길목에 가서 왜적을 기다리라고. 우리가 후퇴하는 적을 쫓을 테니 기다렸다가 섬멸하라고 말일세."

"알겠습니다. 영감마님. 이제 곧 승리를 눈앞에 두었군요. 가슴이 떨립니다."

"그리고 성판관."

"예. 영감마님. 하명하십시오."

"성판관은 기마병을 총출동시켜 놓고 대기하게. 내가 언제든지 가서 기마병을 이끌고 적을 쫓을 수 있도록 말이야."

"영감마님께서 직접 기병을 진두지휘하시렵니까?"

"그렇네. 다시는 이곳을 넘보지 못하도록 왜적의 뿌리를 뽑아버리려

하네. 그리고 이군수는 내가 출동한 후 성 내에 있는 군사를 지휘하도록 하시오. 전사자와 부상자를 잘 처리하고, 성 내의 백성들을 안심시키고 정리해 주시오."

"알겠습니다. 영감마님."

목사는 곧 왜적의 기습이 있을 것으로 생각되니 각자의 위치에서 최후의 결전을 준비하여 적을 격퇴하자고 당부하면서 동문으로 갔다.

칠흑같이 어두운 새벽. 일본군들이 소리를 죽이며 성벽 아래에 나타났다. 성벽에 사다리를 세웠고, 사다리 아래에는 일본군들이 빼곡히 성을 오를 준비를 하고 있다. 그 뒤에 조총병들이 사격준비를 하고 있다. 기습이다. 자정 때 후퇴하는 듯 보였던 것은 진주 관군을 속이려는 것이었다. 일본군 장수가 수신호를 하자 일본군들이 수백 개의 사다리 위로 동시에 오르기 시작했다.

선두에서 사다리를 오르던 일본군들이 거의 다 오를 때, 동문 누각에서 징소리와 꽹과리 소리가 울렸다. 그리고는 성벽 위에 불이 환하게 지펴졌다. 북소리와 징소리, 꽹과리 등이 성 위에서 울려 퍼지며, 조선군의 함성소리가 뒤따랐다. 성 위에서 기름이 쏟아져 내려왔다. 그리곤 바로 기름에 절인 볏단뭉치가 불이 붙은 채 성 위에서 쏟아져 내려왔다. 성 아래가 순식간에 불바다가 되었다. 폭발소리가 천지를 진동했다. 화약연기가 앞을 가렸다. 여기저기서 일본군의 비명소리가 들려왔다. 곧바로 성위에서 화살과 돌덩어리들이 비 오듯 쏟아졌다. 사다리를 오르던 왜군들은 당황하여 우물쭈물 하다가 사다리에서 떨어졌고, 대부분의 사다리도 옆으로 넘어져 불에 타기 시작했다. 성 위의 화포들도 계속 불을 뿜었다. 성벽에 떨어져서 공격을 대기하고 있던 적군 진영까지 포탄이 날아갔다. 적군의 진영이 순식간에 무너졌다.

왜군은 끝없이 성벽을 오르고 또 올랐다. 모두 죽기를 각오한 듯 했다.

그러나 성 위의 진주 관군은 더욱 분전했다. 적군의 기습을 기다리고 있었고, 적군의 공격을 어떻게 물리칠 것인지를 알고 행동하는 듯 공격적으로 적군을 몰아붙였다. 싸움은 일방적으로 진주 관군에게 유리하게 진행됐다. 성 위에서 아래를 내려다보고 치르는 성곽전이다보니 시간이 지날수록 적군의 피해가 엄청나게 증가했다. 그럼에도 불구하고 적군은 사력을 다해 모든 전력을 쏟아 부었다. 그러나 조선군의 기세가 워낙 세다보니 전세는 시작부터 이미 기울었다. 먼동이 트기 시작했을 때 적군의 공세가 누그러졌다. 이제 적군의 전력이 상실되어 가고 있음이 확실해보였다. 전투는 날이 완전히 밝은 후까지 진행됐다.

늦은 아침 왜군 본대에서 피리소리가 들려왔다. 피리소리에 맞춰 적군이 후퇴하기 시작했다. 적군은 부상병과 시체를 등에 업고 후퇴하기 시작했다.

성 위에서 또 다른 징소리가 울려 퍼졌다. 동문이 열렸고, 문밖으로 기마병들이 후퇴하는 왜군을 추격했다. 적군들은 저항하지 못하고 기마병의 칼에 스러져갔다. 성벽 위에 있는 조선 병사들은 함성으로 기마병의 분투에 힘을 더했다. 진주 기병은 맹렬하게 적군을 추격했다.

한참 지난 후 기마병들이 성으로 돌아왔다. 장수들이 모여들었다. 가운데 한 장수가 누워있다. 이마에 피를 흘리고 있다. 기병을 지휘하던 목사가 총을 맞은 것이다. 목사 옆에는 장수기와 목사기가 함께 있다. 목사가 총을 맞았기에 기마병들이 적의 본영을 밟지 않고 중간에 돌아온 것이다. 백성들도 알았다. 왜군을 쫓던 목사가 총을 맞았다는 것을. 성 안 전체가 침묵에 휩싸였다.

병사들이 목사를 동헌으로 모셨다. 목사는 보았다. 백성들 사이에서 목사를 보고 있는 산월을. 목사는 눈을 감았다.

님이시여. 이렇게 가시려 합니까?

님이시여. 이렇게 헤어져야 합니까?

님의 손을 잡고 싶습니다.

님을 위한 노래를 부르고 싶습니다.

저들이 물러가고 있습니다.

저들의 뒤를 쫓아야 합니다.

다시는 저들이 이곳을 넘볼 수 없도록.

저들은 반드시 반격할 것입니다.

더 많은 수가 몰려올 것입니다.

이제 내일을 준비해야 합니다.

이대로 님께서 강을 건너시면

우리는 어찌 합니까?

님이시여, 이대로 가시면 아니 됩니다.

정녕 헤어질 수 없습니다.

또다시 산천을 울게 하시렵니까?

또다시 우리의 피눈물을 보시렵니까?

일어나셔야 합니다.

다시는 적이 넘볼 수 없도록.

적의 소굴을 짓밟아야 합니다.

그러나. 그러나. 그러나.

님이 보이지 않습니다.

님의 소리가 멀어져 갑니다.

울고만 싶습니다.

이제 어떻게 해야 합니까?

제가 대신 가겠습니다.

언젠가 가야 하는 곳.
제 죽음은 두렵지 않습니다.
제 목숨 한탄할 것 무엇이 있겠습니까?
님이 계시지 않는 곳은 의미가 없습니다.
님의 노력이 부서집니다.
우리가 또 고통을 겪어야 합니다.
님이시어 떠나지 마소서.
님이시어 눈물을 흘리지 마소서.
님이여. 사랑하는 님이시여.
님이여. 사랑하는 만백성의 어버이시여.

운명이라면 받아들여야 한다

　박교수는 깜짝 놀랐다. 정신이 들기까지 한참의 시간이 흘러야 했다. 정신이 든 후에도 생생한 장면이 그대로 머리에 남았다. 박교수는 꿈 속에서 눈물을 흘렸고, 잠에서 깨어서도 한동안 눈물을 흘렸다. 아무리 눈물을 그치려고 해도 그쳐지지 않았다. 눈물이 나고 가슴이 답답하여 소리를 내어 한동안 흐느꼈다.

　정신을 추스르니 전화벨이 울렸다. 장박사였다. 그제야 박교수는 장박사와의 약속이 떠올랐다. 급히 외출준비를 마치고 고속버스터미널로 향했다. 터미널에 도착하니 이미 장박사가 와 있었다. 장박사는 버스표를 사놓고 기다리고 있었다. 둘은 바로 버스에 올랐다.

　"장박사, 요즘 같은 합리적 시대에 전혀 어울리지 않는 이야기인줄 알지만 어제 또 김시민 목사가 내 머리에 스치듯 지나갔네."

　"김시민 목사와 또 접신하신 모양이군요."

　"그렇게 표현해도 되겠군. 그런데 이것을 어떻게 받아들일 수 있을까?"

　"예. 저도 생각해 보았습니다. 김시민 목사와 교수님께서 전생에 깊은 인연이 있으신 모양입니다. 운명이라면 받으셔야지요."

　"그러게 말일세. 내가 해야 할 일이라면 해야지. 그런데 말이지. 내게 다가온 영감을 그대로 받아들여야 할까? 김시민 목사께서 내게 보여준 것이 우리의 역사를 말해주는 것일까?"

　"김시민 목사께서 사실을 알려준 것일 수도 있지만, 교수님께서 임진왜란을 새로 연구하시면서 느끼신 점이 영감으로 나타나는 것이라는 생각이 듭니다."

"그래. 어떤 것이든 내게 운명적으로 맡겨진 이 작업은 영광스러운 일이고, 기쁨 아니겠나?"

"예, 저도 그렇게 생각합니다."

"내가 자네를 알고 있다는 것이 참 다행이군. 자네가 없었으면 이 일을 하기 어려울 텐데 말이지."

"제가 옆에서 교수님을 도울 수 있다는 것만으로도 제게는 행운이란 생각입니다. 어떤 일이라도 이렇게 진지하게 하는 경우 역사도 바꿀 수 있다는 것을 목격하고 있으니 말입니다."

"그렇게 생각한다니 참 다행스럽고 고맙네."

"아닙니다. 제가 오히려 교수님께 항상 가르침을 많이 받고 있습니다."

"알겠네. 그럼 끝까지 파헤쳐보세. 그건 그렇고, 진주성에 가서 무엇을 할까?"

"예, 제가 진주박물관장께 연락드려놓았습니다. 아마 박물관의 학예관이 우리를 안내할 것입니다. 일단 학예관을 만나 진주성을 다니면서 대화를 나누시지요."

"좋네. 진주성에 도착하기 전에 지금까지 우리가 새로 밝힌 임진왜란에 관한 역사를 정리해보세. 우선 김시민 목사에 대한 것부터."

"예. 우리 역사가 지금까지 간과한 것은 김시민 목사의 업적이지요. 지금까지도 우리는 진주대첩을 한 번에 전투에서 이긴 것으로만 인식하고 있었습니다. 그런데 진주대첩이 전투기간만 4박 5일이었고, 이 기간 동안 10회의 전투를 벌였으며 10회 모두 일방적으로 진주 관군이 이겼다는 것입니다."

"이겼다는 사실 외에 그 때까지 작은 전투에서는 기습을 통해 이기기도 했지만 일본군이 계획적으로 대군을 몰고 와 치른 전투에서 처음으로 이겼다는 것이지. 이길 수 있었던 요인이 있었다면?"

"예. 일본군이 대군을 이끌고 진주성으로 쳐들어왔을 때를 준비하고 있었다는 점입니다."

"그렇지. 당시 화포가 170문, 화약을 510근 준비해 놓았고, 기병도 500기 이상을 준비해 놓았다는 것이지."

"저는 이번에 김시민 목사가 진주에서만 전투를 치른 것이 아니라 진주대첩 이전에 이미 고성과 사천, 창원, 진해 등의 남해안 일대 도시에서 전투를 벌여 승리하였고, 심지어는 지례, 즉 현재의 김천까지 가서 전투를 치렀다는 것을 처음 알았습니다."

"그래서 나는 김시민 목사가 일본군을 앉아서 기다린 것이 아니라 적극적으로 일본군을 공격한 끝에 일본군 대군을 진주로 불러들인 것 아닌가하는 생각을 하고 있지. 진주성에서 전투준비를 확실히 한 것을 보면 말이야."

"예, 저도 교수님의 주장에 동의합니다. 교수님께서 추정하신 것을 보면 일본군이 3만 명을 동원하여 사망자 1만 명, 조선군은 3,800명이 싸웠고, 전사자는 800명입니다. 이것은 완승이지요. 이렇게 완승하기 위해서는 철저한 상대방에 대한 연구와 자기성찰이 있었다는 것입니다."

"이것은 비단 진주성 전투만의 기록이 아니지 않은가? 자네와 내가 정리해 보았듯이 일본군은 조선 8도 전역에서 사망자를 내었어. 22만 명이 넘는 참전자 중에서 10만 명 이상이 1년 2개월 만에 사망하지 않았나? 평균 참전자의 45%가 참전 1년 2개월 만에 죽었다는 것은 일본군이 더 이상 싸울 힘을 잃었다는 것이지."

"예, 옳으신 지적입니다. 그럼에도 불구하고 임진왜란에서 조선이 일방적으로 밀렸다고 우리 역사 교과서에 기록되어 있습니다."

"참으로 어처구니없는 이야기야. 임진왜란 전체를 보면 일본군이 침략 후 2개월 동안은 각종 전투를 지배한 것은 사실이네. 기습을 했으니 2개월 동안 전투를 지배한 것은 당연하지. 그런데 2개월인 1592년 6월부터는 전투 양상이 바뀌지 않는가? 임진왜란 때 벌어진 각종 전투기록을 보면 2개월 후부터는 전투의 승패가 혼전 양상으로 바뀌고, 10월의 진주대첩 이후에는 일방적으로 조선군이 밀어붙이고 있지 않은가? 물론 1593년 1월 명군이 들어온 이후에는 일본군이 부산 인근까지 밀렸고."

"저 역시 명군이 임진왜란 때 엄청나게 큰 역할을 하였을 것으로 알고 있었습니다. 그런데 이번에 교수님의 연구를 보면 우리가 참으로 우리 조상을 욕되게 하고 있다는 생각을 많이 합니다."

"그러게 말일세. 명군이 평양성에서 목을 벤 일본군은 1,500이 되지 않아. 그런데 지난번에 말했듯이 고니시 유키나가의 1번대 1만 8,700명 중에서 1년 후까지 살아남은 자는 6,600명에 그치네. 1만 명 이상이 조선군에게 죽임을 당한 것이야."

"예, 이 정도의 사실만으로도 충분히 임진왜란에 대한 역사는 바뀌어야 합니다. 김시민 목사께서도 이것을 전하고자 교수님께 나타난 것이란 생각이 듭니다."

이들이 대화를 나누는 중에 버스는 진주터미널에 도착했다. 이들은 택시를 타고 진주성으로 향했다. 진주성 안으로 들어가자 김시민 목사의 동상이 이들을 맞이하였다. 박교수와 장박사는 김시민 동상 앞에 서서 목사를 바라보았다. 목사의 눈빛이 따뜻하게 전해졌다. 목사는 이들에게 말하고 있었다.

"내가 바라는 것이 그것일세."

맺음말

나는 해방이 한참 지난 후인 1960년에 태어났지만 일본의 그림자를 보고 자랐다. 많은 일상용어가 일본어와 혼용되고 있었다. 연필과 노트, 지우개와 연필깎이 등 초등학교 문구류의 일본제품은 품질이 최상이었던 반면, 국산품은 이를 따라갈 수 없었던 때였다. 가난하고 어려운 세상, "엽전은 안 돼.", "조선 사람 하는 짓이 다 그렇지.", "모두 다 도둑놈."이라며 암울한 운명을 탓하는 어른들의 입버릇은 내 기를 더 죽였다.

중학교에 들어가서 한국사를 배웠다. 내가 읽은 한국사는 내가 듣고 자란 말들을 증명하는 듯 했다. 1,000번이 넘게 외침을 당한 역사. 한 번도 다른 나라를 침범하지 않은 나라. 슬픈 역사에 의해 한(恨)이 서린 민족. 대부분의 문화재가 몽골의 침범에 의해, 그리고 임진왜란 때 파괴된 나라.

그러나 어른이 되어 가면서 우리 역사 기술에 문제가 있다는 의문이 들었다. 고려와 몽골 간에 40년이 넘는 기간 동안 9번을 싸웠다는 것이 발단이었다. 한국사에는 고려가 몽골에 항복을 하였고, 이로 인해 무신정권이 끝났다고 적혀 있다. 왜 우리 역사를 이렇게 소극적으로 슬프게 기술했을까? 당시 세계 최강을 자랑하는 몽골과 40년이 넘도록 9차례나 싸운 민족은 없다. 고려가 40년이 넘도록 몽골에 항복하지 않고 저항하였으니 그들이 9차례나 침략한 것이다. 고려는 몽골에 비굴하지도 않았고, 소극적이지도 않았다. 고려는 독립된 국가를 천명하였기에 몽골과 맞서 싸웠고, 이로 인해 40년이 넘도록 9차례의 전쟁을 치른 것이다.

조선 개국 과정을 기술한 내용은 더 가관이다. 위화도 회군, 그리고 대명사대. 내가 중·고등학생 때 본 조선 개국의 키워드이다. 세상에! 이웃 나라를 섬기기 위해 국가를 건설하다니. 세계 그 어느 나라에서도 한 국가의 개국은 도탄에 빠진 백성을 구하기 위한 것이다. 그래야 백성으로부터 정통성을 인정받기 때문이다. 고려 말 국가시스템이 붕괴하여 백성들의 삶이 피폐해졌기 때문에 백성들은 새로운 희망을 갈망했고, 신흥사대부들이 백성들의 여망을 얻어 새로운 국가인 조선을 세운 것으로 기술되는 것이 마땅하다. 위화도회군은 조선건국 과정의 한 사건이며, 건국이란 대의를 이루기 위한 수단에 불과한 것이다.

임진왜란에 대한 역사기술도 마찬가지이다. 백성을 버리고 혼자만 살겠다고 피난 간 임금. 무기력하게 패배하는 관군. 당파싸움만 일삼는 조정대신. 명나라가 파병하지 않았다면 그리고 수군과 의병의 항쟁이 없었다면 조선은 이미 420년 전 없어졌을지도 모른다는 식의 역사기술. 그러나 사실을 직시하면 우리가 지금까지 알고 있던 역사인식은 달라져야 한다.

대규모 육지전투에서 완승을 거듭하던 일본군이 1592년 10월 3만의 대병력을 집결시켜 진주성에 쳐들어왔으나, 4박 5일 동안 10회의 전투에서 김시민 목사가 이끄는 3,800명의 진주 관군에게 완패했다. 1593년 1월 명군이 참전하여 평양성을 수복하였지만, 일본군은 1월 말 벽제관에서 명군에게 완승을 거두었음에도 불구하고 일본군은 조선군의 저항에 밀려 부산으로 퇴각할 수밖에 없었다. 임진왜란 때 조선에 와서 싸웠던 전체 일본군 수는 22만여 명이었으나, 1593년 6월 일본군이 다시 진주성을 공격하기 위해 배치한 일본군 병력은 12만여 명으로 1년 2개월 동안 일본군은 10만 명 이상이 사망했다.

그러나 이러한 명백한 역사적 사실에도 불구하고 임진왜란에 대한 패배인식이 지속되고 있음을 알게 되었다. 따라서 나는 김시민 목사의 전투일지를 통해 진실에 다가가고자 하는 것이다.

김시민 목사의 리더십에 의해 조선군과 일본군 간의 전투 국면이 어떻게 바뀌었는지에 대한 역사적 사실을 드러내 고, 전라도와 충청도에서 거병한 관군과 의병이 왜 자기 지역을 넘어 경상도에서 싸우게 되었는지를 알리고 싶었다. 일본군이 또다시 진주성을 공격할 때 그토록 많은 호남출신 관군과 의병들이 진주성에서 싸우다 쓰러져갔는지를 함께 생각해보자!